Yunshu Shichang Guanli
运输市场管理

郭洪太　主编

人民交通出版社

内 容 提 要

本书分为运输市场概论、运输市场管理、道路运输市场管理3篇共16章,逐层递进。第1篇,运输市场概论分为4章,主要阐述运输市场含义、体系、机制、竞争等运输市场的基本理论;第2篇,运输市场管理分为4章,主要阐述运输市场管理职能、宏观调控、法制建设、安全管理与应急保障等运输市场管理的理论;第3篇,道路运输市场管理分为8章,主要阐述道路客、货、城市公共交通,物流,国际道路运输等运输市场管理及道路运输车辆、从业人员、市场诚信体系建设等道路运输市场管理的理论知识。

本书可作为大中专院校、高职学校交通运输管理等相关专业的教材,也可以作为交通运输企、事业单位工作人员学习用书。

图书在版编目(CIP)数据

运输市场管理/郭洪太主编. —北京:人民交通出版社,2012.12

ISBN 978-7-114-10284-4

Ⅰ.①运… Ⅱ.①郭… Ⅲ.①运输市场—市场管理 Ⅳ.①F506

中国版本图书馆 CIP 数据核字(2013)第000701号

书　　名:运输市场管理
著 作 者:郭洪太
责任编辑:周　宇　尤晓暐
出版发行:人民交通出版社股份有限公司
地　　址:(100011) 北京市朝阳区安定门外外馆斜街3号
网　　址:http://www.ccpress.com.cn
销售电话:(010) 59757973
总 经 销:人民交通出版社股份有限公司发行部
经　　销:各地新华书店
印　　刷:北京市密东印刷有限公司
开　　本:787×1092　1/16
印　　张:16.75
字　　数:329千
版　　次:2012年12月　第1版
印　　次:2017年7月　第3次印刷
书　　号:ISBN 978-7-114-10284-4
定　　价:38.00元

前　言

随着我国社会主义市场经济的不断发展和经济体制的不断完善，如何调控和管理市场，发挥市场的积极作用，显得越来越重要。运输市场是国家整体市场的重要组成部分，是物质市场交易的条件，在国家整体市场的发展中起着基础性、先导性作用，对国民经济和社会发展起着保障作用。运输市场由铁路、道路、水运、航空、管道5个运输子市场构成，运输子市场发挥各自的比较优势，形成综合运输体系，为国民经济和社会发展服务。道路运输市场作为运输市场的重要组成部分，是综合运输体系的基础，具有点多、面广的特性，在运输市场中发挥着集、散的功能，联系面广，直接关乎民生。因此，认识市场，研究运输市场规律，加强道路运输市场管理，充分发挥道路运输市场的作用，是需要我们关注的问题。

本书围绕认识市场，研究运输市场规律，加强道路运输市场管理3个方面进行编写。在结构上分为运输市场概论，运输市场管理，道路运输市场管理3篇共16章，逐层递进。第1篇，运输市场概论分为4章，主要阐述运输市场含义、体系、机制、竞争等运输市场的基本理论；第2篇，运输市场管理分为4章，主要阐述运输市场管理职能、宏观调控、法制建设、安全管理与应急保障等运输市场管理的理论；第3篇，道路运输市场管理分为8章，主要阐述道路客、货、城市公共交通，物流，国际道路运输等运输市场管理及道路运输车辆、从业人员、市场诚信体系建设等道路运输市场管理的理论知识。

本书由郭洪太主编。参加编写的人员还有王玉华、刘雅杰、王孟章等。在编写过程中，参考或引用了有关部门、单位和个人的资料，得到了相关部门的大力支持与帮助，在此一并表示衷心的感谢。

由于编者的学识和水平有限，书中缺点及不当之处在所难免，敬请广大读者批评和指正。

编　者

2012年10月

目　　录

第1篇　运输市场概论

第2篇　运输市场管理

第3篇 道路运输市场管理

第1篇 运输市场概论

第1章 运输市场概述

运输市场作为整个市场体系中的组成部分，是多层次、多要素的集合体，其参与者可以分为需求方、供给方、中介方和政府方。认识和认知运输市场，是做好运输市场管理工作的前提和基础。

1.1 市 场

1.1.1 市场的含义

狭义上的市场是指买卖双方进行商品交换的场所。

广义上的市场的含义是：市场是社会分工和商品经济发展的必然产物，是商品经济运行的载体或现实表现。商品经济越发达，市场的范围和容量就越扩大。市场具有相互联系的四层含义：一是商品交换场所和领域；二是商品生产者和商品消费者之间各种经济关系的汇合和总和；三是有购买力的需求；四是现实顾客和潜在顾客。

1.1.2 市场的类型

1）按市场的主体不同分类

（1）按购买者的购买目的和身份可将市场划分为：消费者市场，生产商市场，中间商市场，政府市场。消费者市场是指为满足自身需要而购买的一切个人和家庭构成的市场。生产商市场也叫产业市场，是指以再生产为目的而采购的组织形成的市场。中间商市场也称转卖者市场。是指为了转售而采购的组织形成的市场，主要包括批发商、零售商、代理商和经销商。政府市场是指因为政府采购而形成的市场。

（2）按企业的角色可将市场分为：购买市场，销售市场。企业在市场上是购买者，购买生产要素。企业在市场上同时又是销售者，出售自己的产品。

（3）按产品或服务供给方的状况（即市场上的竞争状况）可将市场分为：完全竞争市场，完全垄断市场，垄断竞争市场和寡头垄断市场。

完全竞争市场又叫纯粹竞争市场，是指竞争充分而不受任何阻碍和干扰的一种市场结构。在这种市场类型中，买卖人数众多，买者和卖者是价格的接受者，资源可自由流动，市场完全由

“看不见的手”进行调节,政府对市场不做任何干预,只起维护社会安定和抵御外来侵略的作用,承担的只是“守夜人”的角色。完全垄断市场,是一种与完全竞争市场相对立的极端形式的市场类型。

完全垄断市场也叫做纯粹垄断市场,一般简称垄断市场,是指某个人控制了一个产品的全部市场供给。因而,完全垄断市场是指只有唯一供给者的市场类型。

垄断竞争是一种介于完全竞争和完全垄断之间的市场组织形式,在这种市场中,既存在着激烈的竞争,又存在垄断因素。垄断竞争市场是指一种既有垄断又有竞争,既不是完全竞争又不是完全垄断的市场,处于完全竞争和完全垄断之间。

寡头垄断市场是介于垄断竞争与完全垄断之间的一种比较现实的混合市场,是指少数几个企业控制整个市场的生产和销售的市场结构,这几个企业被称为寡头企业。

2)按消费客体的性质不同分类

(1)按交易对象的最终用途可将市场分为:生产资料市场,生活资料市场。生产资料市场,是指交换人们在物质资料生产过程中所需要使用的劳动工具、劳动对象等商品的市场。例如生产所需的原材料、机械设备、仪表仪器等,都是生产资料市场的客体。生活资料市场是交换人们在生活中所需要物品的市场。

(2)按交易对象是否具有物质实体可将市场分为:有形产品市场,无形产品市场。

(3)按交易对象的具体内容不同可将市场分为:商品市场,现货市场,期货市场。

1.1.3 市场的要素

市场由一切具有特定的欲望及需求并且愿意和能够以交换来满足此欲望及需求的潜在顾客组成。市场的要素包括:购买欲望,购买力,消费主体。

1.2 运输市场的含义

1.2.1 运输市场的概念

运输需求和运输供给构成了运输市场。狭义的运输市场是指运输劳务交换的场所,该场所为旅客、货主、运输业者、运输代理者提供交易的空间。广义的运输市场则包括运输参与各方在交易中所产生的经济活动和经济关系的总和,即运输市场不仅是运输劳务交换的场所,而且还包括运输活动的参与者之间、运输部门与其他部门之间的经济关系。

1.2.2 运输市场的构成

运输市场是多层次、多要素的集合体,运输市场主要由这样几个部分构成:

(1)需求方。其包括各种经济成分的客货运输需求单位和个人。

(2)供给方。其包括提供客货运输服务的各种运输方式的运输业者,在我国有部属运输企业、地方国营运输企业、集体运输企业、外资运输企业、个体运输户等,有时供给方还包括运输业者的行业协会、工会或类似组织。

(3)中介方。其包括在运输需求和供给双方之间穿针引线,提供服务的各种客货代理企业、经纪人和信息服务公司等。

(4)政府方。其是指代表国家,即一般公众利益对运输市场进行调控的工商、财政、税务、物价、金融、公安、城建、标准、仲裁等机构和各级交通运输管理部门。

在运输市场系统中,需求方、供给方、中介方三个要素直接从事客货运输活动,属于市场行为主体。

1.2.3 运输市场的作用

运输市场可以在以下几个方面发挥作用:

(1)提供运输供求信息。

(2)协调经济比例。运输市场协调经济比例关系的功能表现在两个方面:一是协调运输业与其他行业在国民经济中的比例关系,二是在运输体系内部、运输市场调整各种运输方式在市场中应该占有的比例。

(3)刺激社会生产力发展。充足的运输使一个国家的工农业生产实现专业化、规模化、区域化和科学化,使社会生产成为世界性的,全球各个区域的联系同时得到加强。

1.2.4 运输市场的分类

运输市场按照不同的标准,可以分为以下几个不同的类别:

(1)按运输市场涉及的运输方式,可分为铁路运输市场、公路运输市场、航空运输市场、水运运输市场等。

(2)按运输距离的远近,可分为短途、中途和长途运输市场等。也可按运输市场的空间范围,分为地方运输市场、跨区运输市场和国际运输市场等。

(3)按运输市场与城乡的关系,可分为市内运输市场、城市间运输市场、农村运输市场和城乡运输市场等。

(4)按运输市场的客体结构,可分为基本市场和相关市场。基本市场分为客运市场、货运市场,相关市场分为运输设备租赁市场、运输设备修造市场、运输设备拆卸市场等。其中货运市场也可以按照运输条件分为一般货物运输市场和特种货物运输市场。一般货物运输市场可分为干货运输市场、散货运输市场、杂货运输市场、集装箱运输市场。散货运输市场再细分为煤炭运输市场、粮食运输市场、钢铁运输市场、油品运输市场等。特种货物运输市场可分为大件运输市场、危险货物运输市场、冷藏运输市场、搬家运输市场等。客运市场也可以细分,如一般客运市场和特种客运市场,后者如旅游客运市场、包机(车、船)市场等。

(5)按运输市场的竞争性,可以分为垄断运输市场、竞争运输市场和垄断竞争运输市场以及寡头垄断市场等。这种分类是针对特定时间、地点等条件而言的,比如有的运输企业在一些地区是垄断的,在另外一些地区则可能是竞争的。

(6)按时间要求可分为定期运输市场、不定期运输市场、快捷运输市场等。

上述分类往往还可以相互交叉,如长途客运市场、短途客运市场,水运长途客运市场、水运短途客运市场,水运长途货运市场、公路长途客运市场,定期船市场、不定期船市场等。

1.2.5　运输市场的结构

运输市场是具有多侧面、多重规定性的经济范畴,因此运输市场的结构也可从不同的角度,进行多方面考察。

1)运输市场的空间结构

现实的运输市场总是具有一定活动空间的市场,各类市场由于其扩散和吸引能力的大小而有所不同。因此,运输市场的空间结构是指各等级各层次的市场空间在整个市场体系中所占的地位及其相互关系。

运输市场的空间结构从大的方面来讲,可以分为三个基本的层次:

(1)区域性的地方运输市场。它包括城市运输市场、城间运输市场、农村运输市场、城乡运输市场,以及南方运输市场、北方运输市场等,通常以大大小小的经济区为主,在地域分工和生产专业化的基础上逐步形成,并循序渐进地发展和扩大。

(2)全国统一的运输市场。即以整个国家领土、领空、领海为活动空间的运输市场,包括各个地区、各种运输方式在内的统一的运输市场。它以市场经济的充分发展为基础,在区域运输市场充分发展的前提下才得以形成。

(3)国际运输市场。它是随着国际间的商品交换及其他经济社会文化交往的增加而逐步形成的,是国际分工、世界经济的发展和经济生活国际化的必然结果,也是市场经济发展的客观要求和必然趋势。

2)运输市场的时间结构

运输市场的时间结构指市场主体支配交换客体这一运行轨迹的时间长短,它表现为交换过程的连续性和间断性的统一。在现实的运输市场交易中,市场主体之间对交换对象——运输劳务的权力转移及客货位移,可以有不同的时间轨迹。

一般来说,运输市场按时间结构可包括以下两种情况:

(1)现货交易市场。它是指运输市场上出售运输劳务与货币转移是同时进行的,因此也称为即期交易。它反映市场主体和交换对象的运动在时间上的同步性。

(2)期货交易市场。它是指在交易所当中进行的,通过签订标准化的运输期货交易合同而成交的运输交易市场。在运输期货交易活动中,是先签订期货交易合同,然后在某一特定时间进行交割。市场主体之间对运输劳务所有权的转让与客货位移在时间上是分离的,两者不具有同步性,因此与现货交易有很大的不同。

3)运输市场的状态结构

运输市场的状态结构是指运输市场在运行时出现的不同状况而形成的市场结构。这是因为在运输市场的交易过程中,运输的供求双方由于经济力量的不同而使运输市场运行出现不同的状况。一般表现为三种状况:一是买方占主导地位的市场,二是卖方占主导地位的市场,三是均势市场。买方市场、卖方市场和均势市场,这三种不同状态的运输市场结构,是供求双方力量对比的不同结果,并随着影响供给与需求各种经济力量的变化,出现相应的转变。

1.2.6 运输市场的特征

运输市场作为市场体系中的一个专业市场,除具有社会主义市场经济共同的特点外,又有以下几个特征:

1)运输商品生产、消费的同步性

运输商品的生产过程、消费过程是融合在一起的,在运输生产过程中,劳动者主要不是作用于运输对象,而是作用于交通工具。货物是和运输工具一起运行的,并且随着交通工具的场所变动而改变所在位置。由于运输所创造的产品在生产过程中同时被消费掉,因此不存在任何可以存储、转移或调拨的运输"产品"。同时运输产品又具有矢量的特征,不同到站和发站之间的运输形成不同的运输产品,他们之间不能相互替代。因此,运输劳务的供给只能表现在特定时空的运输能力之中,不能靠储存或调拨运输产品方式调节市场供求关系。

2)运输市场的非固定性

运输市场所提供的运输产品具有运输服务特性,它不像其他工农业产品市场那样有固定的场所和区域来生产、销售商品。运输活动在开始时提供的只是一种"承诺",即以货票、运输合同等作为契约保证,随着运输生产过程的开始进行,通过一定时间和空间的延伸,在运输生产结束时,才将货物位移的实现所形成的运输劳务全部提供给运输需求者。整个市场交换行为,并不局限于一时一地,而是具有较强的广泛性、连续性和区域性。

3)运输需求的多样性及波动性

运输企业以运输劳务的形式服务于社会,服务于运输需求的各个组织或个人。由于运输需求者的经济条件、需求习惯、需求意向等多方面都存在比较大的差异,因此必然会对运输劳务或运输活动过程提出各种不同的要求,从而使运输需求呈现出多样性的特点。

由于工农业生产有季节性的特点,货物运输需求也有季节性的波动。特别是水果、蔬菜等农产品的运输需求季节性十分明显。由于运输产品无法储存,运输市场供需平衡较难实现。

4)运输市场容易形成垄断

运输市场容易形成垄断的特征表现在以下两个方面:一方面,在运输业的一定发展阶段,某种运输方式往往会在运输市场上形成较强的垄断势力,这主要是因为在自然条件和一定生产力水平下,某一运输方式具有技术上的明显优势等原因形成的。另一方面,由于运输业具有自然垄断的特性,使得运输市场容易形成垄断。通常把因历史原因、政策原因和需要巨大初期投资原因等使其他竞争者不易进入市场,而容易形成垄断的行业称为具有自然垄断特征的行业。运输市场上出现的市场垄断力量使运输市场偏离完全竞争市场的要求,因此各国政府都对运输市场加强了监管。

1.3 运输市场的供给与需求

1.3.1 运输供给

运输供给是指在一定时期和价格水平下,运输生产者愿意并且能够提供的运输服务的数量。影响运输供给的因素有:技术、运输成本、政策与管理。

1)运输供给的条件

运输供给在市场中的实现,必须同时具备两个条件:

(1)运输生产者有出售运输产品或提供运输服务的愿望。

(2)运输生产者有提供某种运输产品或提供运输服务的能力。

以上两者缺少任何一个条件,都不能形成有效的运输供给。

2)运输供给的划分

(1)运输供给从范围上可分为个别供给、局部供给和总供给。个别供给是指特定的运输生产者所能提供的运输产品或服务。局部供给是指某个地区的运输生产者所能提供的运输产品或服务,或者是某种运输方式所能提供的运输产品或服务。运输总供给是从全社会、整个国民经济角度来考察的运输供给,它是千千万万个运输生产者从不同角度、不同地区、不同运输方式所提供的个别供给和局部供给的总和。

(2)运输供给从地域上可分为区域内的运输供给、区域间的运输供给和为客货流通过(过境)所提供的运输供给。

区域内的运输供给是指所提供的客货运输的起讫点都在本地区。区域间的运输供给是指所提供的客货运输的起讫点有一方在本地区,而另一方在其他地区,它是区域间建立经济、社会和文化等各方面关系的必要条件。通过(过境)的运输供给是指客货运输的起讫点都不在本地区(国家),运输生产者只是利用其自身所处的独特的地理位置和特定的交通线来为别的地区(国家)的旅客或货物提供位移的方便;一般来说,在重要的交通枢纽和重要的运输通道上都会有大量此类的运输供给。

(3)运输供给按性质来划分,还可分为生产性的运输供给和消费性的运输供给。

运输生产者所提供的货物运输一般来说都属于生产性的运输供给,它属于生产过程在流通领域中的继续。运输生产者所提供的旅客运输既有生产性的运输供给,也有消费性的运输供给,前者如为通勤、出差等提供的运输供给,后者如为旅客的休闲、度假、旅游等提供的运输供给。

3)运输供给的特点

运输业是一种特殊产业,其产品的供给具有以下不同于其他产业的特点:

(1)产品的非储存性。其是指运输产品的生产和消费是同时进行的,即运输产品不能脱离生产过程而单独存在,所以不能像工农业可以将产品储存起来。

运输业是通过储存运力来适应市场需求变化的,而运输能力大小多按运输高峰的需求设计,具有一定的超前量。运输能力的超前建设与运输能力的储备对运输市场来说,既可能因适应市场需求增长而遇到机遇,又可能因市场供过于求而产生风险。因此,保持合理的运力规模是提高运输工具利用率和满足市场需求的重要保证。

(2)供给的不平衡性。运输供给的不平衡性既表现在时间上也表现在空间上。运输需求的季节性不平衡,导致运输供给出现高峰与低谷。由于经济和贸易发展的不平衡性以及各地产业的不同特点,运输供给在不同国家和地区之间也呈现出一定的不平衡性。

运输供给的不平衡性还表现在运输方向上,比如矿区对外运矿的运力需求远远大于其他生产及生活资料的向内运输,加上有些运输需求对运输工具的特殊要求等,导致回程运力浪费。由于供给与需求之间在时间空间的差异性所造成的生产与消费的差异,使运输供给必须承担运力损失、空载行驶等经济上的风险。所以,运输活动的经济效果取决于供需在时间与空间的正确结合,这就要求运输生产者掌握市场信息,做好生产的组织和调整,运用科学的方法提高经营管理水平。

(3)部分可替代性。运输供给由铁路、公路、水运、航空、管道等多种运输方式和多个运输生产者的生产能力构成,有时存在可分别由几种运输方式的多个运输生产者完成同一运输对象的空间位移的情况,即运输供给之间存在着替代性。这种替代性构成了运输业者之间竞争的基础。

同时,由于运输产品在时间上、空间上的限制,以及人们对运输服务经济性、方便性和舒适性的要求等,使得不同运输方式间或同一运输方式中替代性受到限制,这种限制使每种运输方式间或同种运输方式中的具有差别的运输服务可能在某一领域的运输供给上形成一定程度的垄断。因此,运输供给具有部分可替代性,它的替代性和不可替代性是同时存在的,而且是有条件限制的,运输市场的供给之间存在竞争也存在垄断。

1.3.2 运输需求

运输需求,是指一种由其他经济或社会活动派生出来的需求,是人们对于所接受运输服务

的支付意愿,同时它也反映了这种意愿随运输价格或成本水平而发生的变化。运输需求主要有以下特点:

1)广泛性

现代人类社会活动的各个方面、各个环节都离不开人和物的空间位移,运输需求产生于人类生活和社会生产的各个角落,这种位移的一部分由私人或生产企业自行完成,不形成运输需求,而大部分需要由公共运输业完成。运输业作为一个独立的产业部门,任何社会活动都不可能脱离它而独立存在。因此,与其他商品和服务的需求相比,运输需求具有广泛性,是一种带有普遍性的需求。

2)多样性

货物运输服务提供者面对的是种类繁多的货物。承运的货物由于在重量、容积、形状、性质、包装上各有不同,因而对运输条件的要求也不同,在运输过程中必须采取不同的技术措施,如石油等液体货物需用罐车或管道运输,鲜活货物需用冷藏车运输,化学品、危险货物、长大货物等都需要特殊的运输条件。对于旅客运输需求来说,对于服务质量的要求也是多样的。由于旅客的旅行目的、收入水平、身份等方面不同,对运输服务的质量要求必然呈多样性。因此,运输需求不仅仅是一个量的概念,它还有质的要求。安全、速度、方便、舒适、满足物流效率的要求等是运输质量的具体表现。运输服务的供给者必须适应运输质量方面多层次的需求。

3)派生性

运输需求大体上是一种派生性需求。在经济生活中,如果一种商品或劳务的需求由另一种或几种商品或劳务需求派生出来的,则称该商品或劳务的需求为派生性需求。引起派生需求的商品或劳务需求称为本源性需求。派生性是运输需求的一个重要特点。显然,货主或旅客提出位移要求的目的往往不是位移本身,而是为实现其生产、生活中的其他需求,完成空间位移只是中间一个必不可少的环节。

4)空间特定性

运输需求是对位移的要求,而且这种位移是运输消费者指定的两点之间带有方向性的位移,也就是说运输需求具有空间特定性。运输需求的这一特点,构成了运输需求的两个要素,即流向和流程。

流向是指货物或旅客空间位移的地理走向,即从何处来到何处去,流程也称运输距离,是指货物或旅客空间位移的起讫点之间的距离。

对于货运来说,运输需求在方向上往往是不平衡的,特别是一些大宗货物(如煤炭、石油、矿石等),都有很明显的流动方向,这是造成货物运输量在方向上不平衡的主要原因。

5)时间特定性

客货运输需求在发生的时间上有一定的规律性,例如周末和重要节日前后的客运需求明显高于其他时间,市内交通的高峰期是上下班时间,蔬菜和瓜果的收获季节也是这些货物的运输繁忙期,这些反映在对运输需求的要求上,就是时间的特定性。运输需求在时间上的不平衡引起运输生产在时间上的不均衡。

时间特定性的另一层含义是对运输速度的要求。客货运输需求带有很强的时间限制,即运输消费者对运输服务的起运和到达时间有各自特定的要求。

从货物运输需求看,由于商品市场千变万化,货主对起止的时间要求各不相同,各种货物对运输速度的要求相差很大。对于旅客运输来说,每个人的旅行目的和对旅行时间的要求也是不同的。运输需求的时间特定性引出运输需求的两个要素,即运输需求的流时和流速。

流时是指运输需求对空间位移起止时间的要求。

流速是指运输消费者对货物实现位移全过程中运输速度的要求。

运输速度和运输费用是成正比的,运输服务消费者必须在运输速度和运输费用之间进行权衡,以尽量小的费用和尽可能快的速度实现人与物的必要位移。

6)部分可替代性

不同的运输需求之间一般是不能互相替代的,例如人的位移显然不能代替货物位移,由北京到上海的位移不能代替北京到广州的位移,运水泥也不能代替运水果,因为这明显是不同的运输需求。但是在另一些情况下,人们却可以对某些不同的物质位移做出替代性的安排。例如煤炭的运输可以被长距离高压输电线路替代,在工业生产方面,当原料产地和产品市场分离时,人们可以通过生产位置的确定在运送原料还是运送产成品或半成品之间做出选择。运输需求的这种部分可替代性是区位理论解决选址问题和国民经济重大工程项目进行技术经济分析的基础。人员的一部分流动在某些情况下也可以被现代通信手段所替代。

复习思考题

1. 什么是市场?市场的类型主要有哪些?
2. 市场包括哪些要素?
3. 运输市场的含义及构成分别是什么?
4. 运输市场是如何分类的?
5. 运输市场的结构指什么?
6. 运输市场具有哪些特征?
7. 什么是运输供给?运输供给应具备的条件是什么?
8. 运输供给是如何划分的?它具有哪些特征?
9. 什么是运输需求?它具有哪些特征?

第2章 运输市场体系

市场体系就是相互联系的各类市场的有机统一体。它们相互联系、相互制约,推动整个社会经济的发展。培育和发展统一、开放、竞争、有序的市场体系,是建立社会主义市场经济体制的必要条件。运输市场体系的不断完善,标志着运输市场的发展和成熟程度。

2.1 市场体系

2.1.1 市场体系的含义

与简单商品生产阶段相适应的市场,主要是商品市场。随着商品经济的不断发展,进入市场交换的生产要素越来越多,在市场经济中,由于生产要素已经商品化,在商品市场中又派生出各种特殊的市场,如劳动力市场、金融市场、技术市场、信息市场、房地产市场、产权市场等,形成了市场体系。所谓市场体系,是指以商品市场为主体,包括各类市场在内的有机统一体,即以商品市场和生产要素市场组成的相互影响、相互作用的各类型市场的总和。

2.1.2 市场体系的构成

市场体系的构成可以从不同的角度来划分。从市场交换的对象来看,它主要包括商品市场、生产要素市场、其他类型市场。商品市场主要包括消费品市场和生产资料市场。生产要素市场主要包括金融市场、劳动力市场、技术市场、信息市场、房地产市场。其中,生产资料市场兼有生产要素市场的特征,房地产市场兼有商品市场的特征。此外,还有一些不属于上述两类市场的其他类型市场,如旅游市场、娱乐市场、文化市场、运输市场、邮电市场、教育市场等。在整个市场体系中,商品市场是决定和影响其他市场的主体和基础,其他市场都是在商品市场的基础上发展起来的,整个市场体系的运转是以商品市场为中心的。生产要素市场和其他市场对商品市场也有重要的反作用,随着商品经济的不断发展,各种要素市场和其他市场日益活跃,并形成独立的市场分支,对商品市场的发展起着越来越大的作用。商品市场、资本市场、劳动力市场是市场体系的最基本内容,是市场体系的三大支柱。

2.1.3　市场体系的基本特征

1)统一性

市场体系的统一性是指市场体系无论是从构成上,还是空间上均是完整统一的。从构成上看,它不仅包括一般商品市场,而且包括生产要素市场;不仅包括现货市场,而且包括期货市场;不仅包括批发市场,而且包括零售市场;不仅包括城市市场,还包括农村市场等。从空间上看,各种类型的市场在国内地域间是一个整体,不应存在行政分割与封闭状态。部门或地区对市场的分割,会缩小市场的规模,限制资源自由流动,从而极大降低市场的效率。

2)开放性

市场体系的开放性是指各类市场不仅要对国内开放,而且要对国外开放,把国内市场与国外市场联系起来,尽可能地参与国际分工和国际竞争,并按国际市场提供的价格信号来配置资源,决定资本流动的方向,以达到更合理地配置国内资源和利用国际资源的目的。反之,封闭的市场体系不仅会限制市场的发育,还会影响对外开放和对国际资源的利用。

3)竞争性

市场体系的竞争性是指它鼓励和保护各种经济主体的平等竞争。公平竞争创造一个良好的市场环境,以促进生产要素的合理流动和优化配置,提高经济效率。而一切行政封闭、行业垄断、不正当竞争都有损市场效率。

4)有序性

市场体系的有序性是指市场经济作为发达的商品经济,其市场必须形成健全的网络、合理的结构,各类市场都必须在国家法令和政策规范要求下有序、规范地运行。市场无序、规则紊乱是市场经济正常运行的严重障碍,它会损害整个社会经济运行的效率,容易导致社会经济发展的无政府状态。

2.2　运输市场体系的构成

2.2.1　运输市场体系的含义

运输市场体系是指各类运输市场以一定质的联系与量的比例形成的有机整体。不同的运输市场体系包括有三方面:一是各类市场种类不同,二是各类市场规格不同,三是各类市场中的主导市场不同。分析运输市场体系,可以及时发现运输市场中的薄弱环节,以便加快我国运输市场的培育和发展。

2.2.2　运输市场体系的构成

运输市场体系可分为三个层次。最高层次是整体市场,它包含一个国家国内外运输服务的全部供求关系。国家运输整体市场是国际运输整体市场的一部分。第二层次是客运市场与货运市场,分别体现一个国家客运与货运的全部供求关系。同样,它们也是国际客运与货运市场的一部分。第三层次是铁、公、水、空、管运输市场以及由它们多式联运形成的综合运输市场,分别体现一个国家该种运输方式的全部供求关系,除管道运输外,其均包含客货运总量的供求关系。铁、公、水、空、管运输及综合运输市场除了主体市场之外,还有相应的配套服务市场。

2.2.3 运输主导市场

运输主导市场,是指运输市场体系中主要运输方式(工具)所体现的运输服务的供求关系。在运输市场体系中,哪一种运输方式的运输服务供求总量最大,则该种运输方式的运输服务供求关系或交易关系就是运输主导市场。由于不同的运输范围与运输对象运输方式的选择大不相同,需要按不同的运输范围与运输对象来研究运输主导市场。

运输主导市场由运输主导方式来体现。依据国家整体经济效益原则与各式运输服务需求变化的发展趋势,今后应该建立的运输主导市场见表2-1。

各类运输主导方式 表2-1

<table>
<tr><th colspan="4">运 输 类 型</th><th>运输主导方式</th><th>运输辅助方式</th></tr>
<tr><td rowspan="2">客运</td><td colspan="3">长途</td><td>航空</td><td>铁路、公路、水路</td></tr>
<tr><td colspan="3">短途</td><td>公路</td><td>铁路、水路</td></tr>
<tr><td rowspan="7">货运</td><td rowspan="6">长途</td><td rowspan="3">国际</td><td>跨洋</td><td>远洋(水路)</td><td>航空</td></tr>
<tr><td>跨海</td><td>近海(水路)</td><td>航空</td></tr>
<tr><td>内陆</td><td>铁路</td><td>公路、航空</td></tr>
<tr><td rowspan="3">国内</td><td>沿海</td><td>铁海并重</td><td>公路、管道、航空</td></tr>
<tr><td>沿江</td><td>铁河并重</td><td>公路、管道、航空</td></tr>
<tr><td>内陆</td><td>铁路</td><td>公路、管道、航空</td></tr>
<tr><td colspan="3">短途</td><td>公路</td><td>铁路、水路</td></tr>
</table>

运输市场体系的培育和发展中,必须注重以下运输主导市场的形成:

1)长途客运航空运输

目前,空运市场尚处在初级发展阶段,购买力不足,形成市场的驱动力不大,旅客空运尚停留在官方与大中型机关团体、企事业单位的公差上。一般平民还与空中旅行无缘。随着经济的进一步发展和人民平均生活水平与经济水平的提高,社会对旅客空运服务的需求必然增长。机场的建设,航道的开通,营运飞机的购买,其总的投入要远比铁路、公路运输低,营运能力的增长势在必然。况且,空中运输还具有轻捷、快速、舒适的特点,同时,长途旅客空运的发展,又可大大减轻铁路长途客运的压力。因此,长途旅客空运应是未来运输长途客运市场的主导。国家应将发展长途旅客航空运输市场纳入运输市场建设的战略目标。

2)国际长途货运远洋、近海运输

跨洋、跨海的国际长途货运的主要方式是远洋运输、近海运输。目前,我国的远洋运输,已有太平洋、印度洋与大西洋航线；近海运输，已有日本、俄罗斯、朝鲜、韩国、越南、马来西亚、新加坡、菲律宾、印度尼西亚等航线。随着我国国际贸易额的增长，进一步增强我国国际远洋运输与近海运输能力要做到：①加强国际经济合作，开通更多的远洋与近海运输航线，增加已有航线的停靠码头。②加快港口码头建设，增加新码头，改造老码头，增强国际港口码头的吞吐能力。增加特大吨位的深水码头，增加码头的停泊船位。③增加航运船只与船队，设计制造特大吨位船只，提高航运技术与管理能力，达到国际航运先进技术水平。

3）长途货运内陆铁路运输

内陆长途货运中，无论是国际运输还是国内运输，均以铁路运输为主要方式。欧亚大陆桥的建造成功，极大地加强了我国与西亚、东欧各国的经济合作，沟通了我国与西欧、非洲各国的经贸往来，也部分减轻了我国远洋运输的压力。今后，要随着我国与西亚、欧洲各国经贸的增加，加快欧亚大陆桥建设，加强对周边国家的辐射能力。在国内，要完成我国已初步制定的“七纵五横”的铁路交通规划，加速大动脉的建设，要加强铁路干线的向内渗透能力，使凡有必要与可能实行铁路交通的市、地、自治州均通铁路。

4）沿海沿江地区铁路、河海交通并重建设

我国沿海运输的主要航线北起大连，南至北海，全长32 000km，是我国国内首要的水上交通，是沿海运输市场的主要运输方式。我国所属的诸岛及其与大陆间的全部水域运输也是重要的沿海运输市场。随着工农业产品市场发展的需要，要加强以下重点建设：①大中小港口码头配套，以提高主要港口码头的货物集散能力，为沿海中小城市以及县镇提供海上运输服务。②现代化的中转仓库，实行货物存储提取自动化控制，建立保质保量维护系统，以提高中转效率，使货差货损下降到最低限度。③集装箱码头，在数量、规模、效益、管理等各个方面满足多式联运的要求。

沿海铁路主要连接我国东部山东、江苏、上海、浙江、福建、广东6省市，是青岛、日照、连云港、盐城、南通、上海、杭州、宁波、温州、福州、厦门、深圳等城市直接相通的沿海铁路大通道。形成铁路运输与海上运输相协调的态势。

我国国内河流运输的主要航线有长江及其最大的支流湘江与汉水、珠江、黑龙江及其主要支流松花江与嫩江、大运河、淮河以及黄河部分水域，河运自然能力巨大。目前，我国河运量严重不足，受到公路汽车运输的挑战，一般只限于矿石、石油、煤炭、砂石、木材等少数几类货物的运输。但这并不表明河运不再具有生命力。河运量不足的根本原因，在于传统的落后的运输设备。现有运输船只技术落后，运速慢，效率低。现代化的河运市场，需要有具有自动控制系统的大型快艇，也要有小型、轻便、快速的船只投入营运。

横贯东西的长江沿线铁路大通道全长2 024km，贯穿四川、重庆、湖北、江西、安徽、江苏和上海7个省市。这条铁路大动脉将华中重镇武汉到上海的距离缩短至500km，把上海至重庆7天7夜的轮船航程缩短至1天车程。极大地促进了长江流域的经济发展，有力地推进西部大开发战略的实施,形成了铁路运输与内河运输并重的格局。

5)公路短途运输

无论客运与货运,公路运输都是短途运输的主要方式。公路运输本身也适宜于短途运输。汽车长途货运,运费昂贵,效益低下,极大增加了商品流通费用。随着我国工农业产品市场与运输市场的发展和货物集散能力的增强,长途汽车货运必然逐步大部分被铁路取代。高速公路,同样也适宜于长途运输,但其客、货运量仍然受到限制。高速公路长途客运,运程宜在500~800km以内;高速公路长途货运,一般只限于批量小、运输时间要求在1~2d之内的货物。对于多数的长途客运与货运,不宜采用公路运输。我们要把公路汽车运输的重点,放在短途运输上。尤其要注重充分发挥它作为多式联运纽带的作用。

公路运输市场建设,要做好以下工作:①增加公路总的里程。我国地域辽阔,人口众多,物产丰富,国民生产总值居世界前列,目前公路里程还不足,建设任务艰巨。②合理安排、调整公路布局。在加强公路干线建设的同时,要加快乡镇公路建设,缓解一方面货运企业严重运量不足的情况;另一方面,又是解决乡村、边远山区大量资源积压运不出去的问题。需加快高速公路、高等级公路建设,实现公路主要干线广大中城市连线高速公路、高等级公路化。③改善公路运输交通管理,确保公路运输的安全与快速。

2.3 运输市场体系的内、外部关系

2.3.1 运输市场与其他市场的关系

国家整体市场,按其所交易的对象,可做以下划分,见表2-2。这种划分,可称为国家的八大市场。工农建产品市场是主体,是国家整体市场的标志。劳动力市场与金融市场是两翼,运输市场与邮电通信市场是两足,它们是工农建产品市场的四大支柱。信息市场是整体市场的大脑与神经,各类服务市场规模宏大,使国家整体市场羽毛丰满,国家自然资源市场范围虽小,但它使国家整体市场趋于完善。可见,运输市场是整体市场不可缺少的部分。

国家整体市场划分　　表2-2

国家整体市场	工农建产品市场(消费品、生产资料,包括房产、硬技术)
	劳动力市场(各类劳动力,包括技术、管理人才)
	金融市场(货币与证券)
	信息市场(各类信息,包括软技术)
	运输市场
	邮电通信市场
	其他各类服务市场(安装、维修、旅游、餐馆、住宿、美容、娱乐等)
	国家自然资源市场(土地、矿藏、森林、草原、河流、滩涂等)

从整体市场分析,整体市场三基元同样是物质、能量与信息。工农建市场产品交易及生产的主体与对象都是实体,可统归为物质,物质在人们头脑中的各类反映,可统称为信息。物质市场交易的条件是运输市场,信息市场交易的条件是邮电通信市场。由此,也可看出运输市场与邮电通信市场在整体市场中的地位。

1)与工农建产品市场的关系

(1)运输市场运输服务的需求量由工农业产品市场的成交量决定,工农业产品市场交易次数越多,交易量越大,交易主体相距越远,工农产品市场对运输市场运输服务的需求量就越大。

从总体上看,运输市场的规模随着工农业产品市场规模的扩大而扩大。但是,随着工农业产品市场统一有序的发展,信息市场的发展与完善,可以克服同一产品同一时期在两个地区对流的现象。从宏观上尽量减少无效运输,这将相对减少对运输服务的需求。

工农业产品市场的发展与旅客运输服务需求也是成正比的。一般来说,产品交易规模越大、越频繁,来往旅客就越多,往返里程也就越远,并且随着商品经济的发展和人民生活水平的提高,外出旅游的人次也就越多。

(2)运输市场运输服务供应量受工农业产品市场提供的税利额影响。

运输服务供应量即运力的大小,主要指交通运输基础设施(铁路、公路、管道及站、场、码头等)及运输设备。运输基础设施的建设与运输设备的购置,需要大量资金,这些资金不能单靠运输部门的内部积累,而是需要国家的大量投资与贷款。这些投资与贷款有赖于国家的财力以及工农业企业提供的税利。工农产品市场活跃、交易额大,向国家提供的税收就多,国家财政收入就多,投资能力就强。工农产品市场活跃,交易额大,工农业企业盈利多,银行存款余额就多,贷款能力就强。这说明,运输市场依赖于工农业产品市场。

2)与劳动力市场的关系

运输属于第三产业,其发展不仅依赖于农业、工业提供资金与物资,而且依赖于农业、工业提供劳动力。农业、工业越发展,劳动生产率越高,劳动力市场劳动力的供应量就越多,就能增加运输的劳动力,增强运输能力,活跃运输市场。

3)与金融市场的联系

所谓金融市场,是指货币与证券的出卖与购买的供求关系的市场。运输基础设施、运输设备的投资,一般来说,不能单靠交通部门与运输企业自身来解决,也不能仅靠国家财政拨款。在市场经济条件下,主要是靠银行贷款和交通部门与运输企业发行债券与股票。如果金融市场缺乏货币与证券的交易能力,必然限制运输市场运力的增强。所以,运输市场同样依赖于金融市场。

4)与国际运输市场的联系

我国运输市场是国际运输市场的一部分,我国所承担的国际运输,又是我国运输市场的一部分,其供求关系受到国际运输市场的影响。

(1)运输需求影响

我国的国际货运需求量由下列因素决定:①全国的国际贸易实物量与平均运输里程;②邻国交易对我国的直接运输需求量;③邻国交易在我国过境运输需求量。

(2)运输能力影响

满足运输市场需求的能力主要取决于技术、管理和资金。

①技术包括交通设施建造技术、运输设备制造技术、搬运装卸技术、运行安全技术、设备设施维修维护技术等。如高等级公路里程、集装箱化运输程度、综合运输能力、站场港口的吞吐能力等,均反映一个国家的运输技术水平。国际先进运输技术正在和不断地被我国所吸收,必然改变我国运输落后的面貌。

②管理包括经济管理、技术管理和计划、组织与控制能力,特别是宏观决策与调控能力等。如运输投资调控机制的合理程度与调控的灵敏程度等,都是一个国家运输管理能力的表现。学习发达国家的先进管理经验,必然提高我国在国际运输市场的竞争能力。

③资金包括直接投入运输设施设备的基本建设基金、运输科技发展基金等。我国运输事业的发展,需要吸取大量外资,而外商投资,一般都是出于发展国际运输市场的需要。

此外,还有运输价格与运输竞争的影响等。

2.3.2 运输市场体系的内部关系

1)客、货运市场间的联系

从总体上看,客、货运市场都是随工农业产品市场的发展而发展。因为产品交易,货物联系,增加了众多的差旅客运,所以就客、货运市场两者间的关系而言,在一定意义上说,客运需求量受货运需求量的影响。差旅客运增多,业务联系增多,又增加了货运需求。可以说,它们两者是相互促进的关系。

2)铁、公、水、空、管运输市场间的联系

铁、公、水、空、管运输的对象基本相同,它们之间的相互关系随客、货运市场的不同而不同。

(1)需求联系

对于单式运输,在总体需求一定的条件下,它们各自的需求是此消彼长。多式联运情况下,各种运输相互配合,它们各自的需求是相互促进。因此,在运输及其市场发展的初级阶段,五种运输方式均可单独作战,各显神通;在运输及其市场进一步发展之后,各种运输方式只有分工协作,相互配合,才有充分发展的余地。虽然,由于运输对象、运输数量以及地理条件的差异,它们各有自己的生存空间,但在同样的运输对象、数量以及地理条件下,就会出现竞争。所以,综合运输与多式联运,是现代化运输市场的一个显著特点。

(2)运力联系

各种运输方式的运输能力,取决于国家对交通运输的投资结构。在总体投资一定的情况下,当然也是此消彼长。国家以及各级地方政府,必须依据发挥各种运输方式的优势,大力发展综合运输的原则,合理安排投资结构。

(3)价格联系

各种方式运输价格的升降往往有连锁反应。因为各种运输方式大多既可相互配合,又可互相替代。公路运输方式灵活快捷,对其他运输方式的配套性与替代性表现得最为充分,供求对价格的反映最为敏感,往往是最先涨价,由此引起其他运输价格上涨。随着公路运输运力供过于求,价格相应下跌(相对价格或绝对价格),其他运输价格亦随之下跌。需要指出的是,远洋运输的价格因具有某些特殊性,其随之下跌的可能性与趋势不会太明显,它具有其他运输方式的不可替代性。所以,运输市场价格管理,首先要抓好公路运输市场价格管理。

(4)竞争联系

铁、公、水、空、管各类运输市场的竞争,既具有内渗性,又具有外张性。所谓内渗性,是指各类运输市场的内部竞争,即经营同一运输方式的企业针对相同的运输对象,为提高市场开发率、市场实现率、市场占有率而展开的竞争。所谓外张性,指各类运输市场之间,即经营不同运输方式的企业针对相同的运输对象,为提高市场开发率、市场实现率、市场占有率而展开的竞争。在不发达、不规范的运输市场上,外张性的存在,往往是由内渗性引起的,如汽车运输市场竞争激烈,不少汽运企业的车辆,就抢占铁路运输、水路运输业务。发达的规范的运输市场,长途的与大宗的货物运输,多采用多式联运的方式,因为这类运输经济快速,有较高的整体效益。

由于各类运输方式之间具有互补性与配套性,它们的竞争也同价格一样相互影响,但各自具有不同的竞争特点,公路运输是完全竞争,铁路运输是完全垄断,水运、空运是垄断竞争,它们相互之间的竞争影响并不明显,反应亦较迟缓。

3)地区运输市场间的联系

运输市场具有时间、空间上的不平衡性。时间上的不平衡,一般可以通过两种方式解决:一是在农副产品生产基地建立保鲜仓库,以保证农副产品(水果、蔬菜、瓜类等)供给均衡,并调节运输需求;二是安排机动运力。空间上的不平衡,可以通过运输市场内部的竞争来解决。运输市场竞争同样有三条途径:一是提高市场占有率,即争夺已经实现的市场,针对相同的运输服务抢占市场,如中巴客运市场,木材、煤炭、砂石等运输市场。这类竞争,全凭现有实力。一般来说,小型或新生企业及运输户并没有多大作为与发展前途。二是提高市场实现率,即满足尚未实现的市场需求,瞄准新的或特殊的运输服务首先占领市场。如新开发的矿产资源,遇到农副产品不能及时运输,山高路险、水急滩多运输困难,特殊的、笨重的或危险物品以及打工潮的外流与返回等情况,就正需要这类运输竞争。这类竞争是一种市场补缺行为,是中小新生运输企业及运输户大有作为、大显身手的主要途径。三是提高市场开发率,即针对潜在的运输市场去开发,通过提供实际的运输服务给用户带来实惠去赢得顾客的运输要求。如在某地修建飞机场和公路修进深山以及在大中型企事业单位设立旅行社和进山收购农村产品等,都是运输市场开发的表现。人类的潜在需求是永无止境的,因此,提高市场开发率的前途最为广阔,无论大中小型运输企业,都在提高运输市场开发率上大有作为。

从竞争的途径可以看出,运输市场的空间不平衡主要通过市场开发来解决,运输市场发达地区对落后地区有着决定性的影响,肩负着开发新市场的艰巨任务。

4)主体市场与配套市场的联系

如果把旅客与货物的实体位置转移所发生的供求关系称为运输主体市场,那么,由运输主体市场决定的为运输主体市场服务的诸多供求关系,就是运输配套市场。它们包括:搬运装卸市场,运输设备设施维修维护市场,运输生产、销售服务业市场,运输设备市场,运输设施建筑与维护市场。

从总体上说,运输配套市场从属于运输主体市场,但它们又从不同的角度促进或制约着主体市场的发展。所以,运输配套市场必须在种类、规模、质量、价格、地点及管理上与运输主体市场相适应。

(1)与运输信息市场的关系

运输信息市场属于运输销售服务业市场,是沟通运输供求关系,促进运输交易的市场,是运输的无形市场。我们知道,运输市场同样是有形市场与无形市场的结合,没有运输信息市场,就没有完整的、发育健全的运输市场。

运输信息市场对运输主体市场的促进作用表现在以下几个方面:

①促进运输成交,活跃运输市场。由于市场主体(企事业单位和个人)活动范围的限制,出现了运输能力不能满足运输需求,运输需求满足不了运输能力的现象,特别是那些零担运输、临时运输、特种运输(包括大件、危险物品运输等)、长途综合运输、边远山区运输,更是如此。一些知名度较小的运输企业,在本地区运力过剩的企业,拥有特种运输方式针对特殊运输对象的企业,也同样如此。运输信息市场,就解决了这种运输信息供求关系问题,大大提高了运输市场的实现率,促进其繁荣与发展。在汽运市场上,近几年来出现的众多小型运输服务信息部,为车找货、为货找车,给驾驶员与货主带来了许多成功的喜悦。

②降低运输成本,提高运输效益。运输企业,尤其是汽运企业,可依据运输信息市场提供的需求信息,有针对性地、及时地、有效地开展营销活动,大力提高市场营销工作效率,避免盲目、低效的工作作风。可以合理安排运时、运量与运输路线,提高实载率,尽量减少与杜绝空驶。

③合理安排运输基建投资,及时调整运输市场结构。运输企业与交通主管部门依据运输信息市场的需求信息,依据一定时期里某种运输方式供不应求或供过于求的统计资料,系统分析、合理安排基本建设投资结构,积极发展短线运输生产,限制长线运输生产,使运输市场结构日趋合理。

同样,运输市场越发展,运输供求总量越大,质量要求越高,也就越能促进运输信息市场的发展。

运输销售服务业市场还包括运输销售服务业有形市场,如公共客、货运站(中心)、货运交易所、货运集市(一条街)、联运公司等,运输主体市场同它们的联系,这里不作阐述。

(2)与货物存储、保管市场的关系

货物存储、保管是站场码头必备的运输配套服务。大宗货物的集散、中转过程,一般都有运输等待时间。因此,运输市场必须具备货物存储保管的市场。一般来说,运输市场越落后,等待时间越长,运输市场越发达,这一配套服务要求越高。所以,无论是运输市场发展到哪一阶段,都离不开存储保管市场。货物存储、保管市场属于运输生产服务业市场。

我国货物运输中的存储保管,几十年来一直是由场站码头统一管理,没有形成独立的市场。改革开放以来,在普遍推行经济责任制与内部银行制度后,多数场站码头的货物存储、保管业务,才逐渐形成场站码头的内部市场。随着运输市场的形成与完善,某些场站码头的货物存储保管业务必将分离出来。

(3)与其他运输生产服务业市场和生活服务业市场的关系

运输生产服务设施,就汽车运输生产而言,主要包括停车场、加油站等。其他运输方式的相应设施均属此类(广义的运输生产设施包括运输设备维修厂,这里不包括),由此而形成的市场也属于运输生产服务业市场。运输生活服务业市场是指由旅途饮食、住宿与娱乐等生活服务类业务形成的市场。毫无疑问,这些服务市场是运输市场不可缺少的辅助市场。由于这类市场具有一次性交易的性质,目前普遍存在着价格高且容易发生骗人、宰人、坑人的现象,并且由于采取不正常手段有巨利可图,这类服务的从业人员激剧增多,又存在着规模过大的现象。因规模过大,竞争激烈,非法竞争手段于是大量涌现。种种不良现象表明,目前我国的运输生产生活服务市场离“统一”、“有序”相差甚远(当然,由运输企业,如由站场码头自己经营的运输生产生活服务情况要好一些)。这些不良现象,影响了运输市场形象,在一定意义上制约了运输市场的形成与发育。

运输生产生活服务市场中的混乱现象,是运输市场形成过程中的阶段性表现,随着整个社会主义整体市场与运输市场的规范化,必然向着有序化的方向健康发展。

(4)与搬运装卸市场的关系

搬运装卸是指在同一区域内进行的,以改变货物存放状态与空间位置的短距离运输活动,它是各种现代运输方式(铁、公、水、空)货物运输的起始、转换和终结。没有搬运装卸,就没有运输。当然,它只是为现代化运输服务的一个配套运输工种,其市场也必须在规模、种类、质量、价格等各方面与运输市场相适应。

搬运工具有人、畜力车、小型机动车、汽车等,它们灵活自由,轻巧方便,以建立单独市场为宜。装卸业务存在着两种情况,人力装卸,以单独组建或临时招呼为宜,以便形成单独市场,机械装卸,以场站码头统一管理为宜,以利于形成内部市场。

必须加强搬运装卸市场管理,以保证搬运装卸质量。目前,野蛮装卸、拖延装卸,造成货损货失,贻误运输与交货日期的事件时有发生。搬运市场强力竞争、贿赂垄断,任抬价格也不少见。搬运装卸市场的混乱无序与不公平竞争，不仅阻碍了搬运装卸市场的发展，也严重影响了运输市场的正常运行。

(5)与运输设备维修市场的关系

运输设备维护，是为了维持运输设备完好的技术状况或运输能力而进行的作业，包括保持运输设备整洁，密切注意与观察其运行状态，定期检查、紧固与润滑零部件等。它是在运输设备尚能正常运行时为保证其性能而进行的工作，一般来说，运输企业与驾乘人员自己可以完成。但由于专业分工，或者运输设备处在运行中的不便，部分维护业务也同样能形成市场。

运输设备修理，是为恢复运输设备完好技术状况或工作能力而进行的作业，包括进行彻底修理时零件的修复、更换或撤散，修理或更换大件，它是在运输设备不能正常运行时进行的为恢复其性能进行的工作，或是依据计划保证其性能强制进行的零部件修复与更换工作。

一般来说，运输设备的修理不能由运输企业和驾乘人员自己完成，必须形成运输设备修理市场。

运输设备维修市场必须在规模、种类、时间、地点、质量、价格等诸方面与运输市场相适应。从根本上说，是运输市场决定运输设备维修市场，但它们又相互影响、相互促进与相互制约。目前，运输设备维修市场的发展也受到一些非市场因素的侵害，如拦路强行洗车。零件修理变成零件更换等。这些不法行为，不仅扰乱了运输设备维修市场，也影响了运输市场。

(6)与运输设备市场和运输设施建筑与维护市场的关系

运输设备市场，是指载运工具(如汽车、火车、轮船、飞机等)的供求关系，属于工业(机电)产品市场。运输设施建筑与维护市场，是指运输线路(如公路、铁路、航道、航线、管道和站场、港口码头等)建设与维护的供求关系，属于建筑产品与服务市场。从根本上说，这两类市场同样由运输主体市场决定，必须在种类、质量等方面同运输主体市场相适应，满足其需要。但是，它们对运输主体市场有着更大的影响作用，可以引导开创新的营运方式，提高客、货运输质量，降低运输成本，优化运输结构。高新技术运输设备、高等级运输线路、现代化站场码头的出现，都将极大改变客、货运输市场的面貌。因此，要十分重视运输设备市场和运输设施建筑与维护市场的建设。运输设备的制造要加强安全技术、节能技术的研究和应用，运输设施的建设要加强电子通信技术、自动控制技术的研究和应用，两者都需配备自动收费系统、自动控制系统装置，以建成现代化的智能运输系统。

2.4 综合运输体系

2.4.1 综合运输体系的含义

综合运输体系是指各种运输方式在社会化的运输范围内和统一的运输过程中，按其技术经济特点组成分工协作、有机结合、连续贯通、布局合理的运输综合体，由铁路、公路、水路、管道和航空等各种运输方式及其线路、站场等组成。综合运输体系大致由三个系统构成：其一是有一定技术装备的综合运输网及其结合部系统；其二是各种运输方式联合运输系统；其三是综合运输管理、组织和协调系统。

2.4.2　发展综合运输体系的意义

要完善我国的运输市场体系，一项重要任务是要建立形成我国的综合运输体系。

发展综合运输体系是当代运输发展的新趋势、新方向。当代运输的发展，有两大趋势：一是随着世界新技术革命的发展，运输广泛采用新技术，实现运输工具和运输设备的现代化，二是随着运输方式的多样化，运输过程的统一化，各种运输方式朝着分工协作、协调配合的方向发展。在世界范围内，把这两种趋势结合起来，成为当代运输业发展的新方向。发展综合运输体系是我国运输发展的新模式，我国传统的工业和运输管理基本上是以纵向为主，各种运输方式的横向联系欠缺。因此往往造成该建设的项目没有及时建设，而不该建设的反而建成，造成浪费。运输业的建设从单一的、孤立的发展模式向综合的、协调的模式转变，无疑会给我国经济建设带来良好效果。发展综合运输体系可增强有效运输生产力，缓解运输紧张的状况。交通运输是一个大系统，各种运输方式、各条运输路线、各个运输环节如果出现不协调情况，都不能充分发挥有效的运输生产力。多年来，我国交通运输出现的不平衡状况，如有些线路压力过大，而有些线路运力得不到充分发挥；有些运输方式严重超负荷，而有些运输方式又不能充分发挥作用等，采取综合运输体系将有效地改变这一不协调、不平衡的现状。发展综合运输体系是提高运输经济效益的重要方法。按照各种运输方式的技术特点，建立合理的运输结构，可以使各种运输方式扬其所长、避其所短，这样既可扩大运输能力，又可提高经济效益。

2.4.3　发展综合运输体系的内容

发展综合运输体系可以分为三个方面：运输体系的综合协调，各种运输方式的综合利用，运输技术发展方向和先进技术的应用。

1）运输体系的综合协调

运输体系是国民经济体系的组成部分，其任务是满足社会生产、商品流通和人民出行的运输需要。运输体系内有铁路运输、公路运输、水路运输、航空运输和管道运输等多种运输方式。每种运输方式有不同的技术经济特点，适应着不同的自然地理条件和运输需要。在国民经济发展过程中，为了建设一个满足社会运输需要的、效率高、劳动消耗少的较佳的运输体系，需要研究下列问题：①运输业在国民经济中的地位、作用及其比例关系。其中包括工农业生产发展和人民生活水平提高而产生的客流和货流的流量、流向等，根据运输需要，从社会经济效益出发研究在一定时期内社会投资在运输业与国民经济其他部门间较优的比例关系等。②运输网发展规划。包括运输体系的建设规模、速度、技术设备、投资和实施步骤等。③合理运输及改善工农业生产布局。④各种运输方式的合理使用范围及其协调发展。

2)各种运输方式的综合利用

在运输生产中,必须根据每种运输方式的技术装备,科学地组织管理,才能提高劳动生产率。旅客和货物由起运地至到达地,往往需要多种运输方式共同完成。各种运输方式在运输旅客和不同货种时,其采用的运输设备、装卸工艺、经济效益都有差异。因此,综合利用各种运输方式,充分发挥每种运输方式的优点,可用较少的劳动消耗完成运输任务。这其中涉及运输设备能力、运输组织工作、管理体制、运输质量、运价和规章制度等问题。其主要研究内容为:①组织各种运输方式的联运,以及水陆联运枢纽和联运中转站换装设备综合配套问题。②粮食、水泥和化肥等大宗货物由包装运输改为散装运输和件杂货物的集装箱运输。③采用运输工具的类型和装卸技术设备配套和运输组织工作等。

3)运输技术发展方向和先进技术的问题应用

随着社会生产力的发展和科学技术的进步,现有运输方式将不断采用新技术,并出现新的运输方式。而每种运输方式,在特定的条件下,有其优越性。尚需在发展过程中,对其技术经济效益和适应性等方面继续研究。现有运输方式的技术发展方向,如中国铁路牵引动力改革的发展方向、高速列车和重载列车的采用,发展海运大吨位船舶、建设深水码头,修建高速公路和增加大吨位汽车等,都涉及技术经济效益及其适应的地理条件等问题。

展望未来,运输业将加快采用新技术的步伐,协调各种运输方式之间的关系,进一步提高运输能力、运输速度和经济效益。如铁路牵引动力的电气化和内燃化,重载列车的发展,深水泊位的增加,高速公路、汽车运输的比重将大为提高,将建成相当数量的成品油管道,民航机场和航线将有较大发展,运输能力将大大提高,这在促进国民经济发展和满足人民生活需要方面,将发挥更大的作用。

2.4.4 发展综合运输体系的基本思想

交通运输是现代经济社会赖以运行和发展的基础,交通运输的发达程度直接构成对经济发展的支持力度、人们生活质量的体现以及产品国际竞争力的高低等。至目前为止,我国交通运输还没有完成大发展过程,总量规模和质量与我国经济地理发展的需求都还存在着较大的差距,还不能有效地满足我国工业化和城市化发展的需要,不能对经济社会发展提供足够有力的基础支持。同时,交通运输又是占用资源和消耗能源较多的产业,在给人类社会带来便利、克服空间距离阻碍的同时,又占用了大量的土地资源,带来了环境质量等负面问题;而且,我国人口总量多,人均资源容量和环境容量都大大低于发达国家水平,甚至低于世界平均水平,交通运输的发展受资源的约束性强。因此,我国综合运输体系的发展,将面临着如何更快地发展和更有效地利用有限资源的问题,既不能因为强调发展而造成较为严重的环境破坏和损害后代人的需求,也不能因资源和环境保护,片面地理解可持续发展的内涵而制约交通运输的发展，阻碍经济的发展和人们生活质量的提高，要将提高人类的生存能力和生存质量作为社会可持续发展的重要内容。

因此，未来我国交通运输发展的基本思想应是：在可承担得起的资源和成本消耗的情况下，建立能够较有效地满足人们出行和货物运输需要，并创造更好生活和工作环境的交通运输系统。

2.4.5 发展综合运输体系的思路

根据我国交通运输现状基础、未来社会经济发展对交通运输的需求、资源和环境条件以及世界科技发展趋势，未来我国现代综合运输体系建设发展的主要思路如下。

1）以加快发展为主题，在发展中进行结构优化

经济发展是一个以交易费用下降为核心，劳动分工和制度变迁循环累积、互为因果的过程。交通运输的改进是实现生产力水平提高、交易费用降低和促进市场扩张等极其重要的手段。目前，交通运输的全面紧张状况虽已得到缓解，但这仅是一种低水平的、暂时的、非全面性的缓解，各种运输方式的交通基础设施依然薄弱，交通运输系统整体效率和服务质量不高，运输成本尚未有效降低，还不能有效地满足我国工业化和城市化发展的需要，不能对经济社会发展提供足够的基础支持，这与我国经济地理发展的需求存在着较大差距。未来一段时间内，我国仍处于工业化的加速发展期，经济总量迅速增长，城市化进程增速，我国的交通运输需求总量将成倍增长，如果没有交通运输的大发展和及时提供足够的基础条件，保证其应有的机动性和便利性，我国的工业化进程就会受到制约，人们的生活质量也将受到很大的影响。因此，未来我国的综合运输体系的建设，还需要继续以发展为主题，继续支持各种运输方式完成大的发展过程，通过增加总量规模，提高我国交通运输的机动性和通达性，增强对未来社会经济发展的支持能力，并在发展过程中按照各种运输方式的合理分工与协作，加快符合未来发展需求的主导运输方式的发展，通过增量调整和存量升级，使各种运输方式之间的结构和布局逐步趋于优化。

2）充分发挥各种运输方式的优势，发展综合运输网络系统

发达国家的运输结构是各种运输方式通过市场竞争形成的结果，代表了当代社会文明的发展趋势。我国的交通运输正处于大规模的建设发展过程中，具有后发优势，应充分分析和借鉴发达国家交通运输发展的经验和最新的发展趋势，在发展过程中实现跨越，少走弯路，在大发展的过程中不断实现和完善各种运输方式的合理分工和协调发展。在规划思想上，要充分体现社会的进步性，要将时间效率、便捷性、个性化需求作为重要的衡量标准，要考虑各种运输方式的互补和相互促进作用，要以实现整个大系统的高效率为目标。

公路：要形成层次结构合理的、完善的基础网络系统，骨架干线要高速化，次干线要快速化，支线要密集化。

铁路:铁路路网系统应着重于干线和通道,要形成与地理空间和大运量流向相适应的较完善的框架网络布局,而没有必要形成一个普遍的高密度的网络。

内河和沿海水运:要充分利用现有的江、河、海自然条件和结合水资源的综合开发利用,形成江、海运输大通道和水系运输网络。

远洋运输和港口:要建成具有较强竞争力的现代化船队和适应外贸进出口、沿海运输需要的、结构合理的现代化港口。

航空:要建成枢纽机场、干线机场、支线机场结构层次合理的机场布局。

管道:要逐步形成与油气资源开发地、进口点至加工地、消费地相适应的具有较好调配功能的输送管道网。

3)以多种运输方式共存互补的方式,建设综合运输大通道

综合运输大通道(交通轴)是综合运输网络和国家经济发展的命脉,是跨区域间最重要的连接,其发达程度既代表着一个国家交通运输的发展水平,也是区域经济发展规模与发展水平的重要影响因素。通道内城市、人口、产业密集,经济规模总量大,居民收入水平相对较高,区域内部以及跨区域之间的人员和货物交流量大等特点,决定了大通道运输需求总量庞大,且具有集中和多样性,这为各种运输方式的共存与发展奠定了基础。

尽管各种运输方式之间具有一定的可替代性,但有限的选择会造成运输成本增加和便利性降低,会使人们被迫放弃一些最符合自己愿望和最经济合理的需求,其结果不仅不能较好地满足通道内的各种不同类型的运输需求,较严重地影响产品的市场范围和市场竞争力以及人们出行的欲望,而且还会由于缺乏足够竞争,造成运输能力的紧张,服务水平下降,系统效率降低等。

综合运输通道内各种运输方式共存与紧密的协作,可使交通运输系统更发达,为经济起飞创造更好的基础支持条件,会使产品的交易成本降低、市场范围扩大,会进一步促进区域间和区域内产业分工的深化,增强产业分布的聚集效应和新产业的诞生,使得越来越多的产业和生产、经销企业以及人口沿着通道聚集,形成更加密集的工业带和城市带,使得经济发展的爆发力增强。

大通道是国家社会经济的主要集中带和发展带,是各种运输方式骨干线路必经的地区,同时也是各种运输方式中承担运输量最大、在综合运输体系中作用最明显的线路,多种运输方式共同组成通道综合运输系统,既是通道地区社会经济发展的要求,也是交通运输发展的必然结果。

4)以较高起点进行干线基础设施规划与建设,加快交通运输现代化

交通运输是现代经济社会正常运行的基础保障。经济社会实现现代化首先要求交通运输现代化。交通基础设施是一种投资大、占用土地等稀缺资源较多、建设周期较长、长期服务于经济社会的必不可少的基础设施,一经建成使用后,再进行改造或重建的社会成本较高,因此,

在制定发展规划与建设中，要有超前性。

交通运输的发展不仅要满足交通运输的需求，而且要对经济社会的可持续发展提供基础支撑条件。我国的经济与社会正经历着从起飞进入持续增长的历史发展时期，各种运输的需求在不断快速地增长，加大交通运输投资、较早实现交通运输现代化，可显著地改善区域之间和区域内的流通条件和降低交易成本，使各种资源能够在更大的范围内自由地、便捷地流动，实现资源的优化配置，为经济社会的专业化分工提供更多的社会资本支持。干线网络是交通运输的核心组成部分，更应在建设标准与规模上满足未来较长时期的交通运输量增长的需要，而且要尽量提高基础设施的科技水平并为未来的科技发展留出开放性的接口。

5）以可持续发展和需求管理的新理念，建设符合我国国情的综合运输体系

交通运输可持续发展，在于从战略的角度做到交通运输发展与经济社会发展、人们生活质量提高、土地资源利用、环境保护等之间确立一种协调发展的辨证比例关系。世界发达国家讲的可持续发展，是建立在他们已完成了交通运输的大发展，拥有了雄厚的基础上的，而我国的交通运输规模远落后于发达国家，必须同时解决发展与环境保护问题。坚持交通运输可持续性发展的思想，是为我国经济社会持续、快速、健康、协调发展奠定物质基础。

在运输方式的选择上，不能简单地以占用土地的多少来衡量，关键要看是否更符合未来的发展趋势，是否更有利于经济发展，是否更有利于整体路网布局的完善和效率与效益的提高。

交通需求管理是为解决交通基础设施的无限扩展但并不能根本解决运输量不断增长的需要问题。因此，政府应通过一些理性的手段，引导人们自觉地调整消费观念和交通行为方式：一是建立与我国国情和资源相适应的综合运输体系，发展公共交通，在结构上实现交通模式的优化；二是创造条件和鼓励人们采用资源消耗较少的交通模式；三是不断促进交通行业的技术进步。

6）以干支线路协调和区域协调的发展思想，完善综合运输网络布局

建设综合运输体系过程中，在重点解决干线交通运输的同时，应加快与其连接的次干线和支线网络的建设，提高路网密度和农村的通达程度，形成层次结构合理的网络系统，适应地区经济、农村经济和城市化发展的需要，加深区域内的分工与协作，促进城市与农村共同发展以及全面建设小康社会目标的实现。要以区域协调发展的思想加快西部地区的交通基础设施建设，要综合考虑各层次路网的功能需求和社会效益，促进西部大开发，增强西部地区的经济发展能力。要注重老、少、边、穷地区的公路建设，积极改善农村交通条件，体现社会公平发展的原则，支持社会的可持续性发展。

7）统一政策、规划和体制管理，实现运输“一体化”

交通运输是一个非常复杂的庞大系统，具有极强的基础性和社会性特征。综合运输体系的形成必须依靠政府的力量进行推动，要在政策、规划、技术标准、信息传输、经营规则以及管

理体制上进行统一的协调和宏观调控，避免各种运输方式或部门各自规划、分散建设、自成体系，最终导致系统效率低、成本高、资源浪费等问题出现；尤其是对综合运输枢纽的建设以及信息化等技术标准的制定，更需要从综合运输体系的发展战略上进行统一的规划与指导。

综合交通运输枢纽，是多种运输方式实现一体化发展的全程"无缝"物理连接和逻辑连接的关键，必须以战略的高度在规划综合运输网络的同时，对综合交通运输枢纽进行统一布局规划，加强包括各城市在内的各有关部门的协调，强调城间运输与城市交通的衔接配合。采取指定部门（单位）负责、联合建设、共同使用的方式，加快建设。

8）积极推进交通运输信息化、智能化的进程，发展集约型交通

人类不可能通过无限制地扩张设施和服务来满足运输需求，只有改进方式、挖掘潜力、提高效率，才能克服空间约束性。随着经济的发展和社会的进步，交通基础设施能力与使用者需求之间的矛盾将会日益突出，必须依靠科技进步，采用现代化的装备和管理技术，改进整个交通运输系统的运行组织方式，才能更大幅度地提高交通基础设施的使用能力、效率，以及安全性能等。

世界发达国家已开始把注意力从修建更多交通基础设施、扩大交通网络规模转移到采用高新技术来改造现有运输系统及其管理体系上。交通运输信息化和智能运输系统（ITS）的建设，已成为21世纪现代化交通运输体系的发展方向。ITS的广泛推广应用，将有助于实现由单一的基础设施扩张向集约型交通发展的转变，是解决现代交通发展问题的重要手段。"以信息化、网络化为基础，加快智能型交通的发展"是我国交通运输业实现跨越式发展、缓解资源和环境压力的有效途径，是实现我国交通运输现代化的关键。同时，在交通发展的全过程中，要始终贯彻以人为本的思想，从交通运输政策和规划的制定开始，就应把人类对各种交通运输服务的需要，如安全、便捷、舒适、智能等要素全面考虑到。

9）以宏观调控和市场化相结合的思想，实现资源的合理配置

综合交通运输体系的建设需要依靠国家宏观调控和市场化两个方面的合力。交通基础设施具有很强的公共物品属性，交通运输赖以存在的土地、岸线、空域、航道等都为政府所控制，通过有效的宏观调控，政府可促进各种运输方式合理布局与协调发展。而市场化手段对于合理配置交通资源和加快综合运输体系形成与完善等方面具有重要作用。没有市场化的手段也就没有交通运输今天的成就，未来的发展道路也将越走越窄，现代化的交通运输进程将会受到资金、体制等各方面的严重制约。

在基础设施网络的建设上，要由政府进行规划与协调，采用政府投资和引导社会投资的方式实现结构合理化，并积极采用市场运作的方式，促使资金、资源的有效利用和社会公平；运输方面要按照市场化的原则由企业自主经营，政府要在规则的制定、市场准则与监督上行使职能，消除体制性障碍和行业壁垒，鼓励各种运输方式之间的自由竞争。

复习思考题

1. 市场体系的含义及构成分别是什么?

2. 市场体系的基本特征有哪些?

3. 运输市场体系的含义及构成分别是什么?

4. 什么是运输主导市场? 今后应该建立的运输主导市场是怎样的?

5. 运输市场与整体市场中其他市场的关系是什么?

6. 运输市场体系的内部关系主要有哪些?

7. 综合运输体系的含义及发展综合运输体系的意义分别是什么?

8. 发展综合运输体系的主要内容是什么?

9. 发展综合运输体系的基本思想是什么?

10. 发展综合运输体系的思路是什么?

第3章 运输市场机制

运输市场机制是运输市场的内生机制,是指在完成旅客、货物位移的经济活动中,影响市场的价格、供求、竞争等各要素之间互相联系、互相制约的关系和作用,主要包括价格机制、供求机制、竞争机制、风险机制及其相互作用。其中竞争机制是运输市场机制的重要组成部分,没有竞争机制,就不是完整的市场机制,价格机制、供求机制也不能很好地发挥。它的形成以客观经济规律为依据,以各市场要素为基础,以市场功能的发挥为前提。运输市场机制的完善,一方面体现在依据市场客观经济规律,促进运输市场机制的发育成熟;另一方面体现在通过宏观调控、管理与监督,引导运输市场机制的健康运行。

3.1 市场机制

3.1.1 市场机制的含义

市场机制是市场运行的实现机制,是通过市场价格的波动、市场主体对利益的追求、市场供求的变化,来调节经济运行的机制,是价值规律的实现形式。具体来说,它是指市场机体内的供求、价格、竞争、风险等要素之间互相联系及作用的机理。市场机制有一般和特殊之分。一般市场机制是指在任何市场上都存在并发生作用的市场机制,主要包括供求机制、价格机制、竞争机制和风险机制等。其中,价格机制是市场机制的核心,供求机制、价格机制、竞争机制是市场机制的三大基本要素。特殊市场机制是指在各类市场上特定的并起独特作用的市场机制,主要包括金融市场上的利率机制、外汇市场上的汇率机制、劳动力市场上的工资机制等。

3.1.2 市场机制的构成

市场机制是一个有机的整体,它的构成要素主要有:市场价格机制、供求机制、竞争机制和风险机制等。

价格机制是指在市场竞争过程中,市场上某种商品市场价格的变动与市场上该商品供求关系变动之间的有机联系的运动。它通过市场价格信息来反映供求关系,并通过这种市场价格信息来调节生产和流通,从而达到资源合理配置,另外,价格机制还可以促进竞争和激励,决定和调节收入分配等。

供求机制是指通过商品、劳务和各种社会资源的供给和需求的矛盾运动来影响各种生产要素组合的一种机制。它通过供给与需求之间的在不平衡状态时形成的各种商品的市场价格,并通过价格、市场供给量和需求量等市场信号来调节社会生产和需求,最终实现供求之间的基本平衡。供求机制在竞争性市场和垄断性市场中发挥作用的方式是不同的。

竞争机制是指在市场经济中,各个经济行为主体之间为自身利益而相互展开竞争,由此形成的经济内部的必然的联系和影响。它通过价格竞争或非价格竞争,按照优胜劣汰的法则来调节市场运行。它能够形成企业的活力和发展的动力,促进生产,使消费者获得更大的实惠。

风险机制是市场活动同企业盈利、亏损和破产之间相互联系和作用的机制,在产权清晰的条件下,风险机制对经济发展起着至关重要的作用。

3.1.3　市场机制的特性

撇开市场的社会属性,一般意义上的市场机制作为市场一种特有的自我调节方式,自市场产生以来,它始终存在并发生作用,只是由于市场性质的变更及各种外在制约因素的不同,其作用的范围和程度在不同时期是有区别的。

1)市场机制是市场三大基本要素互相结合、互相制约的一个循环运动过程

马克思曾深刻论述过构成市场的物质内容是供求,即商品供应与商品需求。商品供求是互相对立、统一和运动着的。市场机制作为市场特有的调节方式、调节功能和特殊的运动过程,首先离不开供求这个基本要素。但供求不可能孤立地存在,其运动局势和双方的变化直接受市场价格及市场竞争状况的制约。因此,构成市场机制运动的三大基本要素是价格、供求、竞争。不论市场性质、规模、范围如何,这三大直接要素都不会变。这三大要素的组合及交互运动正是商品经济的基本规律(即价值规律、供求规律、竞争规律、平均利润率规律、货币流通规律等)共同作用于市场的结果。市场价格作为商品价值的转化形态和实现形式,处于一种运动状态,它与价值不是机械的等量,相反在供求、竞争等直接要素的制约下,价格总是围绕价值上下波动,并在时间、程度、方向上与价值有一定背离。价格直接影响生产者、经营者、消费者的利益。市场价格总是首先摆在市场活动参与者的面前,微观单位的市场经济行为一般先都要考虑价格。正因为如此,有的人仅看到这一点就片面地认为市场机制就是“价格机制”。

价格牵动着市场活动参与者的行为。但由于供求的变化,价格或一时高于价值,或一时低于价值,商品价值正是忽高忽低,趋向自我平衡。这种现象,就是市场机制要素交互运动的奥妙所在。由于价格受供求的变动,市场活动参与者不断调整自己的市场行为。买者之间、卖者之间、买者与卖者之间又根据市场价格状况的变化,为了自身的经济利益展开了多

种形式的竞争,竞争又会引起供求的变化。这样,就形成了“价格—竞争—供求—价格”三个要素互相组合、互相制约、互为条件的一种循环过程。即价值规律通过市场竞争强行得到实现,并继而调节供求关系,供求关系的变动又反过来引起市场价格的变动,这就是一般意义上市场机制运动过程。价格是这种循环的标志,价格的变化既是上一次市场机制要素循环运转的结束标志,又是下一次新的循环运转的开始,如此周期循环,实现着市场运动的自我调节。这种市场机制要素自发、自动地循环,也可以视为市场的自然机制,在完全的自由市场上,它表现得尤为明显。

2)市场机制运转循环的原动力只能是市场活动参与者的经济利益

市场是商品交换的关系总和,商品供求的后面是经济关系。微观主体的市场行为之所在价格、供求、竞争的制约下而变化,根源来自这种机制组合的原动力——市场经济人的利益。市场机制根本上是由社会关系决定的,参与市场经济活动的生产者、经营者、消费者正是在商品经济的一系列客观规律作用所体现的原则或功能的制约和牵动下,通过供求、价格、竞争的变化,在经济利益的诱导下,自动采取不同的市场经济行为,或者进行自我扩张,增大生产或经营规模,或者进行自我收缩,即减少生产或经营规模,有的还会自行中断其市场经济行为。总之,在经济利益推动和诱导下,市场机制强制性制约着市场活动的参与者及时地调整自己的经济行为,自动实现微观活动的自我平衡。这种一般意义上的市场机制的原动力,并不因为市场规模、性质的变更而改变。当然在不同性质的市场上,或者在不同的宏观控制机制的作用下,经济利益的性质及作用是不同的。例如,如果国家用直接控制手段把企业变成了行政机关的附属物,割断了企业与市场的联系,则经济利益这种原动力对企业的市场行为也就没有多大的诱导力了。但这个问题属于市场的宏观控制机制而具有的特殊性,不同国家、不同性质、不同时期的市场,宏观控制机制作为主观外在的控制是不同的,但我们这里着重研究一般意义上的市场机制,因此不多论及。

3)市场机制是一种开放型的受多因素影响和制约的一种社会经济机制

市场机制绝不是一个纯自然的封闭机制,而是一种开放的社会经济机制。这是因为,市场本质就是开放的,它作为社会分工发展和商品生产及商品交换扩大的必然产物,集中反映了社会经济活动中各种复杂的经济关系。市场作为商品流通的总体,反映了商品流通的横向性、伸缩性、变动性、复杂性等特点。市场价格、供求、竞争这三大要素的组合及运动变化,都会受到各种直接因素和间接因素以及社会因素和自然因素的制约和影响,外在的某些因素的变化也会引起市场机制要素的关联和耦合。因此,切不可孤立地看待市场机制的运动。社会经济结构的调整和变动,生产、分配和消费状况的变化,各种宏观经济杠杆的变动(如利率、税率、基建投资、货币流通与发行、汇率等),国家政治经济形式的变化,甚至自然现象等,都会不同程度对市场机制的三大基本要素及其运动发生影响,如图3-1所示。

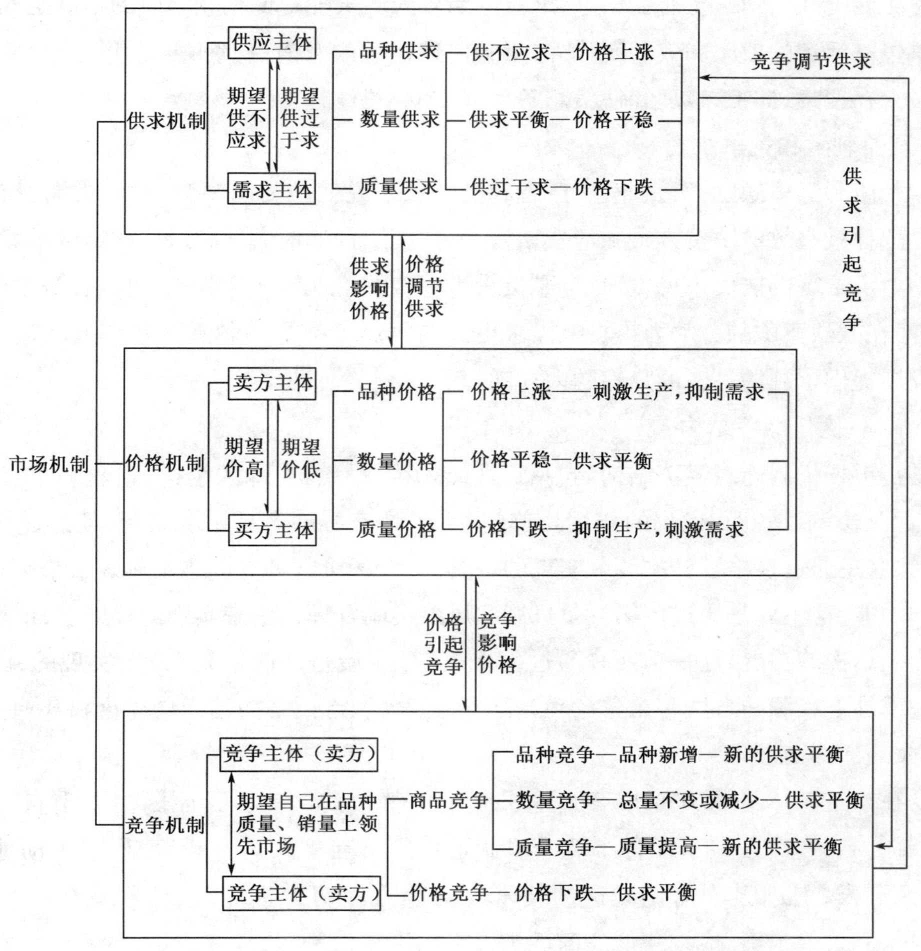

图3-1　市场机制示意图

3.1.4　市场机制的有效与失效

1)市场机制的有效分析

市场经济是一种历经几百年发展，才逐渐形成的复杂而精巧的制度。在市场经济环境中，市场机制发挥着基础性的资源配置功能，是市场经济之所以能最优配置社会资源的根本条件。市场经济长期运行的效果，证明它在以下方面是有效的。

(1)信息传递

传递信息是市场的一个基本功能。它是指由于商品价值，供求的变化，引起商品价格的涨落，同时为生产者和消费者提供商品的稀缺状况的足够信息的功能。市场传递信息，就是市场发出价格信号。因此，市场传递信息的功能也就是价格的功能，即价格充当信号机的功能。市场经济中信息传递的关键作用，是尽可能以较低的成本、便捷的信息传输渠道和方式给交易双方提供尽可能全面、客观、及时的信息，以减少当事人同某种环境相联系时的不确定性，提高当事人从事经济活动的效率和效益。另外，市场传递信息的及时性、客观性和分散性，还会节省经济当事人在搜集、加工、整理和使信息各环节的成本费用。

(2)利益刺激和竞争激励

利益刺激和竞争激励，对企业、生产者和投资者来说就是利润刺激，对作为消费者的居民来说就是选择最有效的消费方式和消费结构，实现使用价值最大化和最优化组合的刺激，而对作为劳动力供给者的居民来说，就是自愿接受进一步的培训和教育，不断提高自身素质和竞争能力，进而在激烈竞争的劳动力市场上谋求更好的职业和报酬的刺激。其结果反映到宏观就为经济发展提供了源源不断的足够的内在动力。

(3)调整、优化经济结构

这是指市场机制能对经济结构(包括产业结构、产品结构、地区结构、企业组织结构、技术结构等)起到协调、平衡和优化的作用。首先，市场具有协调商品供求结构，使之趋于平衡的内在功能，这是通过价格杠杆的调节实现的。其次，市场机制具有优化企业效率结构和企业组织结构的功能，这主要是通过市场竞争机制和风险机制发挥作用来实现的。第三，市场机制具有优化产业结构的功能，这一功能是通过价格机制(实质是利润率高低)来实现的，因为在价格和利润诱导下资源的自由和充分流动，可使产业结构、部门结构趋于均衡化和合理化。

(4)促进技术进步

市场在推进技术进步方面具有其他机制不可替代的功能。其原因主要出自市场竞争的外在强制力。在市场经济条件下竞争机制迫使经济当事人要不断地、积极主动地在科技投入、研究开发、引进吸收消化先进的技术设备等方面努力进取，以便在竞争中以性能更好、质量更高、价格最廉、成本最低的商品扩大市场占有份额，从而获取更多的利润，在激烈竞争中迫使劳动者和管理者不断地自觉接受培训、学习、掌握和运用现代科技知识等也有助于推进科技进步。

(5)促进效率提高

从理论上讲，完全竞争的市场机制能够实现帕累托最优状态，即最优经济效率的状态。尽管现实的市场达不到完全竞争市场严格假设的种种条件的要求，因而也就达不到资源配置的最有效率的状态，但是，这并否认市场经济具有提高经济效率的客观功能。市场通过竞争机制和价格机制引导资源的合理流动和充分有效利用，为生产者和消费者提供及时、客观的信息和充分的货币刺激，使经济当事人能对个别情况的千变万化作出迅速的反映。市场经济中，所谓“市场解决效率问题，政府解决公平问题”的大致分工，在一定程度上说明市场机制具有促进经济效率不断提高的功能。

2)市场机制的失效分析

由于现实经济生活中，很难满足完全竞争性市场所严格假设的种种条件，退一步说，即使满足了这些条件从而市场机制能够实现帕累托效率，它也不能解决诸如收入和财富分配不公、自发竞争导致的经济波动等问题。与市场有效一样，市场失效（失灵）也是一种客观存在。现代市场经济理论已经揭示，市场失效有以下表现：

(1)不能提供公共产品和公共服务

公共产品具有联合的、共同的、公用的消费性质，其产权无法清晰地界定，特定的个人和他人能够同时消费（"消费的非排他性"），新增消费者不会减少既有的公共产品的数量和效用，也不会增大公共产品的消费成本（"消费的非对抗性"），并且不能把拒绝为公共产品付费的人排除在消费范围之外（"消费的非拒绝性"），这就难以形成市场价格，以通过市场机制引导必要数量和质量的社会资源配置于公共产品的供应上，如国防、治安安全、防洪排涝设施等。

(2)存在外部性

外部性包括外部经济和外部不经济（正的和负的外部效应），即某个经济主体生产和消费物品或服务的行为，不以市场为媒介而对其他经济体产生的附加效应。由于"不以市场为媒介"，具有外部性的产品的市场价格是不完全的市场价格，是扭曲的市场价格，人们从事具有外部性的活动，是不通过市场价格信号实现社会资源的有效配置的，这就产生了市场失效状态。

(3)自然垄断

自然垄断是指由于资源的稀缺性和规模经济性的作用，市场由一个或数个卖者垄断。这是一种由于规模报酬递增的特点所决定的天然垄断，从而排斥充分竞争，破坏符合帕累托效率的资源配置。

(4)信息不对称

市场经济行为主体的独立性和分散性，使之不能在任何时候，任何情况下都获得充分和全面的信息，这将导致市场活动的盲目性。常见的现象是：交易主体的一方（往往是卖方）掌握更多的信息，从而使交易的另一方陷入不确定的环境中。尤其是在最终消费品市场上，消费者对商品不具有充分知识时，往往不能实现效用最大化。

(5)风险和不确定性

市场经济是以无数人的自发活动为基础的，是通过市场机制的自发作用而实现社会资源的配置的，市场经济就是风险经济。事业风险与各种不确定性，造成某种类型的投资活动不能达到社会所要求的状态。

此外，从道德伦理规范的角度看，即使在竞争性市场机制能够实现资源上的帕累托效率的情况下，单靠市场机制调节也有可能出现诸如收入分配不公、经济波动和宏观经济总量失衡及与此相关的失业和通货膨胀等问题。

3.2 运输市场机制

运输市场机制,是指运输市场运行与平衡的自身调控系统,即运输市场运行与平衡的规律或原理,包括客体系统、动力系统、方式系统和主体系统以及它们之间的相互关系,各个分支系统分别形成供求机制、价格机制、竞争机制与风险机制。供求机制、价格机制和竞争机制,是市场机制相对独立的构成要素,而风险机制贯穿其中,成为市场机制各个分支机制启动与相互作用的基础。

3.2.1 运输市场供求机制

运输市场供给是运输服务的生产经营者投入运输市场或可以的运输市场提供的运输能力的方式、数量与质量。运输市场需求是运输服务的消费者需要运输市场提供的运输服务的方式、数量与质量。供求的运输方式表现为运输设备、运输线路、停靠站点、到发时间以及运输对象的不同,供求的运输质量表现为安全系数、及时率或正点率、服务程度等。运输市场供求机制就是交通运输服务供与求的对立统一的运动系统。

运输市场的供求关系同工农业产品市场与其他各类市场的供求关系一样,一般存在着两种情形:供不应求与供过于求。供求平衡只是暂时的,是市场永远追求的目标,因而是市场供或求发展的动力,成为供求机制的主要内涵。供不应求,价格上涨,刺激生产,抑制需求,正向竞争加剧,使供求趋向平衡,供过于求,价格下跌,抑制生产,刺激需求,反向竞争加剧,也使供求趋向平衡。可见,供求机制不能单独存在,它离不开价格机制和竞争机制,也离不开企业风险机制。

这里要指出的是,供不应求与供过于求在市场上是不断地交替存在的。供不应求与供过于求不能及时地转化,就不是完善的有效的供求机制,或没有供求机制。在计划经济体制下,我国长期存在的是短缺经济(供不应求),在经济体制转换的过程中,我国某些产品包括某些运输方式又多年供过于求,长期存在某些经济过剩现象。这都表明,市场只有供求关系,没有供求机制,或没有完善的、有效的供求机制。

3.2.2 运输市场价格机制

价格是商品价值量的货币表现,它是以商品的社会必要劳动时间为基础,受供求关系影响的单位社会劳动价值量。所谓社会劳动价值量,是由社会认可的劳动价值量,因此,它不仅由社会必要劳动时间决定,而且还由供求关系决定。交通运输服务这种特殊商品的价格也是如此。劳动价值量指生产商品的社会必要劳动时间,是马克思劳动价值论的观点。这里把劳动价值量区分为私人劳动价值量与社会劳动价值量,私人劳动价值量由生产商品的社会必要劳动时间决定,社会劳动价值量则不仅由生产商品的社会必要劳动时间决定,而且还由供求关系决定。这样认识应该更加符合客观规律。衡量社会劳动价值的尺度主要不应是社会供给,而应是社会需求。这样,社会劳动价值量就大于或小于私人劳动价值量。社会劳动价值量即价格会围绕私人劳动价值量上下波动,这就是价格机制的内涵。社会劳动价值量即价格高于私人劳动价值量,刺激生产,抑制需求,正向竞争加剧,使供求平衡以致供过于求,又使价格低于私人劳动价值量;反之,反向竞争加剧,使供求平衡以致供不应求,又使价格高于私人劳动价值量。如此循环往复,使市场运行与发展。可见,价格机制也不能独立存在,它同样离不开供求机制、竞争机制与风险机制。

价格能否围绕私人劳动价值量上下波动是衡量有无价格机制或价格机制是否完善的有效标志。在计划经济体制下,价格几十年长期不变,当然没有价格机制。在经济体制转换过程中,诸多商品的价格还不能随供求变化而变化,说明价格机制还不灵活,或没有完善有效的价格机制。

运输市场价格机制作用于运输市场主体。

(1)作用于运输生产经营者。对采用同一运输方式的运输生产经营者来说,价格机制成为降低价格的信号。他们为了提高市场占有率,在运价上采取以廉取胜的策略,从而带动运输成本降低,促使运输生产科技水平的提高。对采用不同运输方式的运输生产经营者来说,价格机制成为调整或改变运输生产方向的信号。运输市场价格机制决定不同运输方式的价格比例,使各种不同的运输方式平均利润率出现差别,他们为了追求较高的平均利润而调整或改变运输方式,从而使各种运输方式的比例趋向合理,促使各类交运输市场协调发展。

(2)作用于运输服务消费者。首先,他们依据自身的客观需求与实际购买力选择运输方式,促使运输方式结构合理。其次,他们选择同一运输方式的不同运输业主,促使运输企业降低运输成本,提高运输质量,改善运输服务。

(3)作用于国家及其交通运输管理部门。国家及其交通运输管理部门,既在运输市场之上,是运输市场的宏观调控主体,又在运输市场之中,是运输市场的消费主体,并且,它既作用于运输市场经营者,又作用于运输市场消费者,是一种特殊的运输市场主体。国家依据价格机制的反馈信息与价格总水平的变动情况,调整产业政策,运用财政、税收,信贷等经济手段,促使运输企业自动调节运输生产经营活动,推动运输总供给与总需求的平衡。

3.2.3 运输市场竞争机制

市场竞争是指市场主体为了取得有利的产销条件而进行相互斗争的市场行为。它表现在买者之间与卖者之间。卖者之间的竞争,是生产经营者在同一商品同类商品的销售中争夺市场的行为,以品种、质量、价格、销售服务,技术与管理竞争为手段,扩大市场占有率。在市场经济条件下这是市场竞争的主要内容。买者之间的竞争,是生产经营者为了获得同一或同类生产资源,如人才、资金、原材料、信息等而进行的争夺,以价格竞争为主要手段,有时也采用技术经济合作方式,创造有利的生产经营条件。

运输市场竞争机制,就是指运输企业在经济利益的驱动下自动地争夺市场与资源。某种运输方式供过于求,运价下跌,同类运输企业展开价格竞争,以低廉的价格争夺市场,一些技术条件落后,经营管理不善,经济实力薄弱的运输企业,经受不起价格下跌的打击,不得不退出这种运输方式的竞争,而转向其他运输方式的生产经营、或开发新的运输方式,从而使运输方式结构趋于合理,同时展开运输质量、运输服务竞争,进而是技术、管理的竞争,促使运输事业的发展与提高。某种运输方式供不应求,运价上涨,生产经营者便争相投入这一运输方式的经营活动,同样也使运输方式结构趋于合理,由此而带来的资源竞争,还将促使其他产业的发展与结构合理。可见,竞争机制同样离不开其他机制而单独存在。

企业具有追逐最大利润的进取精神与趋利避害的自觉行动,是竞争机制的实质。企业有利不图或不能图,有害不避或不能避,就没有竞争机制。

3.2.4 运输市场风险机制

市场主体为了自身的经济利益,必须从事生产经营活动。在市场经济条件下,从事生产经营活动同时面临着盈利、发展与亏损、破产两种可能。任何企业要想获得盈利,求得生存与发展,都必须承担相应的亏损与破产倒闭的风险。就像两人对弈,有赢,就有输,没有胜利的诱惑力,就没有失败的压力。所谓运输市场风险机制,就是交通运输企业为了自身的经济利益而主动地勇敢地承担风险。风险机制是以利益机制为基础的,在市场经济条件下,由于竞争的存在,利益机制也就是风险机制。

敢于冒风险,使企业积极参与市场竞争,从而致使价格趋向合理,供求趋于平衡。可见,风险机制是市场机制形成的条件。为了克服或减少风险,企业应不断地改进调整运输方式,提高运输质量,降低运输成本,提高技术与管理水平。风险机制贯穿于市场机制之中。没有经济利益的驱动,就没有市场的运行。

3.3 运输市场机制的运行

3.3.1 运输市场机制的总体表现

运输市场机制内部各要素相互作用,供求影响价格,价格引起竞争,竞争调节供求;供求引起竞争,竞争影响价格,价格调节供求。这样,一方面,不断满足运输市场需求,又不断刺激新的需求,促进运输市场的运行与发展;另一方面,不断刺激运输市场供给,又不断抑制过量供给,使运输市场平衡与稳定。所以说,运输市场机制是一种自身调控机制,不具备自身调控功能，就不是完善的、有效的市场机制。

在市场机制中，供求机制是市场运行与平衡的内容。价格机制是市场运行与平衡的动力，竞争机制是市场运行与平衡的手段。简而言之，就是通过竞争，以价格的涨落来调节市场供求关系。

在市场机制中，供求影响价格，价格调节供求是核心或本质内容。供求引起竞争、竞争调节供求，竞争只是一种手段，如果没有价格这个驱动力，既不能有供求引起竞争，也不能有竞争调节供求。价格引起竞争，竞争影响价格，正是讲供求是如何引起竞争，竞争又是如何调节供求的。供求影响价格，价格调节供求，这是价值规律的自发调节作用。所以，完善的、有效的市场机制，就是价值规律自发的调节市场供求关系。

衡量一个市场是否具有完善的、有效的市场机制的主要标准是：

(1)供求能否影响价格。一般来说，供不应求，价格上涨，供过于求，价格下跌。

(2)价格能否调节供求。一般来说，价格上涨，刺激生产，抑制需求；价格下跌，刺激需求，抑制生产，但这需要具备条件。一是价格上涨带来的好处必须进入生产领域，二是价格下跌带来的好处必须进入消费领域。

从市场机制的构成要素及各要素的相互关系可以看出，要逐步建立完善的、有效的市场机制，即价值规律自发调节市场供求关系的机制。市场建设的根本任务就是要为价值规律充分发挥调节市场供求关系的积极作用创造条件。

3.3.2　运输市场机制的具体表现

发挥市场机制在资源配置中的基础性作用，必须培育与发展市场体系。当前要着重发展生产要素市场，规范市场行为，打破地区、部门的分割和封锁，反对不正当竞争，创造平等竞争的环境，形成统一、开放、竞争、有序的大市场。

1)运输市场的统一性

运输市场的统一性是指运输市场内部客运市场与货运市场之间，铁、公、水、空、管运输市场及其内部不同的营运和服务方式之间，运输主体市场和运输配套市场之间应相互协调，形成有机整体的特性。

运输各分支市场都是运输整体市场的要素。

(1)客运市场与货运市场之间是并列关系，必须齐头发展。

(2)公路运输市场同铁、水、空、管运输市场之间是主次配套关系，公路运输是其他运输的纽带，为它们配套服务。铁、水、空、管运输没有公路运输的衔接，无法独立发展。铁、水、空、管运输的发展又反过来促进公路运输的发展。公路运输也可作为单式运输独立存在，但在其总量中只是一部分。可以说，公路运输是其他运输的配套运输，它们之间必须协调发展；运输主体市场与运输配套市场之间更是这种主次配套关系，应该协调发展。

(3)各种不同的运输方式满足不同的运输需求,它们之间存在着并列关系与互补关系,如铁、公、水、空、管、运输方式之间,各式运输的长、中、短距离运输之间,普通货运与特种货运之间,公路客运中的班车、出租车运输之间等。同样,必须共同发展。

(4)在运输需求一定的前提下,不同运输方式之间,同一运输方式的不同运输市场主体之间,它们所占的市场份额是此消彼长的,因而存在着竞争关系。要维护运输市场的正常运行与健康发展,必须保证不同的运输方式与营运方式存在,同时还必须保证同一运输方式与营运方式不同的运输市场主体存在。没有市场的多样性就没有市场的统一性。

供不应求或供过于求引起价格的上涨或下跌,从而引起某种运力资源的投入、退出或增加、减少的竞争,使运输经营者获得较高利润。运输经营者由于利益驱动,为了追逐较高利润竞相将运力资源投入或转移到供不应求的运输领域,不投入或撤出供过于求的运输领域。运输经营者的这种市场行为,必然会使短线运输生产与服务迅速发展,长线运输生产与服务的运力资源会减少与转移,由此促进运输市场内部客货运市场各自的供求趋向平衡,公路运输与铁、水、空、管运输之间及其各自内部的具体营运方式之间,主体运输市场与配套运输市场之间协调发展。在运输市场上,各分支市场内部的供求关系、相互之间的比例关系,短期的显著不平衡,不协调是存在的,但由于市场机制的作用,它们总是向着基本平衡、基本协调的方向发展。也就是说,它们会始终处于动态平衡与动态协调之中。例如,某地区公路运力相对过剩,在市场机制作用下,就必然有一部分公路运输经营者将运力资源转移到其他地区,或改为从事运输服务业,从而使这一地区公路运输市场供求基本平衡,使公路运输服务业市场同公路运输客货运市场基本协调一致。如果某地区公路运输市场供过于求的问题、运输服务业市场同运输主体市场的协调问题长期得不到解决,则表明运输市场机制没有形成,或者虽有但很不完善。因此,运输市场各分支市场内部的供求关系及其相互之间的协调关系必须健全完善。

运输市场各个不同的分支市场之间的关系协调一致,是通过价格这个驱动力实现的。因价格随供求自由涨落,引导运输市场主体将运力资源投入与转移到供不应求、价格较高的运输领域。然而,供求反过来又调控价格,使不同运输方式之间和不同营运方式之间形成合理比价,同一运输方式之间和同一营运方式之间形成合理差价。

2)运输市场的开放性

运输市场的开放性是指运输市场和市场环境(更大范围更高层次的市场)不断进行资源与信息交流,价值规律的调节作用不受或很少受国家、地区与部门限制的特性。

对于经营者来说,凡是供不应求或需求较大的地区与部门,必定是有钱可赚或赚钱较多的地区与部门。具有经营资源优势尤其是资金优势的经营者必定将资源投向或转移到这些部门和地区,由此打破了经营的地区和部门界限。因此,市场的开放性是市场机制的重要表现形式。

(1)国家运输市场的开放

国家整体运输市场,是面向国际运输市场并与国际市场开放。不同国家运输发展的技术与管理水平不同,需要相互间取长补短,于是产生了不同运力资源的交流。这种开放,主要是运输设备市场和设施建设市场的开放,如购买或出售具有较高现代技术水平的运输设备,从国外贷款或向国外投资修建铁路、公路与站场码头,引进或输出高新交通运输技术等。如果国家运输整体市场闭关自守,说明运输市场机制在本国同世界间没有起到调节作用,表明国家运输市场机制不完善或被人为地制约。

国家整体运输市场开放的程度受一个国家经济、政治、文化状况的影响较大,国家要从整体利益与长远利益出发,对其开放程度进行调控。一个国家的目标是要建立国家统一的运输市场,并不是也不可能建立国际统一的运输市场。我们只是强调国家运输市场开放,充分利用世界上可以利用的运力资源,充分发挥我国运力资源在国际上的作用,以获得较高的运输经济效益,而不是说运输市场机制在国际范围内可以不受任何限制。

(2)地区运输市场的开放

国内各地区运输市场开放,既是国家统一的运输市场形成的主要标志之一,又是交通市场开放的主要标志之一。如果运输的供求、价格与竞争受到地区的保护与限制,就阻碍了运输市场机制在全国范围内调节运力资源配置的作用,就说明国家运输市场机制不完善。

地区运输市场开放,包括运输市场的各个分支市场。当前,要特别鼓励运输的投资者与经营者到落后的边远地区修建铁路、公路、疏通航道,从事各种运输经营活动,鼓励运力资源在全国范围内自由转移,反对地方保护主义与地区间的分割和封锁。

(3)部门运输市场的开放

部门运输市场开放,是国家统一的运输市场形成的条件,也是运输市场开放的重要表现。一个被部门分割的行业,不可能形成行业市场机制。

3)运输市场的竞争性

市场竞争是市场主体因追逐利润而争夺市场的行为。竞争性是市场的本质特征,没有竞争,就没有价值规律的自发调节作用。

价值规律的自发调节作用是由市场主体的自觉行为来实现的。这种自觉的市场行为就是为了追逐利润而主动地趋利避害,主动地实行资源的投入与转移,主动地争夺有利可图的市场,这就是市场主体间的竞争。有利可图的市场一般来说就是供不应求的价格看涨的市场,即正需要资源投入的市场,由此实现同一市场的供求平衡与不同市场的关系协调。如果没有市场主体间的竞争,就没有价值规律,亦即没有市场机制。运输市场竞争也是如此。

市场主体的自觉市场行为,其自觉是针对追逐利润而言。市场主体作为个体,其追逐利润的行为难免受到自身实践活动的限制,即实践的时间与空间范围限制,他们很难避免从一时利益出发,从某一地区某个角度看问题,因而带有盲目性。这种盲目性成为竞争与市场机制的消极作用,需由国家宏观调控加以引导。

运输市场竞争性是否存在或出现取决于运输市场主体是否是独立的利益与权力主体,即运输市场是否具有利益机制或风险机制。市场主体没有自身独立的利益与权力,有利不图或有利而不能图,就没有了竞争。运输市场竞争性作用的有效发挥取决于运输市场环境,因此必须要有平等的运输市场竞争环境。

4)运输市场的有序性

市场的有序性从根本上说,就是市场的自身调控性。市场缺乏自身调控能力,供求不平衡,价格不合理,竞争不平等,市场就显得混乱无序。市场的自身调控能力是由市场的自身调控机制即市场机制决定的。因此,运输市场的有序性是运输市场机制的重要表现。另外,国家的宏观调控与市场管理对维护市场的正常秩序发挥着重要作用,市场的有序性也是国家的宏观调控机制与市场管理机制健全与完善的重要表现。但是,国家的宏观调控与市场管理只是市场正常运行与健康发展的外因,它要通过市场机制这个内因发挥作用。如果市场机制紊乱,或不存在、不健全,则市场仍然不可能有序。所以,运输市场的有序性主要是运输市场机制的表现。

市场的有序性表现在两个方面,即市场的内容有序与市场的形式有序。市场的内容是市场供求关系,包括产品的品种供求与产品的质量供求。市场有序即供求关系基本一致。市场的形式是市场行为,包括买卖双方的交易行为与竞争双方的竞争行为。市场有序即市场行为基本规范。供求关系是通过价格来维系与驱动的,因价格的涨落对经营者的资源投向具有引导作用,从而使市场产品品种供求与质量供求趋向一致。市场行为是由市场主体的市场观念来支配的,这种市场观念主要包括市场经营观念与市场竞争观念。由市场经营观念支配的市场交易行为实际上是一种交易双方物质利益再分配形式,因为价格的高低与涨落可以使得交易双方的利益得到调整。因供求关系引起的价格高低涨落是一种公平合理的客观调整,它有利于供求关系的平衡;因交易双方的哄抬价格所引起的价格高低涨落,是一种不公平不合理的主观调整,它不利于供求关系的平衡。这里就出现了经营道德问题,要做到公平交易,价格合理,经营者就必须具备良好的经营道德。由市场竞争观念支配的市场竞争行为是一种竞争双方物质利益的调整方式,谁占有较大的市场份额,谁就能获得较多的利润,谁失去市场,谁就失去了利润。凭借适销对路、物美价廉的产品竞争抢占市场,因品种不对路,质劣价高而失去市场,同样是一种公平合理的客观调整,它有利于在新的不断提高着的消费水平上的供求平衡,有利于市场的发展与国家整体经济水平的提高,使市场机制的作用得以充分发挥。凭借地区与部门垄断,贿赂营销及其他各种非法手段竞争,使质劣价高的产品得以销售,质优价廉的产品反而销不出,同样是一种不公平不合理的主观调整,它使市场机制的作用不能发挥,导致市场停滞甚至倒退。这里就存在着一个竞争道德问题,要做到平等竞争、合法竞争。

据此分析,运输市场的有序性又具体表现为以下四个方面:

(1)供不应求的运输方式增长,供过于求的运输方式减少。由于供不应求,价格上涨,运输经营者可以获得高于平均利润的利润,供不应求的运输方式也必然增长。由于供过于求,价格下跌,运输经营者只能获得低于平均利润的利润甚至亏损,供过于求的运输方式必然减少。

(2)优质运输服务生产增长,劣质运输服务生产减少。产品品种不同,其使用价值的种类不同。同一品种的使用价值种类相同,但其质量不同,使用价值的大小也不同。在同一技术与管理水平之下,同种商品使用价值的大小同其价值量的大小是一致的,因而优质优价,低质低价。然而在不同的技术与管理水平之下,同种商品使用价值的大小同其价值量的大小却不一致。较高的技术与管理水平,产品质量高,成本低;相反,质量低,成本高。这样,优质优价可获较高利润,低质低价则可能利润较低甚至亏损。于是,必然是优质产品上,劣质产品下。交通运输质量主要表现在安全、及时与运输服务三个方面。

(3)依法经营,运输市场主体具有良好的经营道德。良好的经营道德是指市场主体(主要是供应主体)以提供优质的产品或服务,与顾客进行公平交易。买卖双方是互相依存、互相制约的。如果买卖双方都是有充分的独立自主权利,并且富于某种产品或服务交易知识与能力的市场主体,如不是公平交易,就不能成交。但任何市场主体都会受到信息、经验等方面的某些限制,这就使公平交易这种经营道德具有了极端重要性,公平交易是市场有序的重要内容。

(4)依法竞争,运输竞争主体具有公平竞争观念。从根本上说,公平竞争观念也是一种经营道德观念,但它的产生不是在买卖双方之间,而是在买方或卖方内部,因而具有特殊性。品种、数量、质量与价格竞争,以及由此引起的技术、管理竞争和人才竞争,是市场竞争的正常内容。通过高待遇、高地位引进人才,提高技术与管理水平,从而开发新产品、扩大生产经营规模、改进产品质量、降低生产经营成本,进行公开竞争,以取得在市场中的领先地位,属于正常的、合法的竞争手段,也是公平竞争的主要含义。公平竞争,可以促使企业优胜劣汰,促进市场内容不断更新,市场规模不断扩大,市场质量不断提高。非法的、不正当的竞争手段指凭借依托与权力强买强卖、贿赂营销、垄断市场,靠造谣与欺骗公众中伤竞争对手,以及一切不以品种、数量、质量、价格为竞争内容的隐蔽竞争行为。非法的,不正当竞争同样破坏了市场机制,遏制了价值规律的积极作用,是市场无序的重要表现。

我国已经颁布了《反不正当竞争法》,为依法竞争,树立竞争者的公平竞争观念打下了法律基础。但在市场上,竞争者公平竞争观念还十分薄弱。不少的竞争者把凭借苦心经营,依靠品种、数量、质量、价格竞争来赢得市场的表现不屑一顾,而把寻求靠山与背景,钻国家政策的空子,凭借地区与部门保护,进行贿赂,实行垄断经营,提高价格牟取暴利等视为神通广大的表现,并且津津乐道。

我国市场要形成竞争者的平等竞争观念,还须进行长期的艰苦的努力。①它有赖于创造平等竞争的环境。②它有赖于加强法制建设。③它有赖于企业经营能力的增强。这种经营能力,主要指经营决策能力,经营信息的收集与处理能力,内部的凝聚能力,技术开发能力等。能力越强,自信力越强。④它有赖于企业文化建设。企业文化的核心是要树立正确的共同的价值观念,包括公平交易观念与公平竞争观念。当然,平等竞争观念的形成又有赖于整个国家受教育的程度与文化素质的提高,更有赖于政治的廉洁与清明。⑤它有赖于企业公关意识的增强。公共关系,旨在树立企业自身的良好形象。它的外在表现是宣传,这种宣传,必须以企业的实在表现为基础。不公平竞争,会在公众中造成恶劣形象,必然在市场中无立足之地。竞争者有了这种认识,就会自觉地形成公平竞争的观念。

复习思考题

1. 什么是市场机制? 构成市场机制的要素是什么?
2. 供求机制、价格机制、竞争机制和风险机制的含义分别是什么?
3. 市场机制有哪些特性?
4. 分析市场机制的有效与失效。
5. 运输市场机制的含义是什么?
6. 运输市场供求、价格、竞争和风险机制的含义分别是什么?
7. 分析运输市场机制的总体表现。
8. 衡量有效的市场机制的主要标准是什么?
9. 运输市场机制的具体表现是什么?

第4章　运输市场竞争

市场经济本质上是一种竞争经济,竞争机制在其中起着重要的作用。通过竞争促使企业之间优化资源配置,将更好地参与市场化经营。加强对运输市场竞争的研究,探讨竞争机制对实现运输资源的有效配置,合理调整运输结构,增强运输企业的竞争优势,使运输企业更好地满足国民经济和社会发展的要求,具有重要的现实意义。

4.1　市场竞争概述

4.1.1　市场竞争的含义

市场竞争是市场经济的基本特征。在市场经济条件下,企业从各自的利益出发,为取得较好的产销条件、获得更多的市场资源而竞争。通过竞争,实现企业的优胜劣汰,进而实现生产要素的优化配置。

市场竞争主要包括六项基本内容:①商品竞争;②素质能力竞争;③服务竞争;④信息竞争;⑤价格竞争;⑥信誉竞争。

有效的市场竞争主要包括三个方面的内容:一是竞争必须公平;二是竞争必须相对充分;三是竞争必须有序。

4.1.2　市场竞争的类型

按市场竞争的程度把市场竞争划分为如下两种类型:

(1)完全竞争。其是指一种没有任何外在力量阻止和干扰的市场情况。

(2)不完全竞争。一般是指除完全竞争以外、有外在力量控制的市场情况。不完全竞争包括以下3种类型:①完全垄断;②垄断竞争;③寡头垄断。

4.1.3　市场竞争战略

1)高质量竞争战略

高质量竞争战略是指企业以高质量为竞争手段,致力于树立高质量的企业形象,并希望在竞争中以高质量超越竞争对手。实施这一战略时需要解决的主要问题是怎样认识和塑造高质量。20世纪90年代初,市场学界提出了“全面质量营销”的新概念,具体内容如下:

(1)高质量要注重产品的性能质量。包括产品的功能、耐用性、牢固性、可靠性、经济性、安全性等。

(2)高质量要以顾客需求为依据。性能的"高"质量是相对的,要适度。

(3)高质量要反映在企业的各项活动和创造价值的全过程中。

(4)高质量在比较中不断进取。

作为一种竞争战略,高质量的优势是明显的,它是一切竞争手段的前提和基础,也是树立良好企业形象的基础。

2)低成本竞争战略

低成本竞争战略是指企业以低成本作为主要竞争手段,企图使自己在成本方面比同行的其他企业占有优势地位。实现低成本战略的关键是发挥规模经济的作用,使生产规模扩大、产量增加,从而使单位产品固定成本下降。在扩大生产规模过程中,争取做到以下几个方面:

(1)以较低的价格取得生产所需的原材料和劳动力;

(2)使用行进的机器设备,增加产量,提高设备利用率、劳动效率和产品合格率;

(3)加强成本与管理费用的控制等。

实现低成本战略,可以低于竞争者的价格销售产品,提高市场占有率;也可以与竞争者同价销售产品,取得较高利润。低成本战略流行于20世纪70年代,但当同行企业都采用各种措施使成本降到最小化或接近极限时,这一战略就失去意义了。

3)差异优势竞争战略

企业以表现某些方面的独到之处为竞争主要手段,希望在与竞争对手的差异比较中占有优势地位,这便形成了差异优势战略。这里的差异包括:产品的性能、质量、款式、商标、型号、档次、产地、生产产品所采用的技术、工艺、原材料以及售前售后服务、销售网点等方面。

差异优势竞争战略是在各个企业大批量生产同一无差异产品并出现销售困难时提出来的一种战略。因为在上述情况下,解决问题的出路是将企业在技术、实力、创新能力、原材料、经营经验等方面的优势,成功地转化为产品、服务、宣传、网点等方面独具特色的差异优势,减少与竞争对手的正面冲突,并在某一领域取得竞争的优势地位。

在行业内,顾客对具有特色的产品可能并不计较价格或无法进行价格比较,从而可以以高于竞争者的价格销售产品,取得更多利润;在行业外,具有特色的产品又可以阻碍替代者和潜在加入者进入,还可以提高与购买者、供应商讨价还价的能力。

但实施这一战略可能要付出较高的成本代价;当较多的顾客没有能力或不愿高价购买特色产品时,市场占有率提高会较困难。

4)集中优势竞争战略

集中优势竞争战略要求企业致力于某一个或少数几个消费者群体提供服务,力争在局部市场中取得竞争优势。

所谓集中,就是企业并不面向整体市场的所有消费者推出产品和服务,而是专门为一部分消费者群体(局部市场)提供服务。

集中精力于局部市场,仅需少量投资,这对中型企业特别是小企业来说,正是一个在激烈竞争中能够生存与发展的空间。同时,这一战略既能满足某些消费者群体的特殊需要,具有与差异战略相同的优势;又能在较窄的领域里以较低的成本进行经营,兼有低成本战略相同的优势。

但它也有一定的风险:当所面对的局部市场的供求、价格、竞争等因素发生变化时,就可能使企业遭受重大损失。

4.1.4 市场竞争策略

根据企业在市场上的竞争地位不同,企业的市场竞争地位可以分为四种类型:市场领先者、市场挑战者、市场跟随者、市场补缺者 。不同的竞争地位其竞争策略不同。

1)市场领先者策略

市场领先者是指行业中在同类产品的市场上占有率最高的企业。市场领先者策略主要有:

(1)扩大需求量策略。包括:①不断发现新的购买者和使用者;②开辟产品的新用途;③增加产品的使用量。

(2)保护市场占有率策略。包括:①阵地防御;②侧翼防御;③先发防御;④反攻防御;⑤运动防御;⑥收缩防御。

(3)提高市场占有率。即市场领先者设法通过提高企业的市场占有率的途径来增加收益、保持自身的成长和主导地位。

2)市场挑战者和市场跟随者策略

市场挑战者和市场跟随者是指那些在市场上处于第二、第三甚至更低地位的企业。市场挑战者是指为达到市场领先地位,向竞争者挑战的企业。市场跟随者是指安于次要地位,参与竞争但不扰乱市场局面,力争在共处的状态下求得尽可能多的利益的企业。

(1)市场挑战者策略

①确定策略目标和挑战对象。包括:攻击市场领先者、攻击市场挑战者或追随者、攻击地区小企业。

②选择进攻策略。包括:正面进攻、侧翼进攻、围堵进攻、迂回进攻、游击进攻。

(2)市场跟随者策略

市场跟随者策略包括:紧密跟随、距离跟随、选择跟随。

3)市场补缺者策略

市场补缺者是指精心服务于总体市场中的某些细分市场,避开与占主导地位的企业竞争,只是通过发展独有的专业化经营来寻找生存与发展空间的企业。补缺策略主要有以下特征：

(1)有足够的市场潜量和购买力；

(2)利润的增长的潜力；

(3)对主要竞争者不具有吸引力；

(4)企业具有占据该补缺基点所必需的资源和能力；

(5)企业已有的信誉足以对抗竞争者。

市场补缺者策略的作用是善于发现和尽快占领自己的补缺市场,并不断扩大和保护自己的补缺市场。

4.1.5 市场竞争环境

市场竞争环境,是指企业所在行业及其竞争者的参与、竞争程度。它代表了企业市场成本及进入壁垒的高低。

市场竞争环境是企业生存与发展的外部环境,对企业的发展至关重要。竞争环境的变化不断产生威胁,也不断产生机会。对企业来说,如何检测竞争环境的变化,规避威胁,抓住机会就成为休戚相关的关键问题。目前,在我国加快融入国际经济的背景下,我国企业的竞争环境出现了急剧的变化,行业结构、竞争格局、消费者需求、技术发展等都发生了急剧的变化,不确定性增强。任何企业都必须时刻关注环境的变化,才能趋利避害。任何对环境变化的迟钝与疏忽都会对企业造成严重的甚至是决定性的打击。这是催生企业对营销信息管理需求的外部原因。

在任何市场上销售产品,企业都面临着竞争。市场上从事同类商品生产经营的企业,其竞争者包括现实的竞争者和潜在的竞争者。同一市场,同类企业数量的多少,构成了竞争强度的不同。企业调查市场竞争环境,目的是认识市场状况和市场竞争强度,根据本企业的优势,制订正确的竞争策略。通过竞争环境调查,了解竞争对手优势,取长补短,扬长避短,与竞争者在目标市场选择,产品档次,价格,服务策略上有所差别,与竞争对手形成良好的互补经营结构。竞争环境调查,重在认识本企业的市场地位,制订扬长避短的有效策略,从而取得较高的市场占有率。

4.2 运输市场平等的竞争环境

4.2.1 运输市场平等竞争环境的含义

运输市场平等竞争环境应体现在以下几个方面：

(1)铁、公、水、空、管各种运输方式之间平等的竞争环境。国家按照提高整体运输经济效益的要求来制定交通运输产业政策，以形成合理的综合运输体系为目标，并不规定铁、公、水、空、管的运输方式比例，让运输市场机制自身调节各种运输方式的资源配置。

(2)铁、公、水、空、管同一运输方式内部平等的竞争环境。国家实行交通运输全方位的行业管理。首先，交通运输产业从第一、二产业和其他第三产业中脱离出来；其次，铁、公、水、空、管互不含管；第三，交通运输企业自由兼并、联合，实行资产重组，实行运输市场全面开放，打破地区的分割与封锁。

(3)铁、公、水、空、管各种运输方式经营行为的平等竞争环境。国家严格运输市场管理，依法查处和打击非法竞争行为。凡在产品销售、工程投标、客货承揽中的贿赂营销行为，凡采用虚假广告欺诈顾客的行为，凡使用暴力与造谣中伤竞争对手的行为，都是非法市场行为。查处与打击这些非法市场行为不仅是法制部门的工作，也是运输市场管理部门的应有工作。只有这样，才能形成市场法制氛围，形成以品种、质量、价格为内容的公开的平等竞争观念。平等竞争观念是平等竞争的精神环境。

4.2.2 运输市场平等竞争环境的内容

在市场竞争中，竞争条件若不平等，适销对路、物美价廉的产品无法畅销，就无法在市场上处于领先地位。在市场上，产品与企业优胜劣汰是市场机制运行的必然结果，然而，市场机制的形成与运行，需要客观条件。在平等竞争条件下的公平竞争，就是这种结果产生的根本条件。

1)宏观管理平等

首先，国家的交通运输产业政策以实现运输总供给与总需求的动态平衡、实行运输产业结构优化为导向，交通运输产业经营者将有限资金竞相投入短线运输方式的生产与经营活动，就能得到政策的保护。继续维持与坚持长线运输方式的生产与经营活动，就会与国家产业政策背道而驰，而影响发展。这样就能实现短线、长线运输方式的自动调节过程，使适销对路的交通运输企业得以生存发展，不适销对路的交通运输企业最终倒闭淘汰。

其次，国家的经济调控也以实现运输总需求与总供给的动态平衡和运输产业结构优化为目的，运输产业经营者从事适销对路、质优价廉的交通运输产品生产与服务的经营活动就能得到国家的经济支持；相反，从事产销脱节、质劣价高交通运输产品生产与服务经营活动的经营者就会在市场上被淘汰。经济杠杆调控是一种再分配形式。同类产品生产厂家在这种再分配形式面前并不平等，有的享受优惠待遇，有的没有，就会造成它们的环境支持系统的差别与环境负担的不一致，出现优质产品难上，劣质产品难下的局面，从而破坏市场机制正常作用的发挥。因此，在经济调控面前人人平等，是市场正常运行与健康发展的前提条件。

2)中观管理平等

地区管理和部门管理，既是国家宏观调控的执行，又是国家微观监控的指导，可视为中观管理。中观管理的规范化，是极为重要的平等竞争条件。地区管理的目标，是建立与形成区域整体市场，并保证其正常运行与健康发展。区域整体市场是国家整体市场的一部分，地区管理规范化的主要内涵应是保证国家整体市场的建立、形成、正常运行与健康发展，它必须执行国家的宏观调控政策，实行地域市场的全面开放。只要保证地域市场的繁荣与稳定，使其持续发展，可以不管经营者属于哪个地区。这样，经营者在不同地区就具有平等竞争条件。打破地区的封锁与分割，就可以在全国范围内实行优胜劣汰，促进国家整体市场的繁荣与经济效益的提高。部门管理的目标是建立与形成行业整体市场，并保证其正常运行与健康发展。行业整体市场如铁路运输市场、道路运输市场、水路运输市场等是交通运输整体市场的一部分，交通运输整体市场又是国家整体产品市场的一部分。部门管理规范化，就可以形成全行业的平等竞争态势，打破原有的铁路、公路、水运、航空与管道运输的部门行政管理造成的行业分割，在全行业内形成优胜劣汰，形成整体的高质量的、结构合理的行业市场。如公路运输方式，不仅在全社会各部门、各企业事业单位存在，而且在交通运输部门内部，铁、水、空、管中存在。由于部门保护主义的存在，公路部门所管的公路运输企业与经营者就不可能同社会各部门、各企事业单位以及政府机关所属的公路运输企业与经营者展开平等竞争，不可能在公路运输全行业实行优化资源配置。取消了部门管理，实行了政企分开与全行业管理，就可以建立公路运输全行业的整体市场，实行全行业企业与经营者的优胜劣汰，从而促进整个运输市场的繁荣与运输经济效益的提高。

3）微观管理平等

微观管理的目标是实行运输市场经营行为的规范化，其具体操作方式是一律实行交通运输经营者进出市场经营条件或经营资格的平等。进出市场不是经营者自由的行为，而是国家管理的行为。管理部门对所有经营者进出市场一视同仁，企业与经营者才可能真正在市场上优胜劣汰，才能真正优化市场经营者。同法制管理部门一道打击非法竞争行为，奖赏合法竞争行为，是微观管理的一项重要内容，它可以创造平等的竞争气氛，鼓励经营者平等竞争。

只有平等的竞争环境条件才能产生平等的竞争方式。运输竞争条件不平等，是产生非法竞争与不正当竞争的主要根源，它使得运输经营者可以利用国家政策空子的“天时”、地区与行业保护的“地利”和贿赂营销的“人和”从事经营活动。运输竞争条件平等，运输经营者只能运用运输方式种类、运输服务质量、运输周转能力以及运输价格进行竞争。开发新的运输方式，提高运输服务质量，增强运输周转能力，降低运输服务价格即为平等的竞争方式。采用平等的运输竞争方式的结果，必然是改善与优化市场运输方式结构，提高运输服务质量，充分满足运输市场需求，提高整体运输经济效益，促进运输市场的正常运行与健康发展。

4.3　运输市场开放的竞争环境

运输市场开放的竞争环境主要是打破地区间的保护与封锁。

4.3.1　产生地区间保护与封锁的原因及表现

1）产生地区间保护与封锁的原因

地区的保护与封锁源于各自自身的利益，这就形成了经济上以及其他方面的保护与封锁。地区的保护与封锁是自然经济的产物，它与市场经济的发展是格格不入的。改革开放以来，我国市场经济有了巨大发展，对这种地区的保护与封锁产生了猛烈冲击，使得我们向着建立社会主义统一市场的目标极大地前进了。但由于地区局部利益的存在，各地区缺乏通过统一的国家大市场发展地区经济的经验，就必然自觉不自觉、或多或少地奉行地方保护主义，使地区间的经济封锁还在一定程度上继续存在。

2）地区间保护与封锁的表现

在运输市场上，地区的保护与封锁有以下几种表现：

（1）车辆对等发开。由同一条线路连接的两个地区，两省、两地、两县或两个城市，营运线路的使用由双方协议而定，一般都是双方发开对等数量的车辆。这种做法看起来似乎理所当然，实际上奉行的是一种地方保护政策。即使两个经济发展水平基本相同的地区，他们在营运方式、服务质量、车辆技术性能、驾驶技术等方面也不可能完全相同，应该允许两地展开竞争。这种竞争，必然有利于提高双方的运输服务质量，降低运输成本，增加新的营运方式，更好地满足运输要求。

（2）货源垄断与封锁。不少地方政府及其交通主管部门，在运力相对过剩的情况下都或明或暗、或多或少存在着照顾地方运输企业与经营者的规定，个别地方甚至有通过行政权力垄断货源的情况。当前，各个地方通过报刊、电视、广播公开向全社会发布货运信息的现象仍然少见。这样，运输市场竞争就仍然被限制在一个地区的范围之内，没有给不同地区的运输企业与经营者提供在国内运输市场上充分发挥自身竞争能力的条件。

（3）外地车辆行路难。由于公路三乱依然存在，所有车辆普遍存在着行路难的问题，尤以外地车辆为甚。出于自身的不正当利益，路检路查人员不规范的行政执法行为比较容易在外地过境车辆身上发生。他们地生人疏，较难得到公平待遇。这就从客观上造成了不同地区的运输经营者在某一地区竞争条件的不平等的情况，极大地制约了地区间的运输市场竞争。

4.3.2　打破地区间保护与封锁的措施

打破运输市场地区间的保护与封锁，需要采取如下措施：

(1)将打破地区间的保护与封锁纳入国家法律的内容。凡是奉行地方保护政策,搞地区间的封锁与垄断,就是违法。任何企业与经营者都可以遵照行政诉讼法的程序,对有关地方政府或行政管理机关提出诉讼,以争取经营者的平等竞争权利。

(2)对外开放。开放国家整体市场,各国商品在我国平等竞争,这无疑对我国的经济与思想观念都是一个巨大的冲击,对我们既是一场挑战,又是一次机遇。在短时期内,我们的民族工商业及各种产业都可能会受到一点负面影响,因为我们的科技水平与管理水平,产品质量与产品价格毕竟同发达国家存在着一定差距,但这是对我们民族自信心的一种考验,必然会激起民族的竞争意识,增强全民族的竞争能力。在这种大气候下,那种狭隘的地区间的保护与封锁观念势必荡然无存。

(3)实行经济一体化和交通运输一体化。即指建立统一的国家大市场与统一的国家交通运输大市场。建立国家统一市场同打破地区的保护与封锁是互为因果的。要建立国家统一的大市场,必须打破地区间的保护与封锁,而地区间保护与封锁观念的彻底铲除也依赖于国家统一市场的建立。一个地方政府和地方官员,要是不考虑不谋求地方利益,那就不是合格地方政府与地方官员。问题是如何去谋取,是凭借地方的保护与封锁去谋取,还是把本地区放到国家统一市场中去谋取是关键。在国家统一市场上,每一个地区都是一个环,一条链,都是统一市场中的一个要素。如果你在统一市场上能够找准自己的位置,发挥自身的优势,那么,你这个环,这条链就越重要,你这个要素就越是不可缺少,你在统一市场上作出的贡献就越多,为本地区谋取的利益就越大。这也就是说,每个地区都要有自身的产业优势与拳头产品,在其他产业与经营方面就不要霸占。因此,所有地方政府及其主管部门都必须提高对社会主义统一大市场的认识。

(4)建立货运公开交易市场。近几年来,道路运输有形市场发展很快,各种公共客运站、货运站(或称客货运输中心)、货运交易所、货运集市(或称货运一条街)等相继迅速建立起来。这些道路运输有形市场,一方面使运输市场交易规范化,便于市场管理,另一方面又为运输企业和经营者创造了平等竞争的条件。客货运输中心是运输的起始与终结服务机构(企业),在运输全过程钓集、装(乘)、运、卸(下)散中,起着装(乘)、卸(下)与集散作用。它有利于打破地区间的保护与封锁。只要客货运输中心的经营真正实行政企分开,坚持各地车辆的平等竞争条件,就不再存在地区的保护与封锁。货运一条街是车主与货主直接交易,不受任何行政单位与任何人干涉的自由交易形式,当然不存在任何地区保护与封锁的条件。因此,提倡在各个中心城市与中心地区建立这种货运公开竞质竞价交易市场。

(5)建立全国的运输信息中心。地区间的封锁包括信息封锁与物质(人财物)封锁。打破信息封锁就为打破物质封锁创造了条件。建立运输信息中心,并在全国范围内发布,就有利于打破地区间的运输信息封锁。运输信息中心属于运输无形市场的范畴,近几年来在全国也有了很大的发展。现在的问题是,运输信息中心是作为各交通主管部门的行政服务机构存在,还是作为运输服务企业存在，作为行政服务机构，交通行政主管部门履行为交通运输企业服务的职能，也是理所当然的，但从经济方面考虑，又总显得收集、处理与发布运输信息的动力不够。若如此，需要由有关信息技术监督部门对其每年发布的信息数量与质量进行考核，作出交通行政主管部门运输信息服务绩效评价，并制定出运输信息服务标准。作为运输信息服务企业而独立存在，运输信息服务费用又如何收取，若只对运输经营信息提供有偿服务，又限制了信息的作用范围，便失去了它作为平等竞争条件的意义。这一问题尚需深入研究。

为了建立全国的运输信息服务网络，要按层次建立起各级的运输信息中心，向全社会公开发布运输经营信息，各自的信息内容与发布方式可依据自身实际在实践中探索形成。

复习思考题

1. 市场竞争的含义及基本内容分别是什么？
2. 市场竞争的类型有哪些？
3. 市场竞争战略有哪些？
4. 市场竞争战略有哪些？
5. 什么是市场竞争环境？
6. 运输市场平等竞争环境的含义及内容分别是什么？
7. 如何建设运输市场开放的竞争环境？

第2篇 运输市场管理

第5章 运输市场管理职能

市场管理职能是指国家市场管理机关在实施管理活动中作用于管理客体的客观功能,包括规范职能、监督职能、查处职能等,其主要任务是:制订或参与制订有关市场管理的方针、政策、法律、法规、规章并组织贯彻实施,规范市场交易行为;监督管理各类市场;参与论证、规划全国市场布局;参与各类市场的培育建设,完善社会主义市场体系。运输市场的管理职能主要包括:规划职能、准入管理职能、监督职能、服务职能。

5.1 经济管理职能

5.1.1 经济管理职能的含义

在市场经济条件下,政府经济管理的职能是对宏观经济进行调控、对微观经济进行规制,调节和规范市场主体行为,纠正市场失灵,提高资源配置效率,增进社会成员的福利,促进经济持续稳定地发展。

5.1.2 经济管理职能的内容

1)强化以市场经济行为为基础的政府宏观调控

首先,这是现代市场经济条件的要求。西方新古典综合派萨缪尔森认为,当今政府应具有三方面经济职能:一是力图矫正市场失灵,以提高效率;二是规划用税收和开支向特殊群体实行收入再分配,以求公平;三是依靠税收、支出以及货币供应量进行调控,以保持宏观经济的增长与稳定,减少失业,降低通货膨胀。在我国,除了一般市场经济的共性外,还有以下特殊性:

(1)我国是一个发展中国家,目前又正处于经济发展的"追赶阶段",只靠市场自发完成资本积累,以建设支撑整个经济发展的基础工作和基础设施不太可能,因而充分发挥社会主义制度集中力量办大事的优势,可以解决一些市场解决不了的关键问题。

(2)为了加快推进工业化、现代化进程,不仅要满足当前市场需求,更要立足于经济发展全局和长远目标,优化资源配置。

(3)当前我国市场发育程度低,完善社会主义市场体系是一个长期过程。为了加速这一进程,政府应起引导、组织和克服消极因素的作用。

(4)为了提高对外开放水平和国际竞争力，除了充分利用国内外资源和市场，政府还必须加强对外经贸的管理。

其次，政府宏观调控必须以市场经济行为为基础。如韩国金融危机中出现了大企业连锁倒闭的少有现象，究其原因，与韩国政府无条件扶植大企业政策有关。韩国政府廉价出售没收工厂给大企业、提供优惠贷款，以数量标准衡量企业、分配优惠待遇，企业为达到扩大企业规模目的不惜举借高利贷，银行也以厂房、设备为担保向企业提供贷款，如此形成恶性循环，乃至出现权钱交易现象。因此，东亚金融危机的教训之一是，政府对经济的干预必须接受市场和法律的制约，谨防把正常的政府干预变为权钱交易。

2)建立计划机制与市场机制有机结合的经济管理机制

(1)建立并完善以市场经济为基础的计划机制。政府通过制订社会经济发展战略、计划与产业政策，引导企业生产和促进产业结构的优化。社会主义市场经济条件下，企业成为市场的主体，随着市场主体多元化和决策分散化，可能出现与国家宏观经济发展目标不吻合的情况，这就需要政府通过制订发展战略、规划和发布产业政策，引导资源的合理流动和配置，促进主导产业的更快发展，优化产业结构和整合经济结构。

(2)要完善宏观调控体系。政府通过财政和货币政策调节，干预社会总供求，以实现社会总供求的动态平衡和经济的持续增长。在市场经济条件下，社会再生产的实物替换和价值补偿是通过市场那支"看不见的手"来实现调控的。但是完全靠市场机制调节难以解决有效需求不足和保持社会总供求的平衡，按照凯恩斯和萨缪尔森的理论，必须由政府运用财政和货币政策等加以调控。因此，当务之急是完善宏观调控手段和协调机制，逐步建立一种计划、财政、金融(货币)相结合的社会主义宏观经济管理体制。

3)在经营管理范围上，把国有资产管理与社会保障管理作为体现社会主义公有制特征的政府重要经济职能

首先，在社会主义条件下，国有经济的所有权与经营权分离后，政府代表国家行使国有资产所有者的权力与职能。政府作为国有资产所有者的代表，只承担对国有资产监督管理的职能，监督企业对国有资产的运营，并以宏观调控引导国有资产经营健康地发展，保证国有资产保值增值。其次，对政府管理国有企业的定位。应从我国国情出发，参考西方国家经验，选择适宜的政府管理国有企业方式。

(1)实行政权确立与产权职能分离的产权管理模式。目前，国有资产管理委员会(局)专司国有产权(通过营运公司操作)，政府的其他职能部门专司政权职能，不再行使产权职能。同时，国有资产管理局也只行使国有资产所有权和最终产权，不行使具体经营权。正如十五大报告所指出，一方面国家按投入企业的资本额享受所有者权益，对企业的债务承担有限责任；另一方面，政府不直接干预企业经营活动，企业也不能不受所有者约束，损害所有者权益。

(2)加强政府综合经济职能部门对国有企业的政权管理。既要运用法律等手段规范企业经营行为,调节企业经营活动,以维护正常经济秩序,又要运用经济手段间接引导企业经营行为,使其符合社会生产力发展的整体方向。

(3)转轨时期应充分发挥国有控股公司的特殊功能作用。在转轨时期,国有控股公司既可作为竞争性行业国有资产管理体制的中介层次,发挥上连政府职能转变,下连企业制度创新的体制转换功能,又可作为产权经营机构,发挥着盘活国有资产存量,促进国有经济结构优化的资产重组功能。

(4)从中国实际出发,应采取切实可行的政府管理国有企业的方式。如计划合同方式、国有民营化方式或国家控股公司方式,只要是符合"三个有利于"的标准,就应该大胆地尝试。社会主义市场经济的发展,还要求建立一个有利于劳动力合理流动和产业结构调整的新型社会保障体系。特别须强化社会保障、社会救济、社会福利、优抚安置和社会互助功能。

4)完善政府对微观经济的干预与管理

西方市场经济国家的政府经济管理职能之一是影响资源配置,即政府在微观经济方面的职能。当前政府微观经济管理应包括:竞争性行业或领域,政府应参与或直接调控;非竞争性的行业,或市场功能与作用达不到的领域,如公共产品和劳务的生产及环境治理等,应根据市场运行规则的要求,加快立法,规范各类经济主体的行为,对各种不正当的经济行为加以限制,从而创造一个公平竞争的市场秩序。

5)健全政府调节社会分配职能

西方经济学家萨缪尔森认为,市场并不一定产生一种被认为是社会公正或平等的收入分配,"甚至最有效率的市场体系也可能产生极大的不平等"。所以,在市场经济中,平等与效率之间往往存在着矛盾,而一旦社会成员之间的收入差距过分悬殊,就会影响社会稳定,故政府必须制订符合战略目标的收入政策。一方面通过收入分配政策和有效的税收政策,如所得税、财产税和遗产税,调节行业间、企业间乃至个人间收入差距,以公平收入分配,防止两极分化。另一方面通过直接的转移支付及对商品、劳务的再分配政策,增加贫困阶层的收入。

总之,要从国情和国际大背景考虑,政府经济管理职能应趋向努力实现市场机制作用与社会主义国家政府职能作用的有机结合,并探索出自己的特色。

5.2　运输市场管理职能

5.2.1　市场管理职能

在计划经济条件下,国家经济管理的主要对象是企业,市场经济中,国家经济管理的主要对象是市场。随着经济体制的转轨,政府交通运输管理职能也必须由企业管理转向市场管理。

管理企业的直接对象是经营者,可以向具体的固定的经营单位和个人发号施令,而管理市场的直接对象不是经营者,是市场供求关系与市场行为,并不能向具体的、固定的经营单位与个人发号施令。因此,管理市场比直接管理企业要难,水平要求也较高。

政府市场管理职能包括对市场供求的宏观调控和对市场行为的微观监控。

国家整体市场的宏观调控主体是国家,主要是中央政府及其经济综合管理部门,如中央银行、财政部、国家发改委等。国家行业管理部门是中央宏观调控政策的执行机构,同时又是本行业市场宏观调控的具体规划与协调机构。各级地方政府及其经济综合管理机构、地方行业管理机构既是宏观调控政策的执行机构,又是市场行为微观监控机构。微观监控的主体是工商行政管理部门、地方经济综合管理机构与地方行业管理机构。国家交通运输管理机构是国家对运输市场调控政策的执行者,又是运输市场内部宏观调控政策的制定者。地方各级交通运输管理机构既有宏观调控执行职能,又有微观监控职能。

5.2.2 运输市场管理职能

1)制定发展规划

制定与执行运输市场发展规划,是运输市场管理的规划职能。

(1)规划的内容

运输市场发展规划是依据国家整体市场发展的需要,特别是工农建产品市场发展的需要来大致确定一定时期内运输市场的需求量来大致确定运输市场的运力发展规模、结构与速度,并制定相应的发展措施与办法。它应包括如下内容:

①交通运输基础设施发展规划。运输市场的运力供应首先是运输基础设施(如公路、铁路、航道、站场、港口码头等)的建设、改造与维护,其规划内容包括线路里程、站场港口吞吐量、路网布局、基础设施的科技与管理水平等。

②交通运输设备发展规划。首先是运力供应,其次是运输设备如汽车、铁路机车与车辆、轮船、飞机等的购置与更新,其规划内容应包括拥有量、技术档次等。

③运输方式结构发展规划。运输市场发展规划主要是综合运输市场规划。各单式运输市场发展规划也必须在综合运输市场规划的统筹之下。各种运输方式既可独立存在,又可相互替代,只有优化运输方式结构,才能提高整体运输的经济效益。因此,运输市场发展规划必须考虑运输方式的结构优化设计。各种运输方式内部还存在着具体运输方式的结构问题,如铁路运输内部一般铁路与高速铁路,一般铁路与电气化铁路,单线与复线,普通车与特种车等的结构问题;公路运输内部普通公路与高速公路,客车的大中小型及普通车与豪华车,货车的普通货运与特种货运等的结构问题;内河、海洋运输,航空运输也是如此。各种运输方式内部具体运输方式的结构由各单式运输市场发展规划去设计。在设计中,要优先发展先进的运输经营方式,促使其向高科技方向发展。

④运输市场管理规划。要形成统一、开放、竞争、有序的运输市场，并保证其正常运行与健康发展，必须制定市场管理规划。对于形成独立的市场主体，创造平等的竞争环境，加强市场法制建设，以及现阶段政府职能的转变都必须拿出可行的措施与办法。

(2)规划的性质

运输市场发展规划，既是国家宏观调控政策的执行，又是运输市场宏观调控政策的制定。制定与执行运输市场发展规划属于宏观调控行为，其目的在于引导运输市场的发展，避免或尽可能减少交通运输经营者产生盲目的市场投入行为。它是一种指导性计划，对任何交通运输企业和经营者都不具有指令性质。

(3)规划的分类

①按运输方式划分，可分为综合运输市场发展规划与单式运输市场发展规划。综合运输市场发展规划，是建立与发展国家统一的运输市场的基础，它侧重于统一的市场目标、各种运输方式的比例关系和各类交通设施的配套发展。制定这种规划时，要注重国家整体市场对运输市场需求的研究，不容许出现大的误差。它由国家级的交通运输管理部门制定，各省、市、自治区的交通运输管理机构制定本地区的综合运输市场发展规划。单式运输市场发展规划指铁、公、水、空、管运输市场的发展规划，它由各式运输市场管理机构自行制定。综合的与单式的运输市场发展规划相互依存并相互作用，综合规划以单式规划为基础，单式规划以综合规划为指导，两者必须相互衔接，协调一致。

②按运输范围划分，可分为国内运输市场发展规划与国际运输市场发展规划。这两类规划主要是指综合运输，对于铁路、远洋、航空可以制定单式国际运输市场发展规划。这类规划主要是由中央交通运输管理部门制定。

③按运输对象划分，可分为客运市场发展规划和货运市场发展规划。这类规划主要是确定客货运的供求比例关系，针对客货运市场交易与竞争中存在的问题制定出可行措施。国家各级交通运输管理机构都应制订这类规划。

④按运输过程划分，可分为主体运输市场发展规划和辅助运输市场发展规划。主体运输市场就是客货运市场，辅助运输市场指为了完成客货运输而必须进行的各种辅助活动市场，主要有搬运装卸市场、运输设备维修市场、运输生产服务市场、运输销售服务市场等。广义的运输辅助市场还应包括运输设备市场和运输设施建筑与维护市场。但由于汽车、轮船、火车、飞机等的需求，铁路、公路、管道、车站、机场、港口码头的建设与维护，航道的疏通与维护等需求均已在综合运输市场发展规划中反映，而其从业市场可由工业、建设部门去规划。因此，可以不必包含在运输市场规划之列。

各辅助运输市场发展规划，由有关的管理机构制定与执行。

⑤按管理层次划分，可分为国家运输市场发展规划与地方运输市场发展规划。地方运输市场发展规划分省(直辖市、自治区)、地(省辖市、自治州)、县(地辖市、自治县)、乡(镇)四个

层次,其中要特别注重省级、省辖市和无市管的县级运输市场规划。

(4)规划的制定

规划的制定是一个信息的收集、处理与运用的过程。运输市场发展规划,要以国家工农建产品市场和运输市场的发展现状为依据,遵循市场运行的客观规律,推导出市场在一定阶段内的发展变化趋势,并针对市场机制的缺陷,对其发展规模、结构与速度等做出能动性的安排。其制定过程可分为以下几个步骤:

①信息收集。信息收集是由各级交通运输管理机构进行的,主要收集运输市场的历史与现状资料,工农建产品市场及其他各类市场的有关资料可以由相关管理部门提供。这些信息资料主要有:市场需求、市场能力、市场结构、市场发展速度、市场主要问题及产生原因等。

②信息处理。对于收集到的信息,首先要去伪存真,对于特别过高或过低的数据,要分析其产生原因,做技术处理。通过信息处理,来掌握运输市场变化规律及存在的各种问题。

③信息运用。是指利用在运输市场上收集到的可靠信息,对其发展趋势和可能出现的问题进行判断预测。预测要运用已有的相关数学模型如供求模型、价格模型、回归模型、动态模型等进行。对于计算出来的数据要依据定性分析,特别是要依据国家整体市场的宏观调控政策进行适当修正。

④制定规划的目标与措施。运输市场发展规划首先是运力的发展规划,尤其是运输基础设施的发展规划。要将运输市场需求量折算成运力,再将运力差距折算成运输基础设施发展的规模、结构与速度。运输基础设施的发展应有一定的超前性,但不允许单凭发展雄心去进行运输基础设施建设,造成运力浪费,影响运输整体经济效益,也不允许因预测保守造成运力不足,拖国家整体市场发展的后腿。运输市场发展规划还是有序市场建设的规划,这是管理工作规划或软规划,它同样是根据运输市场现有状况制定。所谓有序市场,是指供求一致,价格合理,交易公平,竞争平等,信息畅通,管理规范的市场。运输市场发展规划必须在运力发展的前提下对运输经营者进出市场控制,创造平等的竞争环境,加强法制建设等方面制定出切实可行的措施。

⑤对规划进行可行性论证。可行性是必要性与可能性的结合。依据运输市场信息和针对运输市场存在的问题制定的规划,主要是以其必要性来看的,但规划能否实施,还要看其人财物资源投入的能力,特别是资金筹措能力、科技水平与管理能力。所以必须组织有关专家对其可行性进行论证,衡量其经济效益与社会效益。

(5)规划的作用

制定与执行运输市场发展规划,是交通运输管理部门对运输市场实行宏观调控,对交通运输企业实行间接管理的主要手段。

①它是国家宏观调控政策在运输市场的体现。国家的产业政策、金融政策、财政政策以及贸易政策等都是针对全国整体市场而言的,不可能专门针对某一行业市场。运输市场

发展规划将国家宏观调控政策具体化,指明了运输市场鼓励与限制发展的方向。将使得国家对交通运输的财政投资方向更加具体化,使国家宏观调控政策对运输市场的调控作用得以发挥。

②它是运输市场经营者的市场投入行为导向。产业政策是国家对市场发展规模及其结构变化的规律性认识,可以指导经营者遵循市场变化规律从事有效益的经营活动。运输市场发展规划主要是一种交通运输产业政策,它对各种运输方式的结构或比例关系进行了优化设计,为运输市场经营者提供了资源投入与转移的方向。

③它是运输市场宏观调控政策执行的依据。宏观调控政策的执行是指货币发行总量控制,利率、存款准备率的调整,税收的征收、税率的调整,财政拨款对象的核定,进出口贸易的平衡、汇率的调整等。运输市场宏观调控政策的执行主要是财政政策的落实,而规划则是其财政政策执行的指导。交通运输管理部门可依据其市场发展规划所确定的目标,调整费率,同税务部门一起调整税率;有关建设主体则可依据规划争取财政拨款与银行贷款,运输管理部门还可以据此对运输经营者实行进出运输市场控制。

2)市场准入管理

市场准入管理,是有关政府主管部门准许公民和法人进入市场,从事商品生产经营活动的条件和程序规则的各种制度和规范的总称。它是商品经济发展到一定历史阶段,随着市场对人类生活的影响范围和程度日益拓展和深化,为了保护社会公共利益的需要而逐步建立和完善的。

市场准入制度是国家对市场进行干预的基本制度,它作为政府管理的第一环节,既是政府管理市场的起点,又是一系列现代市场经济条件下的一项基础性的、极为重要的经济法律制度。

(1)运输市场准入的内容

①客货运市场进出控制。进出市场控制亦称开业停业管理。运输市场不同于其他行业市场。工农建行业以及各类服务市场,其经营者的开业与停业行为,只需到工商部门办理执照、税务部门办理登记即可,而运输市场经营者开业与停业却不同。运输设备的运行要有线路,如铁路、公路、航道、管道等。另外还有乘车上下、货物装卸、客货集散问题,要有站场港口。线路、站场港口的容量是有限的,过于拥挤会影响安全与畅通,过于疏松又会造成基础设施的浪费,造成整体运输经济效益低下。因此,运输市场的进出,不仅要通过工商和税务部门,而且要通过交通运输管理部门。于是,进出市场控制就成为交通运输管理的一项重要职能。

运输管理部门进行线路审批有三个依据:一是运输市场供求状况;二是运输基础设施的容量同现有运行设备的比例状况;三是申请运输经营企业与经营者的经营条件,包括技术设备、技术人员的技术水平、经营管理水平与经营资金规模等。因此,经营线路审批绝不是仅仅依据运输经营者的经营条件而定。为了避免线路审批过程中的矛盾,必须实行先审批线路、后购买运输设备的制度。

②运输经营范围控制。它由运输市场的行业特点所决定,运输管理部门必须依据运输经营者的经营条件严格规定其经营范围。运输市场交易的对象是运输服务这种特殊商品,它的使用价值就是使客货位移,是客货使用价值实现的桥梁。运输的使用价值依赖于客货的使用价值,因此,对客货的保护在运输过程中就具有关键作用,运输的安全与及时就成为运输质量的主要表现。为了保证运输安全与及时,特别是安全方面,必须按运输经营者的经营条件来规定其经营范围。如货运,特种货运与普通货运,在运输设备条件、搬运装卸等方面就有着明显不同的技术要求,决不允许从事普通货运的经营者从事特种货运,否则,或不能保证特货安全,或发生人身伤亡事故,或污染环境。因此,运输管理部门批准经营者开业,必须严格控制其经营范围。

(2)运输市场准入的作用

①维护运输市场供求关系的基本平衡。运输市场控制,首先是对运力的控制,亦即对运输经营者进入运输市场的控制。运输需求是由国家整体市场决定的,交通运输就是要满足国家整体市场的需求,不能进行控制,作为运输部门来说,也无力进行控制。运力不够,运输价格上涨,这是运输市场机制自身对运输需求的控制,不是运输管理部门的能动行为。交通运输管理部门应该发展运力。但是,在交通基础设施发展一定的情况下和在一定区域范围内运输需求有限的情况下,进入运输市场的经营者投入运力过多,势必造成运输市场混乱,运输设备效益低下;反之,经营者投入过少,又会造成运输市场供不应求。因此,必须对经营者投入的运力加以控制,或限制其发展,或引导鼓励其发展。

运输经营者会从自己的经济效益出发,依据市场供求关系来调整或转移运力资源投入,但它们可能由于受到自身活动范围的限制,被一时的市场供求现象所迷惑,出现资源投入的盲目性,这就是所谓市场机制的局限。而交通运输管理部门站在运输整体市场的角度,比较容易认清市场运行规律,他们从事进出市场进行管理,就可以维护运输市场的基本平衡,同时也可以提高运输经营者的效益与运输市场的整体效益,避免运力资源的浪费与不足。

②保证运输服务质量。运输经营许可证与营运证标明的运输经营范围,是经营运输资格条件审定后批准的,是对运输经营者设备和人员技术条件与水平的认定,它不允许经营高于这种技术要求的运输业务。如不允许普遍货车经营特种货运,从事这一特种货运的货车不能经营另一特种货运,这样就可以避免发生安全事故与商务纠纷,保证运输服务质量,运输设备维修、搬运装卸、运输服务业等也是如此。

③为加强运输市场微观监控创造条件。经营者的经营行为是市场微观监督的首要对象。没有进出市场、经营范围与营运收入等的控制,就很难对经营者是否合法经营进行判定。有了运输经营资格与经营活动凭证,运输市场微观监督就有了可供操作的条件。

3)市场监督管理

运输市场监督是交通运输管理部门对运输市场行为进行监督。它完全是属于市场微观监控的性质,是市场管理的基层活动。

(1)运输市场监督的内容

①监督运输市场经营行为。检查运输经营者有无经营证照,是否按规定的经营范围营运,促使运输经营者合法经营。

②监督运输市场交易行为。检查运输经营者的交易行为,促使公平交易,认真贯彻消费者权益保护法,维护旅客与货主的正当权益。要注重运输价格和运输质量的监督与检查,查处宰客与商务欺诈行为,查处运输质量问题。受理旅客与货主的投诉,依据经济合同法公正裁决商务纠纷,对于行政裁处不了的违法行为,移交司法机关处理。

③监督运输市场竞争行为。检查运输经营者的竞争行为,促使公平竞争,维护运输竞争者的合法权益。查处暴力竞争、垄断客货源、造谣中伤竞争对手、损害他人运输经营信誉的非法行为。

(2)运输市场监督的方式

①户检户查。户检户查又称源头管理,是运输市场监督的主要形式。它又可分为:一是登门检查。由运管机关组织人员定期或不定期地到运输企业检查,发现问题及时解决。二是驻点检查监督。对于大中型运输企业,如重点车站、港口派驻运输管理人员,现场检查监督运输服务质量,纠正各种违章问题,处理运输纠纷。三是档卡检查。运管机关对所辖区域内的运输企业与经营者的运输设备及各类单证、税费交纳情况建立分户档案,及时记录、按日整理打印清单,掌握所有运输经营企业与经营者的变动情况,发现问题,及时采取措施。这既是一项扎实的基础工作,也是户检户查的主要方法。

②路检路查。路检路查又称过程管理,即对运行过程实行检查与监督。它是公路、水路运输市场监督的主要方式。它包括:一是设卡检查。经省(直辖市、自治区)人民政府批准,在必要的地方如边境、中心城市出入口设置检查点,对来往车船进行检查。这种检查必须坚持以下原则:第一,少而精。所设站卡需经省级运管部门认定,由省级人民政府批准。决不允许县县设卡、乡乡设卡。设卡的目的在于防止非法营运,决不允许为地方收入设卡。第二,避免重复检查。边境检查应双方联合设卡,或只设单边卡。第三,尽量减少停驶检查。营运船只一般在码头接受检查,营运车辆检查要逐步设置自动检查系统。除了对违禁物品的检查外,不许耽误车船行驶时间。不许因检查造成交通拥挤、堵塞。严格禁止“乱设卡、乱收费、乱罚款”的三乱现象。二是流动检查。由运管机关组建路上与水上检查组在运行线上巡回检查,如运政管理车。水上巡逻艇等。巡回检查的重点是车站码头、运输交易场所以及在检查站点逃检的车船。在固定的运行线路上,也要有经常巡逻的运管车船。

(3)运输市场监督的依据

运输市场监督的目的在于规范运输市场行为,促进运输市场机制的形成与完善,充分发挥市场机制配置运力资源的作用;促进运输市场宏观调控机制的形成与完善,充分发挥运输市场宏观调控的作用,由此保证运输市场的正常运行与健康发展。

运输市场监督属于行政执法行为,其主要依据是国家颁布的一系列运输市场法律法规,如铁路、公路、内河、海上、航空等各式运输管理条例及《中华人民共和国海商法》、《中华人民共和国税收征收管理法》、《中华人民共和国发票管理办法》、《中华人民共和国票据法》、《中华人民共和国审计法》、《中华人民共和国消费者权益保护法》、《中华人民共和国反不正当竞争法》、《中华人民共和国经济合同法》、《中华人民共和国民法通则》、《中华人民共和国民事诉讼法》、《中华人民共和国仲裁法》、《中华人民共和国赔偿法》等。运输市场管理人员必须依法监督,不允许自身有任何违法现象存在。

4)运输服务

运输市场服务是交通运输管理部门在履行规划、控制与监督职能中为运输市场主体应尽的义务。一般来说,它包含在规划、控制与监督职能中,无需单独设立服务机构。运输市场服务职能有以下几个方面。

(1)信息服务

符合实际的运输市场规划,既是运输市场宏观调控的信息,又是运输市场运行与发展趋势的信息。运输市场经营者可以依照规划的内容,来确定自身运力资源投入与转换的方向,避免资源投入的盲目性。

运输市场规划的制定机构,同时又是运输市场信息的收集机构,(或统计、情报机构),他们可以定期向运输市场经营者发布信息。发布的信息应包括以下几个方面:①交通运输科技信息。介绍运输基础设施建设、维护与运输设备制造、维修的最新科研成果及应用情况,介绍国家智能运输系统与交通控制建设的进展情况,以及新设备、新动力的使用情况。②交通运输基础设施建设与维护信息。包括线路、站场、港口建设开工、进展、竣工与投入使用的情况。③运输市场供求信息。运输总供求,各类运输方式供求,各类运输方式中各具体营运方式供求情况。④运输市场价格信息。不同区域各类具体营运方式的客货运输价格及其变动情况等。

在履行运输市场进出控制职能中,表现为申请开业者提供各种营运方式、各条线路的运输供求信息,运输设备购买信息,市场宏观调控信息,并对其运力资源投入加以指导或引导,供经营者参考。

在履行运输市场监督职能中,应采取各种方式大力宣传运输市场法律法规,尽量减少经营者因不懂法违法而受罚造成的损失。

(2)培训服务

交通运输企业要面向市场,企业自身必须具备两个条件:一是真正的利益权力主体;二是相当的经营管理水平。因此,交通运输管理部门要同行业协会一起,组织一定的具有较高水平的师资力量,对运输企业领导等相关人员进行培训。

(3)完善与规范行业协会

行业协会是指介于政府、企业之间,商品生产业与经营者之间,并为其服务、咨询、沟通、监督、公正、自律、协调的社会中介组织。行业协会是一种民间性组织,它不属于政府的管理机构系列,它是政府与企业的桥梁和纽带。行业协会属于我国《民法》规定的社团法人,是我国民间组织社会团体的一种,属非营利性机构。

行业协会职能归结为八项:一是代表职能。即代表本行业全体企业的共同利益。二是沟通职能。即作为政府与企业之间的桥梁,向政府传达企业的共同要求,同时协助政府制定和实施行业发展规划、产业政策、行政法规和有关法律。三是协调职能。即制定并执行行规行约和各类标准,协调同行业之间的经营行为。四是监督职能。即对本行业产品和服务质量、竞争手段、经营作风进行严格监督,维护行业信誉,鼓励公平竞争,打击违法、违规行为。五是公正职能。即受政府委托,进行资格审查、签发证照、如市场准入资格认证,发放产地证、质量检验证、生产许可证和进出口许可证等的行为。六是统计职能。即对本行业的基本情况进行统计、分析并发布结果。七是研究职能。即开展对本行业国内外发展情况的基础调查,研究本行业面临的问题,提出建议、出版刊物,供企业和政府参考。八是狭义的服务职能,如信息服务、教育与培训服务、咨询服务、举办展览、组织会议等等。

复习思考题

1. 政府经济管理职能的含义是什么?
2. 政府经济管理职能主要有哪些?
3. 政府市场管理职能主要有哪些?
4. 政府运输市场管理职能主要有哪些方面?
5. 什么是政府运输市场管理的规划职能?
6. 什么是政府运输市场准入管理?
7. 什么是政府运输市场监督管理?
8. 什么是政府运输市场服务职能?

第6章 运输市场宏观调控

为了弥补市场调节的不足,保持国民经济能持续、稳定、健康地发展,促进经济结构的优化,引导推动社会全面进步,国家必须采取必要的宏观调控的措施。运输市场宏观调控的目的,是要保持运输能力与运输需求即总供给与总需求相对平衡并适度超前,以保障国民经济和社会发展对交通运输的需求。

6.1 宏观调控概述

6.1.1 宏观调控的含义

宏观调控是国家运用计划、法规、政策等手段,对经济运行状态和经济关系进行干预和调整,把微观经济活动纳入国民经济宏观发展轨道,及时纠正经济运行中的偏离宏观目标的倾向,以保证国民经济的持续、快速、协调、健康发展的手段。

6.1.2 宏观调控的主体及必要性

宏观调控的主体是国家机关,主要是权力机关和行政机关。是宏观而不是微观,间接而不是直接。

宏观调控的必要性在于:首先,市场调节不是万能的。有些领域不能让市场来调节,有些领域不能依靠市场来调节。其次,即使在市场调节可以广泛发挥作用的领域,市场也存在着固有的弱点和缺陷。包括自发性、盲目性、滞后性。最后,宏观调控有利于帮助人们认识市场的弱点和缺陷,保证市场经济健康有序的发展。

6.1.3 宏观调控的领域

1)有关国家整体经济布局及国计民生的重大领域

凡是涉及国家整体经济布局,就是宏观经济调控法要干预的问题。另外,有关国计民生的重大产业,或者涉及社会稳定的重大问题,也是宏观经济调控法所要干预的领域。

2)容易产生“市场失灵”的经济领域

将宏观经济调控界定在容易产生“市场失灵”的经济领域,体现宏观经济调控的重要作用。

3)私人的力量不愿意进入的领域

对私人的力量不愿意进入的或者单个私人的力量难以办好的方面,政府需要直接进入或者以适当的方式促成私人进入。

6.1.4 宏观调控的基本原则

1)国家统一决策原则

凡是关于国家宏观经济调控的决策应当统一归属于国家的权利机关——全国人民代表大会。国务院在拟定关于国家宏观经济政策或者行政法规后应当报由全国人民代表大会(或其常务委员会),并经表决通过后实施。

2)社会经济发展总体平衡原则

市场经济发展必然带来发展不平衡的问题,而宏观经济调控则是要解决这种不平衡。

3)协调原则

4)引导鼓励原则

5)预期原则

6.1.5 宏观调控的基本方法

1)颁布实施宏观经济调控基本法律

仅有宪法的根本性规定显然不足,还必须将宪法的规定落到实处,因此,制定统一的国家宏观经济调控法或者某方面单行的宏观经济调控法显得十分必要。

2)制定临时措施法

“临时措施法”不但使政策具有了法律的强制性的效力,也使法律吸取了政策的灵活性。

3)颁布指引性政策和实施优惠政策

4)提供信息服务和劝导服务

5)惩罚违法行为予以纠偏

尽管政策是引导性为主,但是违反政策也应受到一定的“惩罚”。这种“惩罚”可以体现为无法获得国家给予的鼓励或者实际的优惠,也可以体现为在竞争中因不符合宏观调控方向,没有优势而竞争失利。

6.1.6 宏观调控的主要内容

(1)包括国家合理地制订各项经济政策和措施,如制订经济和社会发展战略、方针、制订产业政策,以控制总量平衡,规划和调整产业布局,制订财政政策和货币政策,调节积累和消费之间的比例关系,实现社会总供给和社会总需求的平衡,控制货币发行,防止通货膨胀,建立和完善适应市场经济发展的制度、收入分配制度和税收征管制度等。

(2)包括国家正确运用价格、税收、信贷等经济杠杆,调节国民收入的分配和再分配,从经济利益上诱导、协调和控制社会再生产各个环节等。

(3)包括科学地编制各项经济计划,使经济计划建立在有充分科学根据的基础上,使其在中长期的资源配置中发挥应有的作用,弥补完全依靠市场配置资源的不足。

6.1.7 宏观调控的主要目标

1)促进经济增长

经济增长是经济和社会发展的基础。持续快速的经济增长是实现国家长远战略目标的首要条件,也是提高人民生活水平的首要条件。因此,促进经济增长是宏观调控的最重要的目标。促进经济增长是在调节社会总供给与社会总需求的关系中实现的。因此,为了促进经济增长,政府必须调节社会总供给与社会总需求的关系,使之达到基本平衡。

2)稳定物价

在市场经济中,价格的波动是价格发挥调节作用的形式。但价格的大幅度波动对经济生活是不利的。如果物价大幅上升和通货膨胀,会刺激盲目投资,重复建设,片面追求数量扩张,经济效益会下降;如果物价下降和通货紧缩,则会抑制投资,生产下降,失业增加。在社会主义市场经济条件下,绝大多数商品和服务的价格由市场决定,但政府可以运用货币等经济手段对价格进行调节,必要时也可以采用某些行政手段(如制止乱涨价、打击价格欺诈),以保持价格的基本稳定,避免价格的大起大落。

3)保持国际收支平衡

国际收支是指一个国家或地区与其他国家或地区之间由于各种交易所引起的货币收付或以货币表示的财产的转移。

4)增加就业

就业是民生之本,是人民群众改善生活的基本前提和基本途径。就业的情况如何,关系到人民群众的切身利益,关系到改革发展稳定的大局,关系到全面建设小康社会的宏伟目标,关系到实现全体人民的共同富裕。促进充分就业是我国政府的责任。我国面临严峻的就业形势,一方面劳动供给数量庞大,另一方面劳动力需求显得有限。因此必须坚持实行促进就业的长期战略和政策,长期将增加就业的宏观调控目标落到实处,并严格控制人口和劳动力增长。就业的增加取决于经济增长速度和经济增长的就业弹性。要增加就业,首先要促进经济持续快速增长,这是增加就业的基础。同时还必须提高就业弹性。为了提高就业弹性,要积极发展劳动密集型产业、第三产业、中小企业、非公有制企业,要大力推进城镇化,加快小城镇建设。

6.1.8 宏观调控的手段

国家宏观调控的手段分为:经济手段,行政手段和法律手段。经济手段包括财政政策和计划，经济手段是政府制定的经济政策。法律手段是政府制定的经济法规。行政手段则是政府发布的经济命令。

1）经济手段

经济手段是指政府在自觉依据和运用价值规律的基础上借助于经济杠杆的调节作用，对国民经济进行宏观调控。经济杠杆是对社会经济活动进行宏观调控的价值形式和价值工具，主要包括价格、税收、信贷、工资等。法律手段：这是指政府依靠法制力量，通过经济立法和司法，运用经济法规来调节经济关系和经济活动，以达到宏观调控目标的一种手段。通过法律手段可以有效地保护公有财产、个人财产，维护各种所有制经济、各个经济组织和社会成员个人的合法权益，调整各种经济组织之间横向和纵向的关系，保证经济运行的正常秩序。

2）法律手段

法律手段的内容包括经济司法和经济立法两个方面。经济立法主要是由立法机关制定各种经济法规，保护市场主体权益；经济司法主要是由司法机关按照法律规定的制度、程序，对经济案件进行检察和审理的活动，负责维护市场秩序，惩罚和制裁经济犯罪。

3）行政手段

行政手段是指行政机构，采取强制性的命令、指示、规定等行政方式来调节经济活动，以达到宏观调控目标的一种手段。行政手段具有权威性、纵向性、无偿性及速效性等特点。

社会主义宏观经济调控还不能放弃必要的行政手段。因为计划手段、经济手段的调节功能都有一定的局限性，如计划手段有相对稳定性，不能灵活地调节经济活动；经济手段具有短期性、滞后性和调节后果的不确定性。当计划、经济手段的调节都无效时，就只能采取必要的行政手段。尤其当国民经济重大比例关系失调或社会经济某一领域失控时，运用行政手段调节将能更迅速地扭转失控，更快地恢复正常的经济秩序。当然，行政手段是短期的非常规的手段，不可滥用，必须在尊重客观经济规律的基础上，从实际出发并加以运用。

6.2　运输市场宏观调控的机制

6.2.1　运输市场宏观调控的含义

运输市场宏观调控是指以国家及其主管部门为主体，为实现运输市场的平衡、稳定与协调发展，运用经济的、行政的或法律的手段对运输市场进行的调节与控制。

6.2.2　运输市场宏观调控的作用

运输市场国家宏观调控的作用，从总体上说，就是要克服运输市场机制的消极作用与缺陷，最大限度地保证运力资源优化配置与运输产业合理结构，促使交通运输事业稳定、快速、持

续发展,避免发展中的大起大落,提高整体运输经济效益。具体来说;表现在以下几个方面:

1)调节运力配置,避免造成运力浪费与不足

运输市场机制的自身调节是一个漫长的历史进程,在一个较短过程里避免不了运输市场主体投资的盲目性。也就是说,在运输市场机制的作用下,不可能长期运输生产过剩或运输生产不足,然而短期的运输生产过剩与运输生产不足却难以避免。国家通过运输市场供求总量的调控,就可以尽量避免或减少因运力不足或运力过剩造成的损失。

2)维护运输生产合理结构,保证运输经济稳定增长

由于运输市场机制在一定时期内对运力的盲目配置,从而造成某些运输产业单方面的快速发展或萎缩,破坏了各运输产业间的合理比例。国家的宏观调控,是通过制订交通运输长期发展规划与运输产业政策,引导运力合理布局来实现,这样可以促使运输产业结构的调整与优化,避免因比例失调而出现运输经济发展的大起大落,保证运输经济稳定增长。铁、公、水、空、管几种运输方式之间,客运与货运之间,长途运输与短途运输之间,各种不同的运力之间都存在结构调整与优化问题。

3)维护正常运输市场秩序,充分发挥运输市场机制的积极作用

正常的运输市场秩序表现为供求一致,收费合理,竞争公开,主要是平等交易与平等竞争。平等交易即价格合理的交易,其价格是以价值量为基础,以供求关系为依据确定的。平等竞争即竞争公开,其竞争是以平等的竞争环境为条件,以运输方式、运输质量、运输价格等为内容的。由于运输市场交易主体、竞争主体相互之间存在着利益差别与矛盾,运输企业很难避免抬高价格的企图与行为,竞争者也很难避免寻找依托、谋求垄断,贿赂购买决策者的企图与行为。这些不平等交易与不平等竞争的行为,使得供求不能影响价格,价格不能调节供求,这样就破坏了市场机制,人为地扼杀了市场机制的积极作用。国家宏观调控可以通过经济、法律、行政等手段,维护平等交易,创造平等竞争的环境。

4)调节收入分配,保证共同富裕与社会安定

市场机制具有分化性,会产生贫富差距。由于贫富并不一定是或全是由本身的智慧、劳动所引起,其中也有地区资源差异、市场机遇不同等原因,必然造成人们的心理不平衡,引起社会对抗。国家的宏观调控,通过财政、主要是税收来予以调剂,以保证在全社会范围内合理分配。这种宏观调控作用,对于从事交通运输的企业与个人同样必要。

6.2.3 运输市场宏观调控机制的含义

所谓调控机制是指调控系统及其运作原理。运输市场宏观调控机制是国家及其交通运输管理部门为了实现运输市场的正常运行与健康发展,采用各种手段作用于运输市场的各类影响因素而形成的宏观调控工作系统。这种工作系统,其构成的各要素各具功能,相互联系,通过一定的组织形式发挥作用,实现国家对运输市场的管理职能。

6.2.4 运输市场宏观调控机制的构成

运输市场宏观调控机制的构成见图6-1。

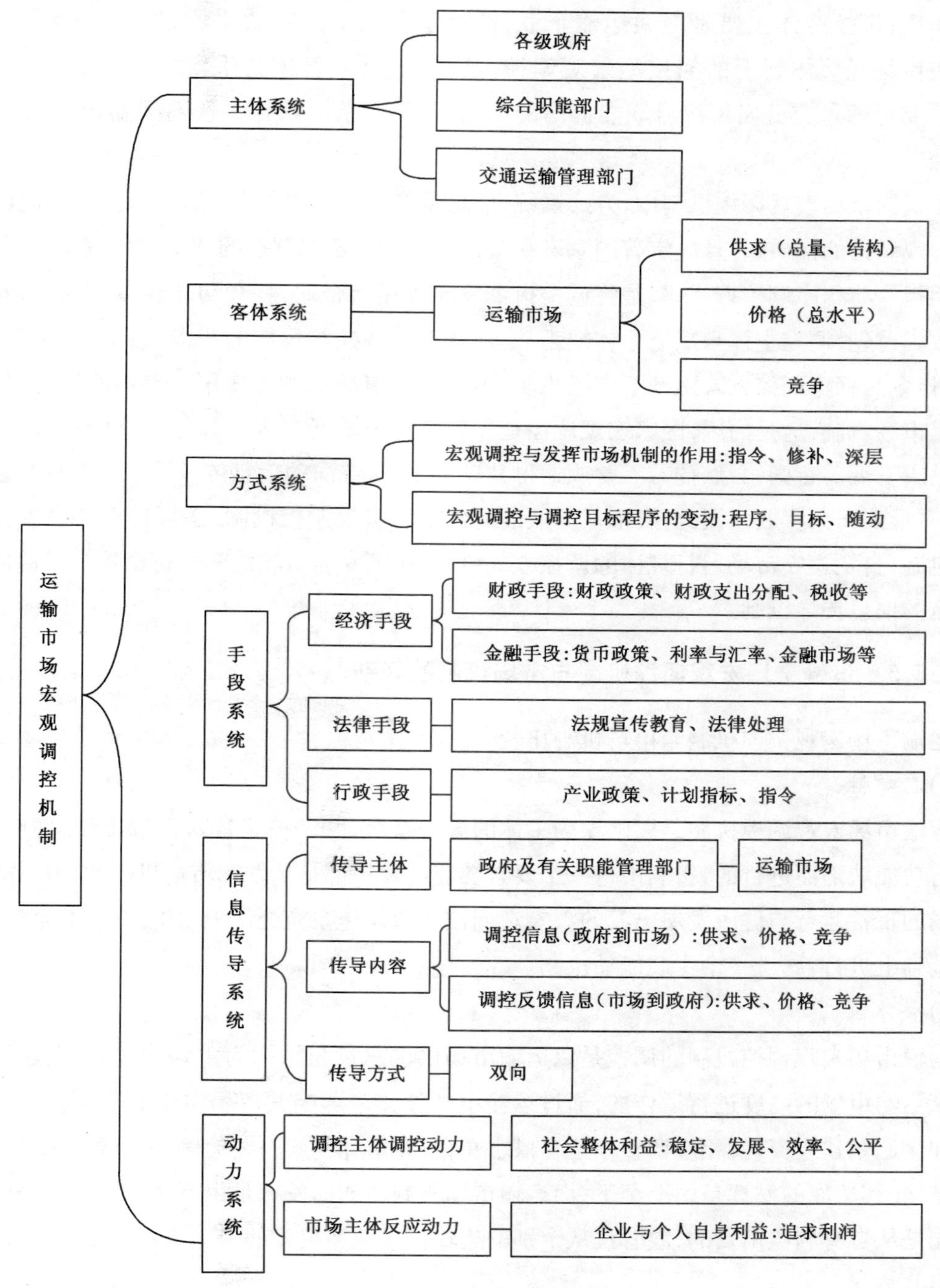

图6-1 运输市场宏观调控机制构成示意图

在运输市场宏观调控机制中，主体系统、客体系统与手段系统是其基本的要素，它们直接决定着国家宏观调控的性质。在计划经济体制下直接型的宏观调控，调控主体主要是国家及其地方政府的经济管理部门与交通运输主管部门，国家综合职能部门虽有但不起宏观调控作用；调控客体主要是交通运输企业，调控手段主要是行政手段，特别是指令计划指标。在市场经济体制下的间接型宏观调控，其调控主体、客体与手段均发生了根本变化。国家主要是通过充分发挥综合职能部门的作用，运用经济与法律手段对运输市场来实行宏观调控。

在运输市场宏观调控机制中，方式系统、信息系统与动力系统是其重要要素，它们影响着国家宏观调控的性质，并且决定着国家宏观调控的功效。宏观调控的调控与反应动力不足，且又采用指令与程序调控方式，只是将调控指令单向传递给企业，就会功效甚微、没有功效甚至负功效。首先，调控主体与反应主体缺乏动力，就没有调控与反应的积极性、主动性、创造性。其次，指令与程序调控方式撇开了市场机制，不能发挥市场机制的作用。市场的运行与发展，主要靠市场机制，这是内因，国家宏观调控是外因。外因要通过内因起作用，市场才能正常运行与健康发展。否则，必然徒劳无益或适得其反。第三，单向的信息传导等于工作只布置不检查，徒有形式而无实效。因此，要形成高效的运输市场宏观调控机制，必须建立与完善有效的动力机制，自觉遵守市场运行规律的调控方式机制，在国家与市场之间实行调控与反馈信息双向交流的信息传导机制。

6.2.5 运输市场宏观调控机制与市场机制的区别

运输市场宏观调控机制与市场机制比较，具有如下特点：

1）自觉性

运输市场宏观调控机制是以国家为主体的调控系统，其调控是针对运输市场机制的消极作用与功能缺陷而进行的，机制中每一个要素功能的发挥都是从发挥市场机制的积极作用，保证市场的正常运行与健康发展出发的。宏观调控的运作是在充分认识与把握运输市场运行规律的基础上进行，属于一个主观能动机制。

2）整体性

运输市场宏观调控机制的调控是以运输市场供求总量与结构为主要内容的，它是站在整个国家运输市场的高度进行运作的，通过运输市场整体来影响其市场主体的个体行为。如国家增加交通基建投资，就相应调整了运输供求总量，并由此引起一些运输企业调整生产经营方向与结构，其功能的发挥是由上至下，而运输市场机制功能的发挥是由下至上。运输企业的行为首先是从自身利益出发的，或者说从个别的运输供求关系出发的。

3）广泛性

运输市场宏观调控机制的作用方向纵横交错，辐射点多，波及范围广，一项调控措施，可引起运输市场上下左右的连锁反应。如增加公路建设投资,可引起公路交通内部的结构变化,整个交通结构的变化,也可引起各产业结构的变化,并加速整个国民经济的发展。而运输市场机制的作用方向呈横向发挥态势,一个运输企业的市场行为力度弱,作用慢,波及范围小。

4)管理性

运输市场宏观调控机制是国家的经济管理机制,发挥国家经济管理职能,属于政府的权力行为。它是国家为了协调运输市场与其他各产业市场,国民经济各部门的比例关系,协调运输市场内部的比例关系而实行的管理,是一种自觉的计划、组织与控制工作系统。运输市场机制是一种市场自身调控机制,并不是一种自觉的有意识的管理活动。

6.2.6　运输市场宏观调控机制的运作

运输市场宏观调控机制的运作原理可如图6-2表示。

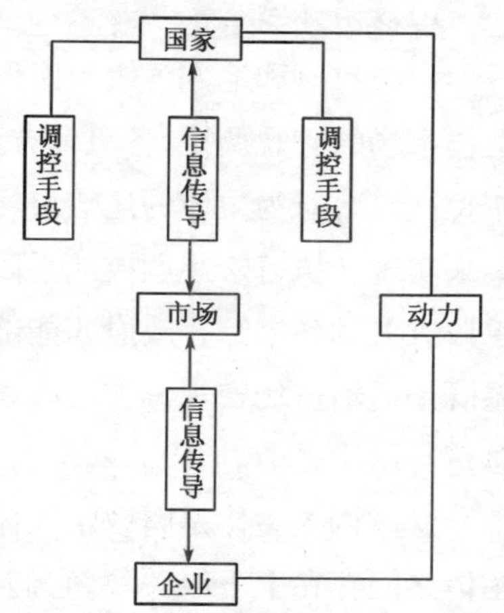

图6-2　运输市场宏观调控机制运作原理

上图中,箭线表示两者间相互作用,直线表示两者间的相互联系。

1)国家与运输市场之间的双向信息传导

这是宏观调控机制运作的主要表现,也是主要过程。国家通过对运输市场运行情况全面系统地了解与分析,制定出宏观调控政策,采用适时的科学调控方式与手段调控市场,然后将宏观调控的执行效果收集研究,从而调整原有宏观调控政策与方案,重新实施。如此循环往复,致使宏观调控能力与水平的不断提高,使运输市场正常运行与健康发展。双向信息传导是宏观调控运作的基本原理。要使宏观调控机制不断地有效地运行,必须坚持这一基本原理。

2)国家通过运输市场引导交通运输企业

这是宏观调控机制运作功效的表现。国家对运输市场的调控最终要调控交通运输企业及其市场行为。因为市场的运行是市场主体行为的综合表现,离开了市场主体特别是企业的经营活动,就没有市场的运行。但国家的调控行为不是直接作用于企业,而是通过市场的信息传导来实现。国家的经济调控指令是直接作用于企业还是间接作用于企业,这是计划经济与市场经济的根本区别。交通运输企业不是直接依据国家的宏观调控指令,而是依据被调控了的运输市场信号开展生产经营活动。也就是说,宏观调控机制作用的发挥要通过市场机制。市场机制是市场运行的内因,宏观调控是市场运行的外内,外因通过内因起作用,宏观调控机制只有通过市场机制才能真正发挥出它的应用作用。国家调控政策通过市场信号传导给企业,宏观调控机制通过市场机制发挥作用,这是宏观调控机制运行的又一基本原理。

6.3 运输市场宏观调控的主体与客体

6.3.1 运输市场宏观调控的主体系统

运输市场宏观调控主体系统是由其宏观调控决策者与执行者构成的组织体系,按调控职能的不同,它可分为政府体系与行业体系。

1)政府体系

中央政府和地方各级政府形成了运输市场宏观调控的政府体系。中央政府负责国家整体运输市场的宏观调控,各级地方政府在中央政府宏观政策指导下负责本地区局部运输市场的调控。以政府为主体的运输市场调控,主要通过制订与执行交通运输发展规划和运输产业政策来实现。执行宏观调控的手段主要是财政与金融。于是,政府体系又包括了执行财政金融手段有关的各个综合政府职能部门,即财政、税务、人民银行、工商、物价、法律等部门。政府体系既是运输市场宏观调控的决策机构,又是执行机构,其调控的基本任务是实现运输市场供求总量与结构平衡。

财政调控主体是财政组织体系。它是由各级财政、税务机构形成的统一整体。财政调控主体之间存在上下级关系,它们各自执行相应政府职能,代表本级政府利益,总的可以概括为中央财政与地方财政的关系。中央财税机构代表全国利益,肩负着国家整体市场调控职能,理应是财税调控的主要操纵者。地方财税机构作为一级利益主体,主要代表地方利益,成为地方财税调控的操纵者。由于各地方运输市场发展状况不同,要充分发挥地方财税调控主体的调控作用。但是,地方财政调控主体必须在中央财税调控主体统一政策、统一法规的调控下行使本级财权,必须维护国家统一的整体市场。

货币信用调控主体主要是中央银行体系,我国则是由中国人民银行及其在各地的分行、支行所形成。中国人民银行作为国家的金融管理机构,最主要的任务是执行国家的金融政策,通过货币供应量与信贷规模调控达到稳定币值与物价,使市场供求总量平衡。中国人民银行代表政府行使金融管理职能,是政府的银行;独占货币发行权,是发行货币的银行;为各商业银行与金融机构输存取贷还业务,是银行的银行。中国人民银行是一个统一的金融管理机制,它的分行代表总行办理金融业务。

2)行业体系

运输市场与工农业产品市场一样,其行业主管部门也是其宏观调控主体。交通运输主管部门及其下属各级管理机构形成了运输市场宏观调控的行业体系。

行业主管部门也属于政府部门,但它与政府仍有重大区别。政府是直线指挥机构,对相应的各项工作负全责,而行业管理部门是政府分设的职能工作机构,对相应的工作负专责,只有在政府领导下协助政府管理行业的分权。它们依据政府制订的产业政策,以及财政、税收、金融、信贷、价格等政策负责对本行业内部的供求总量、产品结构、技术结构、企业结构等进行执行调控。在这种调控过程中,它们更多地采用法律手段与必要的行政手段。我国现有的运输市场调控,由于没有统一的交通运输管理部门,尚不能调控铁、公、水、空、管各种运输方式的运力结构,只能调控各自所辖运输方式的内部运力结构,统一的运输市场运力结构调整,只能由政府直接来进行。为了充分发挥运输市场行业调控的作用,我国尚需建立统一的交通运输管理部门。

6.3.2 运输市场宏观调控的客体系统

运输市场宏观调控客体系统又称为对象系统或内容系统,指其宏观调控作用的对象体系。

1)运输市场供求总量调控

实现市场供求总量的动态平衡,是国家宏观调控的首要目标。运输市场宏观调控,首先是进行供求总量控制。运输市场供求总量,由其总需求与总供给构成,它们的动态平衡取决于二者的相对运动,因此,必须进行总需求与总供给的控制与管理。运输市场供求总量调控分析可见表6-1。

运输市场供求总量宏观调控　　表6-1

供求总量平衡动态	调 控 对 象	主要调控对象	主要调控措施
供求平衡			
供不应求	增加运力压缩运输需求	增加运力	通过财政、信贷手段、增加交通设施与设备投资
供过于求	相对减少运力刺激运输需要	刺激运输需求	通过财政、信贷手段相对增加工农建等生产与建设投资

运输市场供不应求,可采取增加运输能力与压缩运输需求两种办法。但压缩运输需求意味着缩减国民经济发展规模,这显然这是不可取的。所以,在一般情况下都应是增加运输供应能力。

运输市场供过于求,可采取刺激运输需求与相对减少运力两种办法。所谓相对减少运力,指运力暂不增加,或放慢运力增长速度,或运力长减短增。相对减少运力虽是一种稳妥的办法,但终对经济增长不利,所以只宜在经济调整时期采用。在一般情况下,主要是采取刺激运输需求的办法,加速工农建及国民经济各部门的发展,增加运输需求,使运输市场供求关系得以平衡。

2)运输市场供求结构调控

运输市场供求结构的内容十分广泛,主要有铁、公、水、空、管等各种运输方式结构,各种运输方式的内部结构有客货运结构,运输产品结构,运输产品质量结构,运力地区与时间结构,运输设施结构,运输设施与运输设备技术结构,运输企业结构等。

运输市场供求结构调控是其供求总量调控中的一项十分重要的内容。总量平衡中的供给是指有效供给,总供给与总需求的动态平衡是总有效供给与总需求的平衡。所谓有效供给是指供给结构与需求结构相吻合。因此,运输市场所提供的运力一定要是运输需求所必要的运力,否则,尽管运力总量与运输需求总量相等,运输市场供求依然失衡。所以,运输市场供求总量调控离不开运力结构的合理调整。

在运力结构中,起关键作用的最直接的是运输设施与设备结构,包括其种类结构、技术结构与地区结构等。运输设施与设备结构决定了运输方式结构、客货运结构、运输产品结构和运输企业结构。因此,运输市场结构调整主要是通过投资结构的调整来改变运输设施与设备结构。铁路公路的修建,水运、空运航道、航线的开通,站场与港口码头的建设,其相互的数量比例就决定了运输能力的铁、公、水、空方式结构。

运输设施与设备的结构调整需要经历一个较为长期的过程。运输设施结构的调整靠新建与改建运输设施来解决。一方面,国家筹集资金需要时间,另一方面,新建与改建运输设施工程也非一朝一夕就能完成。运输设备结构的改变依赖于运输设备制造工业产品结构的改变,这不仅需要国家对运力结构进行调控,而且需要国家对运输设备制造工业产品结构进行调控。国家对工业企业的调控,只能通过税率,利率等经济参数的变动来进行,其调控的效用发挥比较缓慢。

运输市场供求总量调控与结构调控紧密联系。总量调控要把结构调控放在适当的位置,并以结构调控为基础。离开合理的运力结构,就没有真正的运输总量平衡。运力结构合理有两方面的含义:一是满足多式配套运输即综合运输的需求;二是满足社会对各种不同单式运输的需求。这两方面均合理,当然也就是运输市场供求总量平衡。因此,在运输市场供求总量调控中,若供不应求,不能盲目增加运力,要针对运力中的短线,着重解决薄弱环节中的问题;若供过于求,不能一刀切,想要相对减少各种运力,只能相对减少长线运力,对于短线运力,不仅不应减少,而且应该增加。

3)运输市场价格调控

(1)运输价格宏观调控的必要

价格机制是市场机制的要素,是市场机制运行的动力。运输价格的变动主要是由运输产品的价值量与供求关系决定的。如果离开运输市场供求,人为地限定运输价格,就会破坏市场机制。但这并不是说,对市场价格不能进行国家调控。我们知道,市场机制存在着消极作用与功能缺陷,而这种消极作用主要是由市场价格机制引起的。供求不平衡的运输价格盲目上涨与下跌,一方面会破坏供求机制造成新的供求不平衡,另一方面会破坏竞争机制形成垄断。要限制运输市场价格机制的消极作用,就必须实行运输价格的国家宏观调控。

(2)运输价格宏观调控的内容

①运输价格总水平调控。在市场上,物价的随机变化是正常的、必要的,但如果波动幅度过大,则会影响经济的正常发展与资源的高效利用。因此,必须对物价的波动幅度即物价总水

平进行控制。

物价总水平的波动有两种原因。一是结构原因。受供求关系影响,市场上总是部分商品价格上涨、部分商品价格下跌。但上下变动的幅度不可能相等,一般都是上涨幅度高于下降幅度,这是因为价格上涨受成本影响较少,价格下跌受成本影响较多的原因。二是通货原因口随着科技水平的提高与生产力的发展,商品的价值量呈普遍下降趋势,从理论上讲,商品价格应普遍降低,但实际上则刚好相反。随着科技水平的提高与生产力的发展,劳动者的报酬相应要求较大提高,于是成本普遍提高,物价普遍上涨。

运输市场物价总水平的调控属于行业价格水平调控。其基本含义是要使运输市场总的价格波动幅度与国家物价总水平保持一致,与国民经济其他产业和部门价格波动幅度保持一致,以使得交通运输业与其他产业和部门协调发展。

②具体运输产品价格调控。宏观价格调控,国家首先是控制物价总水平,这是市场机制自身无法解决的。而具体商品的价格,主要是由市场机制自身去决定。但由于市场机制调控具有盲目性,可能造成一些商品价格的盲目上涨或下跌,从而造成供求失衡或资源浪费与短缺现象。因此,对具体商品价格的调控,仍然是国家调控的一项重要内容。

一般运输产品的价格调控。所谓一般运输产品,是指不关系到国计民生的众多运输产品,如一般客运与一般货运。在市场上,市场主体的价格行为是受供求关系影响的,价格的高低会因供求关系的改变而改变。因此,对于一般运输产品的价格调控,国家无需直接控制各个交通运输企业的价格行为,只需调整他们价格行为赖以发生作用的环境,就可以影响他们的价格行为,进而影响价格的变化方向与变化幅度。这种调控交通运输企业价格行为赖以发生作用的环境的途径,就是采用财政、金融等间接方法来调节运输市场供求关系。

特殊运输产品的价格调控。所谓特殊运输产品是指直接关系到国计民生的重要运输产品,如公共汽车、电车、地铁、轮渡等运输,固定线路的粮食、棉麻、煤炭、矿石等运输,国防物资、抢险救灾物资运输,管道运输等。这些特殊运输产品对人民生活与工农业生产时不可缺少,若因价格不适当地下跌而造成供应不足就会使国民经济的发展受到影响,给人民生活带来不便;若价格不适当地上涨,一方面会造成所有商品价格普遍不适当地上涨的势头,另一方面会损害人民群众的利益甚至诱发不稳定因素。因此对这些特殊运输产品仍要进行价格调控。

在运输市场上,这些特殊产品的价格要保持基本稳定,其波动幅度不宜过大、过快。因此,其价格调控手段较硬,见效较快,在运用经济手段的同时,还要采用行政手段与法律手段。国家制定与执行指导计划价格,确定最高限价与最低保护价,要求运输企业执行,如公共汽车、中巴、的士、轮渡等的收费均应制定与执行指导计划价格。在执行工作中,要通过物价检查,实行经济处罚,直至停业整顿等措施予以维护。对于情节严重,屡教屡犯,造成恶劣影响的,要给予法律制裁。

③运输市场竞争调控。竞争机制是市场机制的手段,没有竞争机制就没有市场机制,也就没有市场,要充分发挥市场机制的积极作用,必须要有健全的完善的竞争机制。竞争机制也同世界上任何事物一样,其运行的结果必然走向自身的反面——破坏竞争机制。国家对运输市场竞争的调控,就是要形成与保护运输市场竞争机制,消除它向自身反面转化的条件,阻止它向自身反面的转化,以充分发挥其竞争机制在市场机制中的作用。

运输市场竞争的宏观调控表现在以下几个方面:

a.保持运输市场供求总量平衡,形成买方市场。没有买方市场,就没有竞争。竞争调控的首要内容与前提条件。

b.创造并维护运输市场平等的竞争环境。通过打破地区与部门的封锁与垄断,形成统一的整体运输市场,为平等竞争创造条件,通过法律来反对非法竞争,保护合法竞争。

c.反对垄断。竞争引起垄断,垄断破坏竞争。通过制定与执行反垄断法来维护竞争机制,保护竞争。在一个地区,同一运输方式要由多个运输企业经营,不允许独占性的寡头垄断出现。

6.4 运输市场宏观调控的方式与手段

6.4.1 运输市场宏观调控方式

运输市场宏观调控方式是指国家对运输市场实行宏观调控的方法与形式。它可以依据不同的标准来划分类型。

1)依据国家如何对待市场机制来划分

市场调控有两方面的含义:一是市场自身调控,即市场机制的调控;二是国家宏观调控,即国家宏观调控机制的调控。这两种调控机制在市场调控中相互依存,互相作用。依据国家在调控中对这种机制关系处理的不同,运输市场宏观调控方式分为指令调控、修补调控与深层调控。

(1)指令调控

通过指令性计划指标直接在各个交通部门与交通运输企业分配资源,排除市场机制在资源分配中的作用,这种调控方式称为指令调控。指令调控是一种高度集权式的经济管理方式,破坏了市场机制,否认了交通运输经济活动主体的个性与利益,并不利于运输市场主体,特别是交通运输企业的形成与发展。因此,在市场经济已经发展的今天,运输市场宏观调控不能采用这种方式。这种方式在许多国家的经济发展史上也发挥过一定的积极作用,如我国、前苏联等,它的前提是商品经济的发展基本一片空白,人民群众有着获得翻身解放后的巨大劳动热情与为国家献身的精神。随着商品经济的发展,经济活动主体特别是企业自身的利益逐渐显现出来,指令调控便成为经济发展的障碍。

(2)修补调控

在发挥市场机制积极作用的前提下,针对市场机制自身显现出来的弊病进行的调控,称为修补调控。市场机制显现出来的弊病表现在三个方面:①市场机制不完善或失灵。即价格不能调节供求,供求不能影响价格,犹如一部机器的运转出了故障一样。这是市场机制弊病的主要内容。修补,就是修补市场机制。②市场机制的消极作用。如盲目性、两极分化等。它不是市场机制自身的弊病,而是市场机制功能的弊病。市场机制越完善、越灵活,积极作用发挥得越好,消极作用也就表现得越充分。修补,也就是指修补或医治市场机制对市场与社会带来的创伤。③市场机制的功能缺陷。如不能调节不动产带来的受益分配,不能限制非法交易等。修补,即弥补其功能缺陷。

国家采用这种宏观调控方式,只直接作用于运输市场,而不直接干预交通运输企业,维护了企业的市场主体地位,使企业显现出生机与活力。在商品经济已经发展,市场机制开始形成的时期,应该采用这种调控方式。

(3)深层调控

以充分发挥市场机制的作用为目的,自觉遵循运输市场的运行规律,对运输市场实行的宏观调控,称为深层调控。深层调控不是等市场机制出现弊病后再实行调控,而是在事先采取调控措施,防止市场机制弊病的出现,以使其充分发挥积极作用。这种方式的实行,需要对市场状况及影响市场状况的国内国际各种因素和市场运行的客观规律有比较透彻的了解,因而难度较大,管理水平要求较高。它的主要表现有:①采取有效的发展措施,积极促进运输市场的形成与发育,促进市场机制的形成,如促进独立市场主体的形成,创造平等的竞争环境,加强市场法制建设等。②采取各种有效措施,防止市场机制运行对自身的破坏,以始终维护完善的健康的市场机制。如制订交通运输长期规划与运输产业政策,调整运输产业结构,调节资源分配,保持竞争等。③采取各种补救措施弥补市场功能缺陷,对市场机制调控不到的地方进行调节,如征收所得税、关税,给予财政补贴,打击走私与非法交易等。深层调控是后起工业国家为了实现对经济发达国家的赶超战略,缩小与发达国家的差距,利用国家力量加速经济发展的重要方式。单靠市场机制的自身蠕动,就会永远落后于发达国家,甚至使差距越来越大。我国是一个发展中的大国,要实现运输经济的快速发展,必须采用深层调控的方式。

以上三种宏观调控方式,一般来说,指令调控是不可取的,因为它不符合经济发展的客观规律,过分强调了人的主观能动作用。修补调控与深层调控是在尊重经济发展客观规律的基础上充分发挥人的主观能动作用,具有科学性,是市场经济条件下国家宏观调控的应有方式。它们犹如对人体的调控,一者好比有病治疗,一者好比无病预防。疾病的防与治均不可缺少,然而预防比治疗更自觉,更主动,更积极,更有效。因此,一个国家交通运输事业的发展,要同时采用这两种调控方式,并以深层调控为主。

2)依据国家如何对待市场主体来划分

市场调控有两个主体。一是市场自身调控主体,主要指企业。企业在市场机制调控中起关键作用,它既是供求主体,也是价格主体与竞争主体。市场机制的运行与发挥调控作用,主要是通过企业的经济活动来实现的。二是国家宏观调控主体,即国家。依据国家对这两个调控主体关系处理的不同,运输市场宏观调控方式可以分为程序调控、目标调控与随动调控。

(1)程序调控

不仅规定经济发展与市场运行的目标,而且规定出实现目标的程序,把各级经济组织的运行纳入既定的程序之中,这种调控称为程序调控。所谓程序,即实现目标的数学模型,包括整体的步骤与方法,各经济组织的数量指标与行为方式。如以最终产品为目标,通过消耗系数来确定中间产品与总产品,严格按投入产出数学模型来实现宏观调控,就是典型的程序调控方式。实行程序调控存在着两方面的问题:①看交通运输企业没有活力。程序调控不仅要把宏观总量纳入调控范围,而且要把各交通运输企业的生产经营活动直接控制起来,规定各项生产经营指标,否则,所确定的经济发展目标就无法实现。这样,必然窒息各部门各企业的经济活力,使企业永远无法成为市场主体。②调控难免失误。经济的发展与市场的运行过程是一个十分复杂的千变万化的社会系统,其各项经济变量不可能完全准确无误地确定与计算。市场运行是各个有意识的主体市场行为的综合,这比发射一颗人造卫星所涉及的变量关系复杂得多,难以把握得多。在程序制定过程中,无法准确把握市场运行中的各种随机变量,试图把市场运行纳入预定程序之中的努力到最后还是白费功夫。实践证明,程序调控不能用于国家宏观经济管理,只能用于微观技术经济管理,如企业管理、工程项目管理、产品开发改造管理等。

(2)目标调控

制定一定时期内经济发展与市场运行的目标,按实现目标的总体要求对市场运行进行调控,称为目标调控。目标调控与程序调控相比,具有两个明显特点:①没有众多繁琐的具体计划指标。国家只对交通运输发展提出规划,实行总供给与总需求的平衡,而不对各运输部门和企业下达具体计划指标,各运输部门和企业的运输经济活动由市场机制调节。②不直接作用于运输企业。国家对企业不规定具体的数量指标与行为方式,而是通过目标的设立与市场调控来影响企业的经营行为,因而企业具有经营自主权。它们可以依据市场机会来选择经营方向与目标,显示出生机与活力。

在我国,实现目标调控是政府转变管理职能的主要内容,现已逐步采用这种方式。国家对运输市场的调控,依据交通运输产业是国民经济发展的战略重点这一目标,制定了交通运输发展规划,通过财政、税收、贴息、法规,运输企业组织等方面的政策,改变与经营环境建设,给交通运输企业及其市场的发展提供有利条件,引导人财物资源流向交通运输部门。至于交通运输业的内部各种运输方式的企业数量、规模、结构等,国家不予过问。

(3)随动调控

在设定目标与改变经济参数的基础上,随时观察市场运行过程中各种经济参数发生的效应,及时修正经济参数直至宏观经济目标,保证市场正常运行,经济稳定发展,这种调控方式称为随动调控。这里所指的经济参数,指的是国家宏观调控经济指标,如税率、利率、汇率、货币发行总量、存款准备率、贴现率等。在市场运行过程中,发现原有的经济参数与为了实现宏观经济目标而必须进行调节的实际需要不符,应予调整,直至调控结果与宏观目标相一致。由于市场内外条件的变化,当预定目标与市场运行实际不符时,就应调整或改变经济目标。在经济管理过程中,要完全准确地预见未来一般是不可能的,需要通过实践对原有预测进行调整。因此,随动调控具有普遍意义。

以上三种调控方式,对于国家宏观调控来说,程序调控是不可取的,因为它很难符合市场的实际情况,还妨碍了企业经营主动性。目标调控与随动调控都是市场经济条件下国家宏观调控的方式,二者相互配合,共同发挥作用。随动调控总是以一定的目标设定为前提,目标调控也离不开对市场运行中各种偏差,包括目标本身的及时修正。只有二者相互结合,才能保证市场的正常运行与健康发展。

6.4.2　运输市场宏观调控手段

市场宏观调控手段有经济手段、法律手段和行政手段。其中,经济手段是主要的基本的手段,法律手段对运用经济手段实行宏观调控起保证作用,行政手段对经济手段起补充作用。它们三者的关系不能颠倒。对于运输市场宏观调控手段系统,我们只分析经济手段。

市场宏观调控的经济手段,就是通过调整与改变市场主体的物质利益关系实行对市场进行调控的方法。在商品经济条件下,物质利益是企业和一切经济活动主体动力系统的支柱和落脚点,追求自身利益最大化是市场行为的基本目标。所以,经济手段是国家对市场实行宏观调控的主要手段。

1)财政调控

财政是国家凭借政治权力参与国民收入分配与再分配的一种形式。财政分配具有无偿性与强制性的特点,其目的是为了保证实现国家职能的物质需要。

财政分配包括财政收入与财政支出两个方面。在市场经济条件下,国家财政收入的主要来源是税收。财政支出的渠道有财政投资、财政补贴,政府与各事业单位的非生产性财政拨款。在计划经济体制下,财政基本上是一种单纯的政府收支,没有发挥出宏观调控职能。在市场经济体制下,财政是国家宏观调控的基本经济手段。

(1)财政收入调控

财政收入调控主要指税收调控,税收是国家为了实现其职能,按照法律规定,向经济单位与个人强制、无偿地征收实物与货币的一种方式,是国家凭借政治权力取得财政收入的主要方式。

税收的作用有三点:①维持政府开支。没有税收,政府机构一天也不能存在。②监督企业财务。无论是按流转额征税还是按收益额征税,都必须核准经营者财务收支总额,由此监督其财务分配。③调节经济运行。在自然经济的历史阶段,税收不具备调节职能,发展到商品经济阶段,税收在客观上具有了调节职能。但税收被政府自觉利用作为宏观调控职能,还是在20世纪人们对市场经济的运行规律有了明确认识之后。

税收调控是通过税收的征与免、税种的多与少、税率的高与低来进行的。对某一类商品生产经营活动免税,或税种少、税率低,这一类商品生产经营者就能相对获得较多利润,就能刺激这类商品的生产经营活动,使其供应适应与满足社会需求。反之就会抑制某类商品的生产经营活动,使其过量的供应得以减少。这样,促使了市场上各类商品包括品种、质量的供求平衡。税收调控还可以通过税收总量和结构的变化改变财政收入在整个国民收入中的比重,预算内收入占财政收入的比重和中央预算收入占全部预算内收入的比重,从而调控积累与消费的比例及国家、企业与个人之间的分配比例,制约投资规模、投资方向,调整产业结构、生产力布局和资源的配置,控制总需求膨胀,对总供给的增加产生刺激作用。

税收调控主要有流转额税调控与收益额税调控。

①流转额税调控:所谓流转额税,是指按经营者的销售额或营业额纳税。在市场经济条件下,调控作用较大的有以下几种。

增值税。增值税是我国当前流转额税中的一个主要税种。所谓增值税,是对产品增值额所征收的一种税。增值额是指商品价值中劳动者新创造的价值。由于征收是以增值额为依据,因而具有多增多征,少增少征,差额退税,道道征税,避免重复的特点与优点。它可以协调生产经营各环节的关系,促进专业化协作生产的发展。增值税对市场供求总量与供求结构的调控是通过增值税率的调整来实行的。不同产品的生产经营活动增值税率不同,就调整了市场供求结构,包括产品结构与行业结构,进而控制了市场供求总量。

营业税。营业税是对从事商品和服务经营的各个行业按其营业收入征收的一种税。它是我国当前流转税中的一个重要税种。增值税主要在工农业产品生产经营活动中征收,营业税主要在交通运输业、建筑业、商业与各类服务行业中征收。营业税调控同样主要通过对税率的调整来进行。

关税。关税也是流转税中的一种。关税是对进出口的货物和物品征收的一种税,分进口关税、出口关税与过境关税三种。关税调控的作用在于平衡进出口贸易与外汇收支,以有利于国内市场的供求总量与结构平衡。过高的关税限制了国际贸易,不利于国际统一市场的形成。因此,世界贸易组织对关税率作出了一定限额。关税调控了国际贸易,也间接调控了国际运输市场。

②收益额税调控:所谓收益额税,是指按经营者与劳动者的收益多少纳税。收益是指利润、或劳动报酬、或利润加劳动报酬。纳税人不同,其收益额的含义也有所区别。收益额税主

要有以下几种。

企业所得税。企业所得税是对企业利润征收的一种税。在 $W=C+V+m$ 中,表现为对 m 的征税。现在,一般企业所得税率为33%。企业所得税的宏观调控作用表现在以下三个方面:一是调节国家与企业之间的利益关系,企业有所得额,国家就有所得额;二是调节不同企业、行业、部门与地区之间的利益关系,多得多征、少得少征,避免经济结构的盲目变化与贫富的两极分化;三是对市场供求总量起自动稳定作用。企业所得税一般实行超额累进税率。当国民经济发展状况较好、市场繁荣、购销两旺时,利润增长较快,因而社会总需求的增长较快。采用超额累进税率征收企业所得税,可使税收比利润增长幅度更高,从而相对减少总需求的规模,加快了总供给的增长速度,反之也是如此。这样,可使市场供求总量保持平衡。促使市场稳定健康发展。

个人所得税。它是对个人收益额征收的一种税。在 $W=C+V+m$ 中,对于个体经营者来说,是对 $(V+m)$ 的征税。对于以工资和劳动报酬为收入来源的劳动者来说,是对 v 的征税。个人所得税的调控作用同样表现在三个方面:一是调节国家与个人的利益关系,做到民富国强。二是调节个人与个人之间的利益关系,防止贫富两极分化。三是调控总需求与总供给,使市场供求总量保持平衡。

除了流转额税与收益额税之外,还有财产税、资源税与行为税。财产税、资源税的主要作用是调节收入分配,对市场供求总量与供求结构的调控作用不大,这里不再阐述。

所谓行为税,是指对某一特定行为征收的一种税,如车船使用税、契税等。运输市场上的行为税,主要是车船使用税,对于行驶于国家公路的车辆,航行于江河湖海的船舶,按其种类、大小定额征收。一般对车辆实行弹性税额,对船舶实行统一税额。征收车船使用税,可以积累建设资金,也可用来调控运输市场供求总量与供求结构。

(2)财政支出调控

财政支出可按许多不同的标准划分类型。如按支出经济性质划分,可分为经济建设费,社会文教费,国防费,行政管理费与其他支出,可概括为生产性支出与非生产性支出。按支出用途,可分为基建、技改、科研费用,工农建交商等产业部门的事业费,文教卫事业费,社会福利费,行政管理费等,可概括为企业性支出与事业性支出。按支出在社会再生产中的作用,可分为积累性支出与消费性支出。按支出管理划分,可分为预算支出与预算外支出。调整财政支出比例,特别是积累性支出与消费性支出的比例,就可以调整市场总需求与总供给的比例关系,调整国民经济物质资料生产部门与非生产部门、各部门相互之间、各部门内部的比例关系,促使市场供求总量与供求结构平衡。

财政支出手段调控主要是财政投资调控。财政投资的规模与结构直接影响到社会资产总量的规模与结构。财政投资的收缩与扩张,可以调节社会投资总规模,需求总量,投资方向和投资结构,对于产业结构、地区结构以及再生产结构都起着重要作用。财政投资对运输市场供求总量与供求结构的影响十分明显、直接。铁路、公路、航道及其配套设施的建设投资主要来自财政投资，它既可调控运输市场与国家整体市场的关系，又可调控运输市场内部铁、公、水、空市场之间的关系，促使它们之间的相互平衡与协调发展。

财政补贴调控是财政支出调控的一项重要内容。财政补贴包括投资补贴、利息补贴、职工福利补贴，社会救济补贴以及必要的价格补贴，如新产品价格补贴、辅助出口价格补贴等。投资补贴可以扶持地区经济、行业经济与新兴产业的发展；利息补贴可以促使与加速货币回笼，调整积累与消费的比例关系；职工福利补贴可以调整消费资料的分配，缩小贫富之间的差距。必要的价格补贴可以调整产品结构与出口结构。国家通过财政补贴手段，调整市场供求结构，促进市场总需求与总供给的平衡。

(3)财政信用调控

财政信用是一种特殊的调控手段，它既不同于无偿的财政税收，又不同于有偿的信用贷款。它是以有偿为特征的财政调控手段。财政信用表现在两个方面：一是将结余的财政资金存入银行，作为信贷资金发放，这样的财政信用是先支后收。在发放时可以扩大信贷规模，通过信贷来扩大生产性投资规模，扩大市场生产性需求，缩小消费性需求。在回收时则刚好相反，扩大市场消费性需求，缩小生产性需求。二是将缺口财政资金通过发行国库券与债券来弥补，这样的财政信用是先收后支。在发行国库券与债券时，可以获得额外的财政资金，将社会上的消费资金与国外资金变为财政资金，主要用于生产性的建设投资，以改变积累与消费的比例关系，增加积累，减少消费，以便减少总需求，增加总供给。在偿还国库券与债券时，可以减少财政资金，从而主要减少生产性的财政投资，减少积累，增加消费，以便相对减少总供给，增加总需求。因此，财政信用可以用作调控市场供求总量，促使供求总量平衡的手段。它既是财政收入调控，又是财政支出调控，既是财政调控，又是信用调控。

2)货币信用调控

货币信用调控是指对市场上货币流量和融通过程的调控。货币流量影响市场总需求，货币融通过程影响市场需求结构，通过对市场上货币流量与融通过程的调控，就能调控市场供求总量与供求结构。

(1)货币流量调控

货币流量是市场上流通的货币数量，包括现金货币数量与存款货币数量。货币流量由三个因素决定：待实现的商品总量，商品价格水平与货币流通速度。货币流量与商品价格总额成正比，与货币流通速度成反比。它们之间的关系可用如下公式表示：

$$\text{货币流量} = \frac{\text{待实现的商品量} \times \text{商品价格水平}}{\text{货币流通速度}}$$

在经济发展水平一定的条件下，待实现的商品总量与货币流通速度都是一定的，也就是说，市场总供给是一定的。如果货币流量过多，就会使市场总需求超过总供给，结果必然是提高商品价格水平,造成通货膨胀,破坏经济发展。反之,会使总供给超过总需求,造成货币供应紧张,阻止经济发展。因此,货币流量调控是国家宏观调控的重要手段。

货币流量的调控手段主要有存款准备率、贴现率、公开市场业务三种,它们被称为普遍性的数量工具。

①存款准备率:存款准备率是商业银行向中央银行缴存的存款准备金比率。调整存款准备率,是国家法律赋予中央银行的权力。存款准备率高,贷款规模就小,货币流量就少,反之,贷款规模就大,货币流量就多。通过调整存款准备率,或放松银根,扩张经济,或紧缩银根,收缩经济。

②贴现率:贴现率指中央银行对政府债券如国库券、债券、商业票据贴现的利率,即中央银行对专业银行及金融机构放款的利率。贴现率高,专业银行及其他金融机构会因融资成本上升而提高贷款利率,从而缩小贷款规模,减少货币流量。反之,则会扩大贷款规模,增加货币流量。

③公开市场业务:公开市场业务是指中央银行在金融市场上公开买卖各种政府证券如国库券、债券等的活动。所谓公开市场,是指自由成交、自由议价,交易与价格都在市场上公开显现。中央银行在金融市场上买卖证券,可以增加或减少金融市场上的资金。卖出证券,则可收回资金,减少货币流量;买进证券,则可放出资金,增加货币流量。公开市场则可以使国家证券维持一个比较稳定的市价,并影响信贷利率,以保证市场货币保持适当流量。卖出证券,交易价高,买进证券,交易价低,则必然增加银行存款,增加还款,由此减少存款准备金,扩大信贷规模;相反,则会增加存款准备金,缩小信贷规模。公开市场业务具有主动性和灵活性。它可以在任何时间进行,可以抵消资金内流和外流对货币流量引起的不良作用,可以应付企业经济的循环性波动与通货膨胀。

(2)货币融通过程调控

货币融通指货币的存取贷还,解决市场主体互相间资金余缺的问题。调控货币融通过程,就是调控货币流向与信贷分配,以此来实现国民经济各部门、各行业、各产品的比例协调,达到市场供求结构的平衡。

这类调控手段对待不同的市场主体具有明显的区别,可以调控不同部门、不同行业、不同企业的经营活动,提高资金运用质量,保持金融稳定,这被称为选择性的质量工具。

①优惠利率:指中央银行依据国家的产业政策以及整个国民经济与社会发展计划,对重点发展部门与产业,制定较低的放款利率,给予优惠贷款,促使其加快发展。同时,各专业银行根据中央银行的调控方向,在不同的产品品种中,对于改善产品结构的高新技术产品和供不应求的短线产品给予优先贷款;在同一产品中,对于优质产品和经营有方的企业,给予优先贷款。由此,可以优化市场供求结构。

②证券保证金率:指中央银行对买卖证券保证金的百分率。证券保证金率高,信贷规模

小,反之,信贷规模大。通过证券保证金率的调整,可以保持适当的信贷规模,维护金融稳定。

③消费者信用管制:指在需求过旺及通货膨胀时期,中央银行可以提高商业银行首期付款比例,缩短分期付款期限,以尽快收回货币,稳定市场。反之,在需求不足与经济衰退时,中央银行可放宽分期付款的管制,刺激消费增长。

④预缴进口保证金:指为遏制进口过分增长,中央银行要求进口商缴进口商品总额的一定比例的外汇,存于中央银行,借以减少外汇储备的流失,扭转或缓和国际收支逆差。

货币流量调控与货币流向调控,或数量工具与质量工具,是货币信用调控的两种主要手段。其辅助手段有直接信用管制与道义劝告,这里不再阐述。货币流量调控与货币流向调控,是国家调控整体市场的货币信用手段。运输市场是国家整体市场的一部分,当然也受这两种调控手段的影响。运输市场作为一个具体的行业市场,货币信用调控的直接作用主要是优惠贷款。交通是国民经济发展的战略重点,其发展状况制约着经济发展全局,国家通过优惠贷款来增加投入,提高运输能力,促使运输市场总供求的平衡。对于运输市场运力结构的调控,则通过专业银行贷与不贷、贷多贷少、贷长贷短、息高息低来进行。专业银行依照中央银行的信贷政策,发挥其信贷调控职能。这样,就有利于各种运输方式比例适当,有利于各类运输企业在竞争中优胜劣汰。

6.5 运输市场宏观调控的信息传导与动力

6.5.1 运输市场宏观调控的信息传导系统

信息传导系统是由信息传导主体、客体、媒体、方式与通道(路线)等诸要素构成的相互联系、相互作用,具有信息传导功能的有机整体。运输市场宏观调控的信息传导系统,传导主体是宏观调控主体,即国家及其综合职能部门(尤其是财税部门与人民银行)和交通运输管理部门;传导客体是运输市场主体,主要是交通运输企业;传导媒体、传导方式与传导通道依据其调控手段不同而不同。

1)财政调控机制的信息传导系统

在运输市场运行过程中,财税调控的信息传导既存在着自上而下,自下而上的纵向信息通道,也存在着左右平行的横向信息通道。国家凭借政治权力发布具有法律效力的财税信息,如开征新税种、调整税率、调整某种财政贴息等,信息到达交通运输企业后,他们根据财税调控信号对本企业利益影响的方向程度作出反应,改变自己的市场行为与生产经营行为。交通运输企业的市场行为与经营行为,通过运输市场与交通运输管理部门反映给财税调控机构与国家决策机构,使他们随时了解财税调控机制作用的实际效果,及时修正财税调控指标。这就是财税调控机构与交通运输企业之间形成的纵向信息传导通道。国家运用财政信用手段,发行与回收国库券、债券、在金融市场上购销自由,买卖平等,国家及其财政金融机构不向任何市场主体、企业下达指标,交通运输企业的市场行为与经营行为的调整,不是来自自上而下的影响,而是来自市场及其他部门与其他企业的影响,这就是一种左右平行的横向信息传导通道。在财政调控中,财政信用只是一种辅助手段,更多的是采用税收与财政投资。因此,财政调控的信息传导方式以纵向传导为主。

2)货币信用机制的信息传导系统

货币信用调控存在着两条信息传导通道。第一条通道是:国家—中央银行—专业银行—市场货币流量。

国家依据市场总需求与总供给的比例状况作出放松银根或抽紧银根的宏观决策,向中央银行下达指令;中央银行依据国家指令,运用货币政策工具,主要是通过调整存款准备、率予以实施,将调整后的存款准备率下达给各专业银行;各专业银行通过上缴存款准备金的增减扩张或紧缩信贷规模;信贷规模的扩张紧缩使得市场上货币流量增减。

第二条通道是:国家—中央银行—金融市场—专业银行与社会公众—市场货币流量。

同样,国家依据市场供求总量状况作出有关货币流量的宏观决策,并下达中央银行;中央银行依据国家的货币政策,运用货币政策工具,主要是通过调整贴现率与公开市场业务予以实施,影响金融市场;通过金融市场交易,社会公众手持现金或增或减,专业银行存款准备金抑或增或减,信贷规模随之增减,社会公众手持现金的增减与信贷规模的增减就使市场上货币流量增减。

在信息传导系统中,调控信号的传递路线是否畅通是一个关键因素。要保证货币信用调控信息线路畅通,必须具备如下三个基本条件:

(1)国家化的中央银行

国家化的中央银行是指中央银行成为国家金融管理机构,行使政府职能,成为货币发行机构,并独占发行权,成为各专业银行的信贷中心,发挥金融货币总枢纽的作用。我国通过金融体制改革,中国人民银行已成为金融业的主管部门,是国家综合职能机构。但目前中国人民银行尚缺乏在国家宏观决策目标既定条件下独立作出金融决策的条件,市场供求总量预测的误差,政府官员个人的行政干预,难免使调控信号失真甚至失实。

(2)企业化的专业银行

由中央银行发出的调控信号是否会在其传导过程中受阻,关键在于信号的直接与间接接受者是否存在利益约束。利益约束软化,信号传递必然受阻。因为经济手段是通过经济利益来影响被调节者,迫使诱使其应变。如果被调节者不存在独立的自身利益,他们对调控必然反应迟钝、态度消极,甚至中止传递或失真、失时传递。因此,传导客体与传导媒体都必须是独立的经济实体。金融体制改革之后,我国的专业银行已恢复了商业银行性质,成了金融企业机构,具备了货币信用调控信息传导媒体的作用。

(3)健全的金融市场

金融市场是货币信用调控必不可少的一个媒体。作为调控信息横向传导的媒体,它比通过金融机构的纵向传导更加稳妥与和谐,使中央银行调控手段多样化,避免采用过于单一的调整存款准备率而引起经济波动。金融市场的健全与整体市场的健全一样,首先要有独立的市场主体,包括金融企业、交通运输企业以及其他各类企业。如果企业对融资用资的成败不承担经济责任,他们对调控信号的反应必然迟钝,宏观调控必然失灵。

6.5.2 运输市场宏观调控的动力系统

社会活动的动力系统是由其参与者各自的利益及其相互关系构成的综合体系。动力的大小不是各参与主体利益之和,也不是其平均数,而是各参与主体不同方向利益的综合,并受综合能力的影响。运输市场宏观调控的动力系统是调控主体、客体、媒体的利益形成的,调控手段不同,其调控动力系统的具体内容亦有差别。

1)财政调控机制的动力系统

财政调控是通过改变不同经济利益主体的利益格局来进行的,其动力系统只分为国家动力结构与企业动力结构。国家站在全社会的立场上,从宏观的角度出发,以促进经济的发展,社会稳定,提高整体效益,维护社会公平,并获得足够的财政收入维持国家机器的正常运转为目标。国家利益与宏观经济效益是宏观调控主体的动力。企业的动力主要是对企业自身物质利益的追逐,其目标是实现自身利益最大化。企业获取利益的大小不仅取决于自身经营质量的高低,而且取决于经营的外部环境。税收政策、投资政策、补贴政策等,都可以起到促进或限制生产规模与发展方向的作用。这样,企业必须具有对国家宏观调控政策作出反应的能力。如果企业不存在独立的自身物质利益,它就不可能对宏观调控政策作出敏感的及时的反应。

2)货币信用调控机制的动力系统

货币信用调控机制的动力系统是由调控主体利益、客体利益与媒体利益构成的相互依赖相互制约的利益整体。中央银行从国家整体利益考虑,利用手中掌握的货币政策工具,或以行政方式,借助各种命令、规定、制度等,或通过市场机制,借助各种价值指标(经济变量)采影响各金融机构与金融市场体系。这些金融活动主体从自身利益考虑,必然作出积极反应。他们通过利率、信贷结构与信贷规模的调整来适应中央银行宏观政策的变化,以保证最有效地获得利益或最大限度地减少损失。金融机构的各种应变措施将直接影响到资金使用者即市场主体特别是各类企业的利益,从而迫使他们改变企业投资结构与投资规模,以致整个社会资金流量、资金投向、资金使用结构发生改变。宏观调控信号迅速传递到微观领域,都是因为经济利益的驱使。由于利益关系的变化,使货币信用调控机制得以启动与运行。各个不同层次的利益关系,成为宏观调控信息传导系统的稳定器与变压器。

复习思考题

1. 什么是宏观调控？主体和内容分别是什么？
2. 宏观调控的方法和主要目标分别是什么？
3. 运输市场宏观调控的含义是什么？
4. 运输市场宏观调控的作用是什么？
5. 运输市场宏观调控机制的含义是什么？
6. 运输市场宏观调控机制是如何构成的？
7. 运输市场宏观调控主体系统与客体系统的含义分别是什么？
8. 运输市场宏观调控客体系统主要包括什么？
9. 运输市场宏观调控的方式主要有哪些？
10. 运输市场宏观调控的经济手段主要包括哪些内容？
11. 运输市场宏观调控信息传导系统构成是什么？
12. 运输市场宏观调控动力系统是如何构成的？

第 7 章　交通运输法制建设

交通运输法制建设作为社会主义法制建设的重要组成部分,是交通运输行政管理工作的基础,是交通运输现代化的重要途径和标志,对促进交通运输事业的发展至关重要。坚持依法行政,依法治理交通,就是根据建立社会主义市场经济体制的客观要求,实现交通运输管理工作的法制化和规范化。

7.1　交通运输法制建设

7.1.1　交通运输法制建设的基本原则

1)法制建设的内涵

法制是指依法治国的制度体系,包括立法、执法与守法三个环节。完善的国家法制衡量标准是:立法完备、执法严明、守法自觉。加强社会主义市场法制建设,就是要建立起完善的社会主义市场法制。有法可依是加强社会主义法制的根本前提,有法必依是加强社会主义法制的中心环节,执法必严是社会主义法制权威性的体现,违法必究是社会主义法制强制力的体现。

2)交通运输法制建设的基本原则

交通运输法制建设要以努力建设法治型、服务型交通运输部门全面推进交通依法行政为主线,坚持围绕中心、服务大局、改革创新,推进交通运输事业在法制的轨道上全面协调可持续发展。法制建设的基本原则是:

(1)坚持以人为本的原则。要求把为民、利民、便民、维护交通运输服务对象和从业者的根本利益作为交通运输法制建设的出发点和落脚点。

(2)坚持服务发展的原则。要求从交通运输事业改革发展的需要出发,充分发挥法制对交通运输事业的引导、促进和保障作用,把服从并服务于交通运输事业发展作为交通运输法制建设的方向。

(3)坚持依法行政的原则。要求以符合宪法和法律的基本原则和规定为统领,把实现交通运输事业的法制化、规范化和全面提高交通运输依法行政的能力和水平作为交通运输法制建设的目标。

(4)坚持改革创新的原则。须按照与时俱进的要求不断丰富交通运输法制建设的内涵,探索交通运输法制建设的规律,创新法制工作的体制机制,把深化体制改革、转变政府职能、加快综合运输体系建立和促进现代交通运输业发展的有机结合作为交通运输法制建设的重要任务。

7.1.2 交通运输法制建设的总体要求

交通运输法制建设的总体要求是围绕交通运输改革和发展现代交通运输业的大局,加强综合运输法规体系建设,提高立法质量和效益;加强依法行政和执法监督,提高执法能力和水平;加强执法队伍和机制建设,提高专业素质和整体功能。努力实现科学民主立法,规范文明执法,有效监督管理,高效优质服务,为现代交通运输业科学发展营造良好的法制环境和提供可靠的制度保障。

7.1.3 交通运输法制建设的任务

1)继续加快立法步伐,注重提高立法质量

(1)进一步创新和发展科学民主的立法理念。按照以人为本、建设和谐社会和法治国家的要求,从根本上改变立法中对行政机关重权力设定轻服务和责任追究,对行政管理相对人重义务设定轻权利保护的现象,注重行政权力和公民权利的平衡,行政机关权力与责任、公民权利与义务的统一。要把握、遵循并反映经济社会和交通运输发展的规律,使交通运输立法更科学,立法质量切实得以提高。

(2)按照条件成熟、突出重点、统筹兼顾的原则,科学合理地制订立法工作计划并组织实施。按照立法计划推进交通运输行业管理所需的规章项目的出台。

(3)积极开展综合交通运输法规体系建设。按照加快形成畅通、高效、安全、绿色的综合交通运输体系的要求,开展综合交通运输法规体系建设研究,统筹考虑公路、铁路、水路、民航、邮政等方面的法律、行政法规项目,提出综合交通运输立法建设的意见。

(4)建立和理顺交通运输立法工作机制。要建立和理顺立法管理工作机制及运行模式,明确立法工作的统筹规划、组织、协调的职能。各地应结合当地实际,加强对交通运输立法工作机制的研究,同时积极探索区域交通运输立法,建立规范、有效的立法工作程序。

(5)进一步改进立法工作方法,扩大立法的公众参与度。要注重采取多种形式认真听取公众的意见,扩大立法的公众参与程度,充分反映最广大人民群众的根本利益。广泛吸收专家参与立法,进一步发挥交通运输法律专家咨询委员会的作用,确保充分发挥专家优势。努力使交通运输立法做到体察民情、反映民意、集中民智、服务民生。

(6)建立和推行交通运输立法后评估工作制度。各地要结合当地实际,探索建立交通运输立法后评估机制,总结和积累好的经验和做法,完善交通运输立法后评估工作机制。

(7)建立部门规章定期清理制度。要按照国家统一要求对已不适应社会主义市场经济发展的交通运输法规进行认真清理,及时提出修订或者废止的意见和建议。对规章的清理工作要经常化、制度化,凡与法律、法规有矛盾的,应当及时废止或者修改,凡与交通运输发展要求不相适应的,应当及时调整。

(8)加强中央与地方交通运输立法工作的联系、合作与指导。要了解各地交通运输立法现状与需求,有效整合立法资源。对于制定法律、行政法规条件尚不成熟的交通运输立法领域,鼓励地方交通运输部门向人大、政府积极争取,先行开展地方立法;对已出台的交通运输法律、行政法规,地方交通运输部门要积极做好相关的地方立法修订工作,将有关法律制度统一到法律、行政法规的规定上来。要引导和组织交通运输法制工作机构开展全国性及区域性的交流、研讨,总结立法经验,研究难点问题,及时总结推广各地在立法方面的经验。

2)深入开展法制宣传教育,营造交通运输系统良好的法治氛围

(1)推进普法规划的实施。通过落实普法规划,努力提高交通运输系统干部职工和从业人员的法律意识和法律素质,增进交通运输系统公务员、行政执法人员的社会主义法治理念,增强各级交通运输主管部门依法行政的自觉性,提高交通运输行业依法管理的水平。

(2)深入开展交通运输专业法的社会宣传工作。各级交通运输主管部门要进一步拓宽交通运输法制宣传渠道,强化交通运输法制宣传手段,要广泛开展走访群众、结对共建等灵活多样的普法活动,多形式、多环节向社会宣传交通运输专业法,使社会更多地了解、熟悉交通运输法律法规。

(3)建立健全交通运输系统领导干部学法用法制度。要定期对各级交通运输部门领导干部进行法律法规和依法行政知识培训,积极探索推行交通运输系统新任职领导干部法律知识培训考试制度,定期举办交通运输系统厅局长法制培训班,提高交通运输系统领导干部依法行政的能力和水平。

3)加强交通运输行政执法队伍正规化建设

(1)进一步强化交通运输行政执法人员资格管理。要认真总结近年来实施交通运输行政执法人员资格管理的经验,制订交通运输行政执法人员资格管理规定,进一步明确交通运输行政执法人员资格条件,严格执法人员培训、考试、发证的程序和权限,建立交通运输行政执法人员资格逐级审批制度,健全执法人员年审、考核、评议、奖惩制度。进一步强化对执法人员录取、培训、考核和管理工作的监管。不符合交通运输执法人员资格条件的要坚决调离。

(2)逐步统一交通运输行政执法队伍形象。要组织研究统一执法标志、执法证件、执法服装、执法场所和执法交通工具外观的设计方案,选择有条件的单位进行试点并逐步在全系统推广。要研究制订交通运输行政执法装备标准,并提出实施的规范性要求。

(3)进一步规范交通运输行政执法行为。组织开展交通运输行政执法规范化工程,通过

组织培训、知识竞赛、比武练兵等多种形式，贯彻落实交通运输行政执法规范，使每名执法人员对规范的内容入脑入心，持续开展整顿执法风纪，规范执法言行，统一执法文书，规范执法程序活动。要继续做好规范交通运输行政处罚自由裁量权工作，在总结规范行政处罚自由裁量权试点经验的基础上，提出规范交通运输行政处罚自由裁量权的若干意见。

（4）广泛深入开展文明执法活动。要大力加强执法文化建设，按照交通运输行业核心价值体系的要求，全面落实政治坚定、素质优良、纪律严明、行为规范、廉洁高效的队伍建设总体目标，建立健全交通运输行政执法职业道德规范。继续开展文明执法创建评比表彰活动，明确目标要求、考核办法和奖惩制度，加强对先进典型的宣传，充分发挥先进典型的示范作用。

4）稳步推进交通运输行政执法模式改革

（1）进一步明确执法模式改革的方向。按照《国务院关于进一步推进相对集中行政处罚权工作的决定》提出的解决多头执法、职责交叉、重复处罚、执法扰民等问题的要求，完善执法工作机制，提高执法效率，降低执法成本，提高执法水平。

（2）进一步明确执法模式改革的思路。鼓励各地按照不同运输方式，按照行政许可权相对集中和行政处罚权相对集中的要求，总结近年来执法模式改革的经验，探索并逐步建立决策权、执行权、监督权相对分离又相互制约的执法体系。要通过改革执法模式，进一步加强交通运输行政执法队伍的正规化建设，规范执法行为，提高执法队伍整体素质，树立执法队伍良好形象。

（3）进一步加强对执法模式改革试点工作的指导。要深入调研总结有关单位开展执法模式改革的经验教训，协调指导相关试点单位妥善处理改革过程中出现的矛盾和问题，平稳有序地推进改革进程。

5）进一步完善交通运输行政复议工作机制，提高行政复议工作质量

（1）健全交通运输行政复议工作机制。各级交通运输主管部门和相关管理机构要建立本机关内部的行政复议工作机制，明确行政复议案件办理工作程序和相关部门的责任。要建立健全复议与信访的衔接机制，建立与政府法制部门、司法机关的沟通协调机制，形成合力，相互配合，进一步提高交通运输行政复议案件办理质量。

（2）加强交通运输行政复议能力建设。要组织开展交通运输行政复议人员培训工作，重点提高市、县交通运输部门复议人员的能力和水平。要畅通复议渠道，减少和避免复议不作为现象的发生，重点解决由于不积极受理符合法定条件的行政复议案件而致使部分行政争议久拖不决的突出问题。要加强监督检查，认真贯彻实施交通运输行政复议责任追究制度。

（3）加强对行政复议工作的监督指导。要建立重大行政复议案件报备制度、重大责任行政复议案件通报制度。采取召开座谈会、研讨会等方式，对典型行政复议案例进行研究交流，推广办案经验，指导行政复议工作。

6)完善行政执法监督制度,强化行政执法监督

(1)进一步完善行政执法监督机制。要在严格执行《交通行政执法监督规定》的基础上,进一步落实层级监督制度,明确各级交通运输部门实施层级监督的内容、标准和方法,提高层级监督的实效。组织开展执法案卷评查活动,将执法案卷评查作为执法监督的重要途径,将评查结果通报全系统,推广优秀的执法文书和案卷。要畅通监督渠道,探索建立行政执法巡查制度、暗访制度,通过组织开展行风评议、问卷调查,聘请社会监督员等方式,提高监督效果。

(2)继续深入推行行政执法责任制。强化执法过错责任追究。要重点加强对执法责任追究的落实,凡发生重大责任的错案要在全行业进行通报,取消责任单位当年评选先进的资格,对负有执法责任的执法人员和单位负责人要追究相应行政、法律责任。

(3)加强对行政行为的监督。要定期开展对《中华人民共和国行政许可法》实施情况的监督检查,重点对越权审批、逾期审批等涉及审批中的擅权渎职行为进行监督检查和纠正。做好行政审批事项取消后的后续监管工作,对于保留的交通运输行政审批项目,要进一步明确、公开审批的条件、程序,创新审批方式,逐步扩大网上审批范围,提高审批效率和质量。制定规范性文件的合法性审查办法,从根本上避免交通运输行政管理措施违反法律法规规定现象的发生。

7)加强交通运输执法信息化建设

(1)加强执法管理的信息化建设。推广交通运输行政执法综合管理系统信息平台,与系统内现有路政、运政、海事以及地方已开发的信息管理系统实现有效衔接,共享各管理系统中的相关执法信息资源。要通过行政执法综合管理系统信息平台,建立执法人员、执法证件数据库,强化对执法案件整体情况的统计分析,逐步实现对执法人员、执法证件、执法案件的动态管理。要更换 IC 卡式执法证,实现对执法人员系统化、自动化考评。研究开发执法人员考试题库和计算机考试系统,逐步推行执法人员资格计算机联网考试。

(2)加强执法手段信息化建设。要利用现代信息技术,采取自动摄像、自动检测等科技手段,提高执法效能。加强对执法人员现场执法行为的监控,推广使用摄像装置、中央监控设备等信息装备,最大限度地控制执法腐败现象的发生。

8)加强交通运输法制研究工作

(1)充分认识法制理论研究的重大意义,切实重视法制理论研究工作。法制理论研究是各项制度得以科学合理构建的基础性工作,要高度重视并积极探索加强法制理论研究工作的新思路、新办法,为新时期交通运输法制工作向纵深发展提供理论支撑。

(2)加强法制工作重大问题的研究,探索改善交通运输行政管理方式的制度和措施。要注重对重点执法领域普遍存在的共性突出问题的研究,提出改进执法工作的思路和措施。加强对交通运输行政执法模式改革配套政策法规体系的研究,逐步完善与交通运输执法体制相适应的政策法规体系。

(3)探索建立为交通运输法制服务的软科学研究工作机制,提高交通运输法制工作的科学化水平。要加大对交通运输科研院所和大专院校法制研究力量的支持力度,在起草法律、法规草案时,应当明确每个立法项目至少有一个软科学研究课题成果作为技术支持。积极探索符合当地实际的软科学研究工作机制,充分利用交通运输科研院所和大专院校的法制研究力量。

9)加大人员培训考核力度,提高交通运输法制工作水平

开展交通运输主管部门法制工作人员岗位培训工作,提高法制工作人员综合素质。要在总结经验的基础上,继续开展交通运输主管部门法制工作人员立法理论与技术培训工作,为提高交通运输立法工作水平奠定基础。组织好交通运输行政复议人员岗位培训工作。加强对基层执法机构领导和执法骨干的培训,不断提高基层执法能力和水平。

7.1.4 交通运输法制建设的保障措施

1)加强对法制工作的领导

交通运输法制建设是事关交通运输发展全局性、战略性的基础工作,关系交通运输事业的健康发展和交通运输管理职责的正确履行,关系交通运输行业形象和做好“三个服务”理念的落实,各级交通运输主管部门主要负责同志要重视和关心法制工作,切实把交通运输法制建设作为综合性、基础性工作摆上重要位置。要经常听取交通运输法制工作情况汇报,及时协调解决交通运输法制工作中存在的困难。督促完善相关目标责任机制、检查考核机制和奖惩激励机制。

2)进一步发挥交通运输法制机构综合、指导、协调、服务作用

交通运输法制工作政策性、专业性强,涉及面广,必须有相应的工作机构和人员作支撑。各级交通运输主管部门应当健全法制机构,明确主要职责,选派懂法律,业务熟,有较强协调能力、写作能力和口头表达能力,有一定工作经验的干部充实法制工作机构,使法制工作机构设置和人员配备同本地区、本部门的交通运输法制工作任务相适应。

3)加大对法制工作的投入

各级交通运输主管部门每年都要安排必要的立法和执法检查经费,保障立法的需要和执法检查等项工作的正常进行。加大对执法工作的投入,提高执法装备和技术水平。

4)制定实施计划,逐步有序推进

各单位要从实际出发,制订本单位贯彻落实加强交通运输法制工作的具体计划和配套措施,确定不同阶段的目标要求,提出工作进度,确保各项工作稳步实施,有序推进。

5)加强督促检查,抓好工作落实

上级交通运输主管部门要加强对下级法制工作的督促、指导和检查,及时发现和解决法制工作中遇到的问题,抓好法制工作任务的落实。

7.2 交通运输执法形象建设

7.2.1 交通运输执法形象建设的任务

交通运输行政执法形象是社会公众对交通运输行政执法的内在品质、外在形象的整体印象和总体评价。交通运输执法形象建设的任务主要是要实现“四个统一”,即统一执法标志、统一执法证件、统一执法服饰、统一基层执法场所外观,努力提升交通运输行政执法的社会形象,不断提高交通运输行政执法能力和水平,为加快发展现代交通运输业提供强有力的法制保障。

加强交通运输行政执法形象建设是加强和创新社会管理、树立党和政府形象的客观要求,是践行行业核心价值体系、增强交通运输行业凝聚力的重要载体,是做好“三个服务”的内在要求,是提高执法水平的有效手段。

7.2.2 交通运输执法形象建设的内容

加强交通运输行政执法形象建设是一项复杂的系统工程,它既有核心的精神层面,又有外在的表现形式,在实际工作中要正确处理好外在形象与内在素质的关系、硬实力与软实力的关系、统一要求与分类指导的关系。各级交通运输部门要加强领导,落实责任,为加强交通运输行政执法形象建设提供组织保障;明确渠道,加大投入,为加强交通运输行政执法形象建设提供物质保障;强化标准,因地制宜,为加强交通运输行政执法形象建设提供质量保障。

7.2.3 交通运输执法形象建设的主要工作

加强交通运输行政执法形象建设,要深入贯彻落实国务院《关于加强法治政府建设的意见》,着力树立交通运输行政执法统一对外形象,着力提高交通运输行政执法队伍整体素质,着力提升交通运输行政执法形象社会满意度,为做好“三个服务”、发展现代交通运输业提供有力的法制保障。要重点抓好三项工作。

一是突出重点,加快推进统一交通运输行政执法对外形象。以路政、运政、综合执法和港航行政为重点,严格按照新设计的交通运输行政执法标志、执法服饰和外观识别的标准和要求,建立交通运输行政执法对外形象和视觉识别体系,向公众和社会展示一个有规模、有实力、有内涵、有信誉的立体的执法形象。

二是夯实基础,大力加强交通运输行政执法基层基础建设。加快推进行政执法场所标准化建设,实现各类交通运输行政执法基层场所建筑的外观形象统一、醒目、便于识别。增强在资金支持、基础设施建设、业务装备配备、信息化建设等方面的保障能力,夯实基层基础。

三是把握关键，着力推进交通运输行政执法队伍规范化建设。强化执法队伍的建设和管理，建设一支政治坚定、素质优良、纪律严明、行为规范、廉洁高效的正规化交通运输行政执法队伍。积极拓展群众参与执法评议考核的渠道，扩大群众的参与度。

7.3　交通运输执法队伍建设

7.3.1　交通运输执法队伍建设的意义

加强交通运输执法队伍建设，是贯彻中央提出的依法治国战略、建立社会主义法治国家的迫切需要。依法治国，是党领导人民治理国家的基本方略。依法治国、依法行政，对交通行政执法提出了更高的要求，当然也对交通运输执法队伍建设提出了更高的要求。交通运输执法队伍，是国家有关交通法规的具体执行者。交通行政执法人员素质的高低，直接影响着交通法规的实施效果，直接影响着依法治国和依法行政在交通领域的落实，关系到能否实现建设社会主义法治国家的大局。各级交通主管部门一定要切实加强交通运输执法队伍建设，努力提高依法行政水平。

1)加强交通运输执法队伍建设，是培育、发展交通运输和建设市场，转变政府职能，加强交通行业管理，促进交通事业发展的迫切需要

从一定意义上说，市场经济就是法制经济。随着社会主义市场经济的发展，交通行业中各种经济成分、经济结构、经济主体、经济组织的多样化，引起了经济利益格局的变动，交通运输和建设市场比以前更需要用法律、法规和规章来规范和调整。比如：有的地方交通运输市场秩序比较混乱，非法运输、超载运输、违章作业问题严重，公路、水路运输重大安全事故不断出现；交通建设市场法规不健全，制度不完善，从业单位资信管理、工程招标投标管理和工程监理等管理环节漏洞较多，工程质量事故以及与工程建设相关联的腐败问题时有发生，等等。解决交通改革发展中出现的这些问题，要综合运用法律手段、经济手段和必要的行政手段，而最重要、最根本的还是要靠法治。法治反映了社会主义市场经济发展以及行业管理工作不以人们意志为转移的客观规律，此计势在必行，绝不是权宜之计。依靠法治，除了要加强交通立法外，还要有一支高素质的交通运输执法队伍来具体实施有关交通法规。建立社会主义市场经济体制，转变政府职能要求把不属于行政管理的事项从政府职能中剥离出去，把生产经营权真正交给企业，把政府职能转变到实行宏观调控、社会管理和公共服务方面来。执法是政府职能转变后的一项重要职责。加强行业管理，从根本上说，就是要依法规范和维护社会主义市场经济秩序，形成和健全科学的管理制度和机制。无论是转变政府职能，还是加强行业管理，都要靠行政管理人员包括行政执法人员去具体实施。没有一支高素质的行政管理队伍和行政执法队伍，再好的改革设想，再好的管理法规，也无法得到落实。因此，培育、发展交通运输和建设市

场,转变政府职能,加强行业管理,都必须加强交通运输执法队伍建设。

2)加强交通运输执法队伍建设,是加强精神文明建设、实现创建文明行业奋斗目标的迫切需要

社会主义精神文明是社会主义社会的重要特征,是现代化建设的重要目标和重要保证。交通行业是一个重要"窗口行业",直接面向社会,面向人民群众,与社会经济的发展和广大人民群众生活水平的提高密切相关。而交通运输执法队伍站在交通行政管理的第一线,是这个"窗口行业"的一个重要"窗口"。交通行政执法人员素质的高低直接影响交通行政执法的效果,关系交通部门的形象,关系到党和政府在人民群众中的威信。交通运输执法队伍作为交通行业管理者,如果没有良好的职业道德,就不可能正确地执行有关交通法规,不可能实现全国交通行业的文明创建目标。因此,加强精神文明建设,创建文明行业,其工作重点应该是抓交通运输执法队伍建设。

总之,我们要从实施依法治国的基本方略,加强交通行业管理,培育和发展社会主义运输市场和建设市场,实现创建文明行业奋斗目标的高度,充分认识加强交通运输执法队伍建设的重要性和紧迫性,把加强交通运输执法队伍建设作为一项关系全局、关系长远的大事,放在重要位置切实抓好。

7.3.2 交通运输执法队伍建设的主要任务和措施

加强交通运输执法队伍建设的工作目标和任务是:建设一支具有促进交通改革和发展的理想信念,具有服务人民、奉献社会的思想道德,具有依法行政、文明管理的业务技能,具有廉洁、勤政、务实、高效的纪律作风的交通运输执法队伍。

面对新形势、新情况、新目标,交通运输执法队伍建设,在总结经验的基础上,必须在内容、形式、方法、手段、机制等方面,采取切实有效的措施,进行大胆的创新和改进,特别是要在增强时代感,加强针对性、时效性、主动性上下功夫。

1)开展"四项教育",提高执法队伍整体素质

要在全国交通运输执法队伍中,开展"四项教育"活动,即:开展"四个认识"(如何认识社会主义发展的历史进程,如何认识资本主义发展的历史进程,如何认识我国社会主义改革实践进程对人们思想的影响,如何认识当今国际环境和国际政治斗争带来的影响)的理想信念教育;开展"全心全意为人民服务"的宗旨教育;开展"依法行政、文明执法"的法制教育;开展"爱岗敬业、诚实守信、办事公道、服务群众、奉献社会"的职业道德教育。

开展"四项教育"的总体思路是:把握一个方向,联系两个实际,确立三个支点,搞好四个结合。把握一个方向,即要着眼于全面提高交通运输执法队伍的整体素质,为推进交通事业跨世纪发展提供强有力的思想组织保证。引导、帮助交通行政执法人员在关系交通工作大局的一系列重大问题上进一步统一执法思想,提高执法水平。联系两个实际,即针对交通运输执法

队伍思想和交通行政执法活动中存在的突出问题,用正确的思想理论武器有的放矢,对症下药,切实解决少数交通行政执法人员理想信念动摇、政治敏感迟钝、特权思想严重、以权谋私等违法违纪问题。确立三个支点,即树立与交通运输执法队伍任务相一致的职业理想、职业道德、职业作风。通过开展这项活动,使这支队伍树立与依法治国、依法行政、依法治交要求相适应的世界观、人生观、价值观、执法观。搞好四个结合,即分类指导与自我教育相结合,正面教育与反面警示教育相结合,岗位培训与执法办案相结合,开展争创文明行业与争创优秀行政执法人员相结合。希望各级交通部门按照这个思路制定开展"四项教育"的具体方案,扎扎实实地开展"四项教育",从而探索、总结出新形势下加强交通运输执法队伍建设的新途径、新经验。

2)清理整顿执法队伍,完善执法人员管理制度

各级交通部门要进一步整顿交通运输执法队伍。开展交通运输执法队伍整顿工作,是加强交通运输执法队伍建设的重要任务之一,决不能开开会,讲讲话,发发文件了事,必须讲真的,来实的,动硬的,对于暴露出来的问题,必须认真查处,决不能姑息迁就。凡属弄虚作假或者不按规定的条件和程序进来的人,一经查实,都要坚决予以清退处理。对聘用从事交通行政执法的合同工、临时工,也要尽快调离执法岗位。录用交通行政执法人员要严格标准,公平竞争,择优录用,切实把好进人关。

要严格管理交通行政执法人员证件。凡未按部规定参加岗位培训的,不得发给交通行政执法证件;凡未持有全国统一的交通行政执法证件的,不得代表交通部门实施行政执法。要继续实行执法评议考核制。要采取各种有效措施,让人民群众参与评议,听取他们对交通行政执法状况的意见,把他们的评议意见作为考核交通行政执法人员的重要依据,把考核结果作为评定交通部门创建文明行业的重要内容。对执法思想端正、执法业务熟悉、执法行为规范、社会评议良好的执法人员要给予表彰奖励;对滥用职权、徇私枉法、欺压百姓的行政执法人员,必须坚决依法严肃处理并清理出交通运输执法队伍,决不能让少数"害群之马"败坏整个交通运输执法队伍的形象,损害党和政府的威信。各地区、各单位都要在认真总结实践经验的基础上,积极探索实行行政执法考核评议制的新路子,充分发挥这项制度在交通运输执法队伍建设中的作用。要不折不扣地全面落实国务院关于政府机关与所办经济实体彻底脱钩、对行政事业性收费和罚没收入实行"收支两条线"管理、对罚款实行"罚缴分离"制度等加强廉政建设的重大举措,从源头上、制度上防止和消除腐败。各级交通主管部门都不得向下级机关和行政执法人员下达罚款指标,不得设"小金库",坚决清除行政执法中的消极腐败现象。坚决杜绝"批条子"、"开口子"、以权谋私、徇私枉法的现象。

3)全面推行执法责任制,落实到位

要在全国交通系统进一步全面实行行政执法责任制。一是要认真清理现行的交通法律、法规和规章,界定行政执法的主体和主要执法职责。二是要明确交通部门和交通行政执法人

员的责任,尤其是要明确交通部门负责人的责任。三是要通过签订执法责任书的形式,明确责任目标,层层分解责任,具体落实到基层单位,落实到人。四是要制定行政执法过错责任追究制度,明确追究主体、权限和方式。五是要依法追究行政执法过错责任。对由于故意或过失在交通行政执法活动中违反法律、行政法规和规章,作出违法或不当的具体行政行为,造成了错案或执法过错的执法人员要坚决追究责任,决不能姑息迁就。

推进行政执法责任制,要做到年初有部署,年中有检查,年底有考核,形成上下联动,整体推进的工作局面。各地区、各单位要制定具体实施方案,成立行政执法责任制工作领导小组,确定分管领导,加强宏观指导,保证行政执法责任的顺利推行。

4)完善工作机制,强化执法监督

宪法和法律、法规已经规定了许多对行政机关的监督制度。各级交通行政执法部门或执法机构要切实加强对系统内部的层级监督。各地区、各单位都要采取有效措施使各种内部监督制度有效地运作起来,充分发挥其作用。

要认真贯彻落实交通行政执法监督检查制度等有关规定,加强上级交通部门对下级交通部门的监督,加强各级交通部门对交通行政执法人员的监督。交通行政执法监督要以监督行政许可和行政处罚行为为重点。其中,监督行政处罚行为是重中之重。要抓住实施处罚的主体、依据、程序、文书、结果是否合法等问题,加强监督检查,使交通行政处罚行为严格依法进行。所有交通部门和交通行政执法人员都要自觉接受人民群众的监督。要大力推行执法公示制,做到"六个公示",即执法主体公示;执法依据公示;执法程序公示;执法结果公示;执法监督公示;当事人权利公示。通过社会监督和人民群众的监督,促进交通行政执法人员执法水平的提高。要认真做好行政复议工作。行政复议是行政系统自我纠错的一种重要监督制度。各级交通主管部门要按照《中华人民共和国行政复议法》的要求,建立健全行政复议机构,受理行政复议申请,及时纠正违法和不当的行政行为,不得"官官相护"。

同时,要自觉接受人大、政协及民主党派的民主监督;接受司法机关的司法监督;接受广大人民群众的社会监督;接受新闻单位的舆论监督;接受纪检、监察、审计部门的专项监督。

5)提高科技含量,创新执法手段

交通现代化离不开交通行政管理的现代化。随着交通基础设施条件的迅速改善和交通运输工具技术构成的提高,广大人民群众对交通行政管理和行政执法的现代化提出了相应的要求。目前,不仅交通运输执法队伍的自身素质不适应形势的要求,而且交通运输执法队伍的技术装备和执法手段与形势发展也不相适应。为了全面推进依法行政,各单位要重视对执法部门的资金和物质的投入,加强执法硬件建设,提高执法装备水平。要适度改善办公条件和办公环境,配备必要的执法专用车辆、办案工具和通信手段。要创新执法手段和方法,建立无线通信执法调度指挥网络、信息即时传递和处理系统、执法信息数据库和计算机联网系统,配置实施执法公示和执法监督的必要的多媒体触摸屏、大屏幕显示屏等。不断提高交通行政执法工作的科技含量,提高执法人员快速反应和处理紧急突发事件的能力,提高全社会和人民群众对交通行政执法的满意程度,从而全面提高交通行政执法工作的质量、水平和效率。

6)依靠发动群众,创建文明行业

交通行政执法单位要结合依法行政的实际,从基础管理入手,建立创建文明行业的工作机制:要有责权明确的领导责任制度;有实事求是的创建规划和工作目标;有文明创建标准体系;有切实可行的活动措施和监督制约机制。

交通行政执法单位创建文明行业要抓住工作重点,解决人民群众关心的突出问题。一要突出抓好执法"窗口"单位建设,把"服务人民、奉献社会"落实到"窗口"单位执法工作中,改善服务态度,纠正行业不正之风,提高文明程度;二要突出把创建活动贯穿于国企改革与发展工作中,通过加强行业管理工作,提供服务和保障,为国企改革和发展创造良好的外部环境;三要突出把创建活动与培育和发展交通运输和建设市场紧密结合,大力整顿交通市场秩序,加强对交通运输安全和交通工程质量的管理和监督,推动建立和完善统一、开放、竞争、有序的交通运输和建设市场。

要在交通行政执法单位大力开展文明示范"窗口"、青年文明号、青年岗位能手、行风社会评议等群众性的文明创建活动,不断提高行业文明程度。

7)加强对交通运输执法队伍建设的领导

各级交通主管部门要高度重视交通运输执法队伍建设,切实加强对交通运输执法队伍建设的领导。一是要把交通运输执法队伍建设作为事关全局、事关长远的一件大事,认真抓好落实。各单位的党政主要负责同志作为交通运输执法队伍建设工作的第一责任人,要定期研究交通运输执法队伍建设工作中的重大问题,落实交通运输执法队伍建设的具体措施,切实加强对交通运输执法队伍建设工作的领导和监督。二是要制定加强交通运输执法队伍建设的规划、措施和实施意见,结合结构改革,调整和优化执法干部队伍结构,努力培养一支政治强、业务精、作风正的交通运输执法队伍。要对交通运输执法队伍建设给予财力、物力的必要保证。三是要建立行政执法监督组织,形成一支专兼结合的监督队伍,加强对交通运输执法队伍的监督。四是要建立健全交通法制工作机构。按照《全面推进依法行政实施纲要》精神,使政府法制机构的设置和人员配备与本地区、本部门法制建设任务(包括《中华人民共和国行政复议法》实施后所承担的行政复议任务)相适应,充分发挥法制机构在交通立法、普法、执法、执法监督、复议应诉和法律服务等方面的参谋、助手作用。

复习思考题

1. 法制的内涵是什么?
2. 交通运输法制建设的基本原则是什么?

3. 交通运输法制建设的总体要求是什么?

4. 交通运输法制建设的任务主要有哪些?

5. 交通运输法制建设的保障措施有哪些?

6. 交通运输执法形象建设的任务是什么?

7. 交通运输执法形象建设的主要内容有哪些?

8. 交通运输执法形象建设的主要工作有哪些?

9. 交通运输执法队伍建设的意义是什么?

10. 交通运输执法队伍建设的主要任务和措施分别是什么?

第8章 交通运输安全管理与应急保障

交通运输安全生产和应急体系是我国安全生产和应急体系重要的组成部分,是推动现代交通业发展的重要保障。随着我国经济社会的快速发展,公众对安全和应急的关注度和要求越来越高。加强交通运输安全管理与应急保障,是国民经济和社会发展的需要。

8.1 交通运输安全管理概述

8.1.1 安全管理的含义及体系

1)安全管理的含义

古希腊的一位哲学家曾说过:"人类的一半活动是在危机中度过的"。可见,人类为了更好的生存和发展,就必须学会处理危机,加强安全管理。安全管理应坚持:"安全第一、预防为主、综合治理"的理念。安全责任重于泰山。

安全管理是为了实现安全生产而组织和使用人力、物力和财力等各种资源的过程,他利用计划、指挥、协调、控制等管理机能,控制来自自然界的、机械的、物质的不安全因素和人的不安全行为,即事故的致因理论,避免发生事故,保障员工和公众的生命安全和健康,保证企业生产顺利进行和社会稳定。

预防事故是安全管理工作的核心,而预防事故最好的方式就是通过管理和技术手段的结合,消除事故隐患,控制人的行为保障安全,这也是"预防为主"的本质所在。

2)安全管理的体系

政府、企业、公民三位一体构成整个社会的安全管理体系。

政府作为安全监管主体主要职责是:制定政策法规,标准规范,应急救助预案,并监督执行,加大公共安全设施的投入,对社会公民进行安全方面的宣传教育。

企业作为安全责任主体主要职责是:执行国家有关的政策法规,加强员工的安全教育培训,加强组织制度建设,抓好两大安全关键因素:"生产者","生产设施、设备"。

社会公民的主要职责是:学习安全知识,树立安全意识,自觉遵守规定。

8.1.2 交通运输安全管理的目标

交通运输安全生产工作要牢固树立安全发展的理念,始终坚持"安全第一、预防为主、综合治理”的方针，围绕建设便捷、安全、高效的现代交通运输业的目标，以落实安全生产责任为主线，以加强基础基层建设为重点，以解决存在的突出问题为抓手，努力构建“政府统一领导、部门依法监管、企业全面负责、群众参与监督、社会广泛支持”的安全生产工作格局，确保交通运输安全生产形势持续稳定好转。

交通运输安全管理的总体目标是：努力实现“五化、三降、一保”的目标，为建设便捷、安全、高效的交通运输事业提供可靠的保障。

“五化”即：管理规范化、监管法制化、手段现代化、人员专业化、应急高效化；

“三降”即：单位运量的事故件数、伤亡人数、事故损失稳步下降；

“一保”即：确保实现交通运输安全生产和应急体系建设发展规划的各项目标。

8.1.3 交通运输安全管理体系建设

交通运输安全管理体系建设，就是要构建组织健全、职责明确、装备精良、监管有力、运转高效、反应快捷的交通运输安全生产和应急体系，为经济社会发展提供有效的交通运输保障。交通运输安全管理体系建设应重点要抓好以下六个方面的工作：

1）高度重视，进一步增强责任感和使命感

交通运输是国民经济和社会发展的重要基础行业，涉及我国经济社会发展的方方面面。而安全生产是确保交通运输健康发展的重要前提，贯穿于交通运输事业的发展始终，贯穿于构建综合运输体系的全过程，它直接关系到人民群众的安全便捷舒适出行，直接关系到国家重要战略物资和人民群众基本生活资料的安全运输。

因此，一定要时时刻刻绷紧安全这根弦，以高度负责的责任感，把保障安全作为第一目标，切实做到思想上不能有丝毫懈怠、工作上万无一失。

2）强化落实，构建严密的安全责任体系

要严格落实“两个主体责任”，各级交通运输部门要全面履行安全监管的主体责任，进一步夯实安全发展基础，依法强化安全监管，切实提高安全监管水平；要认真督促企业正确处理安全与发展、安全与效益之间的关系，严格执行各项安全生产规章制度和操作规程，不断改善安全生产条件，切实把安全生产主体责任落到实处。

要严格落实全员安全责任制，进一步建立健全各级交通运输管理部门和企业的安全责任链，做到安全责任分解到部门、细化到岗位、落实到个人，特别要落实“一把手”第一责任人的责任，其他人员实行“一岗双责”。要建立安全生产责任考核和责任追究制度，加大考核和责任追究力度，对在安全生产工作中有失职渎职行为的，要按照有关规定加大问责力度；对发生事故的，要严格按照“四不放过”的原则，进行严肃的处理。国家对发生事故后的“四不放过”处理原则，其具体内容是：①事故原因未查清不放过；②事故责任人未受到处理不放过；③事故责任人和周围群众没有受到教育不放过；④事故没有制订切实可行的整改措施不放过。

3)加大投入,不断提高安全保障硬实力

各级交通运输主管部门要积极争取政府和相关部门的支持,加大对安全生产和应急人力、物力、财力的投入,重点加强站场等安全基础设施建设。

要鼓励和引导企业加大安全生产投入,提高运输工具和施工装备的安全技术水平,改善安全生产条件,加强人员的安全技能培训投入,进一步促进企业安全发展。

4)强化服务,大力提升安全保障软实力

要加快安全生产和应急相关法规的制订修订工作,强化安全生产技术规程、管理制度的建设,完善相关标准规范和应急预案,继续推进企业和从业人员诚信体系建设。要加快构建本质安全型行业、部门和企业,特别是要把安全文化建设作为提升交通运输安全保障软实力的重要内容。

要进一步健全部、省、市、县四级安全生产和应急管理体制,推进乡镇交通运输安全监管机构和人员设置;各交通运输企业要按照安全生产准入标准,设立安全生产和应急管理的机构和专职人员。

要加强与相关部门、军队、武警的沟通协作,建立健全安全生产和应急协调机制。

要大力提升安全服务能力和水平,进一步强化交通运输安全与应急科研工作,加快建设交通运输安全生产和应急综合信息系统,加强重点营运车辆和治超系统的联网联控,不断完善城市公交智能调度和出租车管理信息系统,积极推进全程动态监管信息系统建设,全面提高交通运输安全生产和应急管理现代化水平。

5)突出重点,进一步加大安全监管力度

要适应综合运输体系发展需要,不断创新安全管理模式,进一步扩大安全监管覆盖面,依法加大安全监管的力度,规范执法监管行为,确保安全监管扎实有效、落到实处。

要强化城市客运及轨道运输的安全管理,提升安全应急保障水平。

要强化重点时段、重点地区、重点领域、重点环节的安全监管,加强对客运和危险品运输企业、运输工具、从业人员、站场的源头管理和全程动态监管,继续严厉打击车船非法载人、营运客车超速超员、非法夹带和从事危险品运输的行为,进一步加强与有关部门和区域间的协调配合,加大联合执法力度,大力整顿车辆超限超载和低质量船舶;继续深入开展安全隐患排查和治理,对重大隐患实行挂牌督办;继续推进“平安工地”建设,切实抓好重大桥隧施工的风险评估和安全监管。

要强化非传统安全事件的有效应对,认真分析研判,有针对性地制定防范措施和预案,重点做好各类极端天气的预警预防、重大活动期间的交通运输安保等工作。

6)以人为本,切实加强队伍建设

要强化全员安全意识教育,特别是要加强一线重点岗位员工的安全意识教育。

要有计划、有步骤地加强各类人员的安全素质培训,提高专业知识和技能,凡新录用人员、转岗人员必须经过严格的专业培训合格后方能上岗;凡从事客运、危险品运输的驾驶员以及押运员必须经过交通运输主管部门培训合格后方能上岗。要按照“专兼结合、平急结合、军地结合”的原则,加强交通运输应急队伍建设。

8.2 交通运输企业安全生产管理

8.2.1 交通运输企业安全生产管理的内容

交通运输企业要严格执行有关安全生产方面的法律法规,全面落实安全生产的规章制度、标准规范和操作规程,要严把安全生产的每个过程、每个环节,做到安全生产。

1)提高安全意识

安全意识是企业管理和经济效益的源泉,提高安全意识,企业的安全管理水平将会有大幅度的提高,安全生产也就会从根本上得到保障。

2)落实安全责任

指安全责任重点在落实。安全责任制的落实应从组织机构、岗位职责、责任书签订等三个方面着手:一方面,建立组织机构。企业安全生产的重要条件是建立健全领导小组,由企业一把手负总则,亲自抓。安全领导小组成员应具备的条件是掌握法律法规知识、业务能力高、整治素质好、事业心和责任心强、刻苦实干等条件的人员,这样从组织上有力保障安全。另一方面,明确岗位职责。企业安全管理分管领导、安全部门职工、班组成员及其他工作人员,明确各自的岗位和职责,岗位和职责的设置应涵盖所有运输生产环节的安全生产要求,做到安全工作落实有渠道、执行有部门、监督有力度、职责到个人、避免推诿、扯皮现象。第三方面,签订责任书。安全责任落实形式上是签订责任书,实质上是监督管理考核的量化指标。交通运输企业在签订责任书时,企业、分公司、承包者、企业各部门、班组、管理人员及驾乘人员之间,应逐级签订安全生产责任书,做到横向到边,纵向到底,不留死角。

3)完善规章制度

要对本企业所有的技术规程、管理制度、安全要求、岗位职责等制度建设,进行全面彻底的检查、清理,及时废除不适用的,加快建立健全符合实际、可操作性强、规范完备的规章制度,要让每一位员工做到守法规、重安全、懂程序,严格履行岗位职责、严格执行安全操作规程。

4)消除事故隐患

要突出抓好重大事故隐患的排查治理,实行挂牌督办。对于严重威胁安全生产的事故隐患,要坚决停产整改,并保证整改资金投入,确保隐患整改及时到位。对于不按要求、不及时整改的单位和责任人,要按有关规定,从重从严处理。

5）强化服务和指导

要强化内部安全生产全过程的跟踪，及时制定针对性的指导措施，及时为班组、站场等一线员工提供技术支持和信息服务。要下大力气解决一线员工的安全生产条件，关心他们的生产生活，解决后顾之忧。在安全管理上，要真抓、敢管，对于不称职、不主动作为的领导和管理者要坚决撤职；对于不适岗或有思想情绪的员工，要坚决调离岗位。在管理企业过程中，有关监管部门应及时向发生事故或存在重大事故隐患企业的上级主管部门通报情况，提出企业相关人员的行政处理和责任追究意见提出企业相关责任人的行政处理和责任追究意见。

6）建立企业安全生产内部督查机制

要明确专门的督查部门，对企业各项安全生产工作落实情况进行督查，包括：法律法规贯彻情况、安全责任落实情况、规章制度执行情况、技术措施实施情况、安全隐患治理情况、安全事故处理情况等，并将督查情况与企业内部绩效考核密切挂钩，对于督查和考核不合格的，要从严处理。对于发生安全生产事故的单位和责任人，要按照“四不放过”的原则，严肃查处。

7）强化信息共享

交通运输企业的安全管理是一种动态管理，及时收集掌握各类信息，实现信息互通与共享十分重要。如：雨、雪、雾、风天气、施工、滑坡、损坏路阻、竣工通车时间等客观状况；节假日加班计划、车辆调派、班次变更、人员调整等管理决定；隐患路口路段、交叉口事故频发地段等危险因素分布情况，企业应及时掌握，采用各种途径通报给各级相关人员，使其充分提高防范意识，做好应对准备，确保运输安全生产运行各环节顺利进行。

8.2.2　交通运输从业人员安全生产管理

1）把好最严格的用人关

人是安全生产最重要的因素，各部门、各单位必须坚决把好用人关。这里，强调三个重点：一是要把好一线关键岗位的使用关。建立科学合理的一线关键岗位用人制度，在使用前要对思想情绪、操作技能、管理水平等进行全面考查考核，凡不合格的一律不得上岗，当前要重点突出对高级船员、特种作业人员、农民工的使用把关。二是要把好班组长用人关。班组长是现场安全的组织者，也是现场安全的管理者，担负着现场生产、组织安全管理双重责任。因此，各单位一定要选择责任心强、思想素质好、技术过硬、管理协调能力强的人员担任班组长。三是要把好一线监管人员用人关。一线监管人员是进行安全生产把关的第一道防线，各部门一定要选择执行能力强、敢于管理、甘于奉献的人员从事一线监管工作。

2）强化教育学习

交通运输企业要通过开展各种形式的教育、学习活动，有效的提高安全管理人员、从业人员的安全意识和业务技术水平，构建良好的安全基础。

8.2.3 交通运输设施、设备安全生产管理

完善硬件设施。交通运输企业的硬件设施包括车辆、场地、检测设备、电子控制系统等，是安全运输生产的基础。企业应落实安全专项基金，实行专款专用，加大安全投入，完善硬件设施。

8.3 交通运输安全生产监督管理

8.3.1 交通运输安全生产监督管理的原则

交通运输安全生产监督管理，实行“属地管理与分级管理相结合，以属地管理为主”和“谁主管、谁负责”、“谁审批，谁负责”、“管业务必须管安全”的原则。交通运输安全生产监督管理实行“一岗双责”。各级交通运输主管部门及直属有关部门的主要负责人是其职责范围内安全生产工作的第一责任人，对安全生产工作负全面领导责任；分管安全生产工作的负责人对安全生产工作负综合监管领导责任；其他负责人对所分管业务工作范围内的安全生产工作负直接领导责任。

8.3.2 交通运输安全生产监督管理的职责

各级交通主管部门安全生产监督管理的主要职责是：

(1)宣传贯彻执行国家安全生产法律、法规和方针、政策，制定并组织实施本地区本单位安全生产中长期发展规划和年度计划，研究制定交通运输安全生产事故防范措施；

(2)依法履行交通运输安全生产管理职责，对涉及安全生产的事项实施行政许可和监督管理，落实安全生产一岗双责制、目标管理责任制、考核奖惩制和事故问责制；

(3)按照职责对生产经营单位执行安全生产法律、法规情况进行监督检查，督促、指导生产经营单位建立健全和落实安全生产责任制，建立企业安全生产状况评估评价、事故隐患排查治理、现场安全监督检查和重大危险源安全监管等制度；

(4)加强安全生产和应急体系建设，建立健全安全的生产监督管理和应急管理机构，落实安全生产专项资金，加大对安全设施、安全装备、隐患治理的投入，加强安全生产监管能力建设和基层基础工作，制定和完善事故应急救援与预案，定期组织应急救援演练；

(5)定期分析本辖区交通运输安全生产形势，组织开展安全生产综合检查和专项检查，及时协调解决安全生产的有关问题，消除各类事故隐患；

(6)依照有关规定向上级交通运输部门和当地政府及安全生产监督管理部门及时报送事故信息，参与事故调查，落实事故处理有关决定；

(7)履行法律、法规和本级人民政府规定的交通运输安全生产监督管理相关职责。

8.3.3　交通运输安全生产监督管理的保障措施

1)建立健全安全生产监督管理机构

其是指各级交通运输主管部门及直属有关部门应当成立安全生产委员会,研究部署、指导协调和督促检查本单位的安全生产监督管理工作,设立专门安全监督管理部门具体承担安全委员会办公室职责,负有安全生产监督管理职责的有关部门在安委会领导下各自依法履行监管职责。各级安委办配备的人员、装备、经费应当满足综合监管的工作需要。

2)落实安全生产定期研究报告制度

其是指各级交通运输主管部门及直属有关部门必须认真贯彻落实上级主管部门及其安委会作出的安全生产工作部署,定期向上级主管部门及其安委会报告安全生产工作情况,每年年底提交安全生产工作报告。各级安委会应当依照有关行政法规定期召开安全生产专题会议,在各重点时段定期组织开展综合性安全生产大检查,并将研究部署和监督检查情况向上级安委会报告。

3)健全完善安全生产目标管理制度

其是指各级交通运输主管部门及直属有关部门要对下级有关单位进行年度考核。考核内容主要包括安全生产指标控制情况、安全生产和应急体系建设情况、安全机构、人员、经费落实情况、安全法律、法规、规章、制度和工作部署执行情况、企业安全管理情况、现场安全监督情况、隐患排查治理情况、责任事故追究和安全整顿情况、安全教育、培训、宣传情况、安全管理长效机制建设情况等。有关单位应当进行逐级分解,层层落实,分级建立年度安全生产目标管理控制体系。

4)严格实行安全生产一票否决制

其是指对发生一次死亡10人及以上重特大安全生产事故的单位,取消责任单位和监管责任部门参与当年交通系统各类综合性先进单位评比奖励资格,取消该单位和部门安全生产责任人参与当年先进(优秀)个人评比奖励和晋升资格。对突破年度安全生产控制考核指标的单位,取消责任单位和监管责任单位参与当年交通安全生产先进单位评比奖励资格。

5)建立安全生产事故约谈、述职检查和督导制度

其是指凡年度内发生一次死亡10人及以上重特大安全生产事的,责任单位、主管部门和监管责任部门主要负责人应向上级主管部门写出书面检查、进行约谈和述职,由上级有关部门对其进行安全整顿督导。

6)健全完善日常现场安全监督管理制度

其是指各有关部门应当根据安全管理基本规范、标准和制度,加强日常管理和现场监督,监督检查应当保证达到规定的频率和要求;对检查中发现的安全隐患要制定整改方案,明确责

任人员、整改措施和整改期限,督促其进行整改。对重大安全隐患的整改实施挂牌督办,并建立重大危险源监控制度,采取有效的防范和监控措施。对拒不执行隐患整改指令或整改后仍达不到要求的,有关部门应当依法及时采取措施,进行查处。

7)建立健全安全生产事故报告、通报、预警制度

其是指各有关部门应当按照有关规定向上级报告安全生产事故信息、突发事件应急处置信息、安全隐患排查治理情况等,不得迟报、瞒报、漏报。对发生的安全生产事故或者重大安全隐患,应当及时予以通报,引以为鉴。对事故多发、事故死亡人数上升、超过进度控制目标、安全生产工作没有及时部署落实、重大安全隐患没有在限期内整改到位、重大安全生产违法行为没有依法进行查处、事故责任追究不落实的,应当进行预警通报,同时抄报当地政府和上级主管部门。上级主管部门应当对事故上报、处置和整改情况定期进行通报。

8)建立健全安全生产隐患和安全生产违法行为举报受理和查处制度

其是指设立并公开举报电话、电子邮箱或其他举报平台,建立健全举报台账,规范受理处置程序。对受理的举报事项,要认真组织调查核实,并按规定处理。有关部门应当为举报者保密。

9)切实加强生产安全事故应急救援队伍建设

其是指根据事故等级及时启动相应的应急救援预案,组织开展事故救援工作,协调解决事故应急救援、善后处理中遇到的重大问题,并向上级主管部门及时报告应急救援进展情况。

10)严格安全生产问责制和责任追究制

其是指对发生安全生产事故或者迟报、瞒报、漏报事故信息造成严重影响的,按照《生产安全事故报告和调查处理条例》的规定和“四不放过”的原则,查清原因,严肃追究有关人员责任。

8.4 交通运输应急保障体系建设

8.4.1 应急保障体系建设的基本原则

交通运输应急保障体系建设,要依照《中华人民共和国突发事件应对法》的有关要求,以科学发展观为统领,以深入落实“三个服务”、建立现代交通运输业为根本要求,以保障人民生命财产安全、维护社会和谐稳定为核心,从加强应急队伍和应急管理资源等基础性建设抓手,进一步建立和完善交通运输应急组织体系和运行机制,为有效应对和及时处置各类突发事件、促进国民经济又好又快发展提供强有力的交通运输保障。

应急保障体系建设的基本原则是:政府主导,交通为主,部门配合;属地管理,条块结合,全国联动;平战结合,快速反应,有序运转;依法征用,统一调度,合理补偿。

8.4.2 应急保障体系建设的要求

全面提高我国交通运输应对突发事件的能力,是贯彻落实科学发展观,构建和谐社会,保

护人民群众生命财产安全，维护正常社会秩序，履行政府职能、提高政府行政能力的根本要求。

我国是一个自然灾害发生频繁的国家，时常会遭受洪涝、台风、冰雹、地震等自然灾害的袭击。同时伴随着经济的发展和社会的转型，我国进入了突发公共事件的高发期，自然灾害、事故灾难、公共卫生事件和社会安全事件等突发事件的发生将呈上升趋势。交通运输应急保障任务更加繁重和艰巨。

与突发事件的多发性和多样性相适应，应急运输保障的范围将逐渐扩大，涉及自然灾害、社会危机、重大疫情、运输事故、公共事件、重要时段运输、重点物资运输等方面，与此同时，应急运输保障的复杂程度、风险程度和保障难度均不断加大。与新的形势和需求相适应，交通运输应急管理也将逐步发生深刻变革，实现以下几个方面的转变。

1）由“事后处置”向“全过程、循环型”转变

随着灾害和应急事件的增多，传统的“事后处置型”模式已不能满足应急运输管理的需要，必须增强主动性、整体性、计划性和动态性，从应急事件的“全生命发展周期”出发，建立从前期预防到后期评估的“全过程、循环型”管理，对突发公共事件实行事前——预防与监测、事中——应急处置与救援以及事后——恢复与重建相结合的具有连续性的动态管理，将突发事件所造成的损失减至最低限度，甚至消除突发事件于萌芽状态。这种转变符合灾害经济学中的“十分之一”法则，即在灾前投入“一分”资金用于灾害的防范，通过降低灾难发生的概率或者避免灾难的发生，人类可以降低“十分”的损失。突发事件的根源在于各种各样的风险，在全过程管理基础上，应急管理工作逐步从侧重对突发事件的管理到对事件和风险并重的管理转变，通过风险分析、风险评估及其有效处置，从根本上防止和减少风险源以及致灾因子的产生，满足风险管理工作“超前预防”的目的，在此基础上实现常态管理与非常态管理的有机结合，从根本上减少突发事件发生的根源。

2）由临时性向常设性、专业化转变

临时性交通运输应急指挥机构虽然具有统一指挥和协调的特征，但在启动时机、运作成本等方面也存在一些问题，也无法有效组织各部门开展日常的预防准备、培训演练、宣传教育等基础性工作。随着应急管理体制初步建立，交通运输应急管理逐步由临时性机构向常设性机构转变，逐步在交通运输部和地方交通运输管理部门设立综合性应急管理机构，建立和完善统一领导、综合协调、分级负责、属地管理，条块结合，全国联动的应急管理体系和完整的应急管理组织指挥机构体系。另一方面，为满足日前增多的应急运输任务，提高应急运输保障能力，交通运输应急队伍将向着交通运输应急与国防交通应急相结合，专业运输企业、非政府组织等社会力量与专业应集队伍相结合，日常运营与应急运输相结合的“专群结合、军地结合、平战结合”的应急队伍发展和转变。

3）由“政府独揽”型向“共同治理”型转变

在以往相对封闭的体制下，应急管理更多强调的是政府的主导地位，对社会参与涉及不

多，这种应急管理在处理具有可预期性和可分析性的常规事件时，能够实现其高效、准确的目的。随着社会发展的更加开放和多元，面对更具不确定性、复杂性、多样性、突发性和扩散性的突发事件，应急管理工作也越来越强调多元社会的开放式广泛参与。政府体系外的社会力量不仅是政府的重要信息来源，也是政府应急管理的重要力量。将来的应急管理将形成由政府、企事业单位、非政府组织、志愿者、公民个体等共同构成的治理网络，建立政府、企业、社会组织等多元主体之间平等交流、协商合作的互动机制，让社会个体、各类非政府组织、国际性和区域性组织同政府打破界限，进行跨领域、跨部门、跨地区乃至全球性的良性合作，真正形成全社会共同参与的新型应急管理工作格局，共同来预防和处置突发事件，提高决策和反应的灵活性和有效性。

4）由非程序化向制度化、常态化转变

根据经验，人均 GDP 2 000 美元以下的社会处于低水平的稳态社会，政府的主要任务是发展经济，其管理以常规业务为主，辅以应急业务。人均 GDP 在 2 000 ~ 6 000 美元之间，社会进入非稳态社会，政府在发展经济的同时，还必须着力化解社会矛盾，其管理是常规业务和应急业务并重。人均 GDP 高于 6 000 美元，是高水平的稳态社会，政府主要任务是预防社会矛盾，引导经济发展，其管理以应急业务为主，辅以常规业务。目前，我国人均 GDP 已超过 3 000 美元，在一定阶段，我国经济社会仍下于非稳态社会，应急管理将逐渐成为政府的主要工作，应急管理将步入常态化和制度化阶段，应急管理将更加强调采取各种制度化、程序化的方式，将危机状态下的政府行为纳入法治的范围，使政府的紧急权力接受法律的约束和规定，从而实现应急管理工作的规范化、法制化。

8.5　交通运输突发事件应急保障管理

8.5.1　突发事件的分类及应急保障管理职责

1）交通运输突发事件的内涵及分类

交通运输突发事件，是指突然发生，造成或可能造成严重社会危害，需要采取应急处置措施予以应对的涉及交通运输的自然灾害、事故灾难、公共卫生和社会安全等事件。

交通运输突发事件按照社会危害程度、影响范围等因素，分为特别重大、重大、较大、一般四级。具体分级标准参照国务院制定的分级标准，结合交通运输实际，在各类交通运输突发事件应急预案中具体确定。

2）交通运输突发事件应急保障管理职责

其是指在各级人民政府的领导下，按照属地管理为主的原则，建立起统一领导、分级负责、分类管理、协调联动的交通运输应急管理体制。

国家交通运输主管部门负责指导全国交通运输突发事件应急管理工作。

各级交通运输管理部门按照职责分工负责辖区交通运输应急管理和突发事件应急处置工作,并指导下级交通运输行政管理部门、交通运输企业开展应急管理工作。

各级交通运输管理部门和交通运输企业的应急管理机构,负责日常应急管理工作。

交通运输管理部门应当会同有关部门建立应急联动协作机制,共同加强交通运输突发事件应急处置。

交通运输管理部门应当根据交通运输突发事件应急处置的实际需要,建立跨区域协作机制,协同应对超越管辖区域的交通运输突发事件。

8.5.2　交通运输突发事件应急保障的准备

1)编制应急预案

交通运输管理部门和交通运输企业应当根据职责分工、经营范围建立突发事件应急预案体系,编制应急预案和专项应急预案(以下简称应急预案)。

应急预案应当根据有关法律法规和规章,针对交通运输突发事件的性质、特点和可能造成的社会危害,明确突发事件应急处置工作的组织指挥体系及职责、预防与预警、应急程序及处置措施、恢复与重建、应急保障、培训与演练等方面的具体措施。

应急预案编制部门应当组织专家对应急预案进行评审;涉及相关部门职能或需要有关部门配合的,应当征询有关部门意见。

交通运输管理部门应急预案由本部门发布,涉及相关部门职能或需要有关部门配合应当报本级人民政府审核后发布。

交通运输企业应急预案由本单位发布。

交通运输管理部门应急预案应当报上级交通运输管理部门和本级人民政府备案;交通运输企业应急预案应当报交通运输管理部门备案。

交通运输管理部门应急预案应当与上级部门应急预案和同级政府相关预案保持衔接。交通运输企业应急预案应当与交通运输管理部门的相关应急预案保持衔接。

交通运输管理部门、交通运输企业应当根据实际需要和情势变化,适时修订应急预案。

2)应急储备保障

交通运输管理部门应当建立应急物资储备保障体系,完善重要应急设备和物资储备、调拨、配送、维护和管理制度。

交通运输部统筹规划国家级交通运输突发事件应急处置装备和物资储备基地。地方各级交通运输管理部门统筹规划辖区应急处置装备和物资储备基地,并纳入当地人民政府规划体系。

交通运输管理部门、交通运输企业应当根据应急需求,储备应急物资和运力,配备应急装备,满足突发事件应急处置需要。

应急物资和运力储备、装备配备实行逐级报备制度,交通运输企业应当向交通运输管理部门报备,下级交通运输部门应当向上级报备。

3)应急队伍建设

交通运输管理部门根据交通运输突发事件应急处置需要,统筹规划交通运输应急队伍建设。交通运输企业应根据自身实际,建立与企业突发事件应急处置实际需要相适应的应急队伍,并报交通运输管理部门备案。

交通运输应急队伍可以采取专职与兼职相结合的方式,根据应急处置需要鼓励和接受志愿者参与。交通运输应急队伍应当建立与其他专业应急队伍的联合协作机制,加强联合演练,提高协同应急能力。

交通运输管理部门、交通运输企业应为所属专业应急人员购买人身意外伤害保险,配备必要的防护装备和器材,减少应急救援人员人身风险。

根据交通运输突发事件应急处置工作需要,各级交通运输管理部门应聘请有关专家组成专家组,为交通运输应急管理和突发事件应急处置工作提供咨询、建议。

交通运输管理部门、交通运输企业应建立健全交通运输突发事件应急培训制度,制订年度应急培训计划,组织开展应急培训工作。

交通运输管理部门、交通运输企业应根据本地区、本单位突发事件类型和特点,制订年度应急演练计划,组织开展应急演练,并对演练进行评估。

交通运输政管理部门应采取措施鼓励、扶持开展交通运输应急科学技术研究和创新,加大对交通运输应急救援新成果、新技术、新设备、新工具的推广力度,依靠科技提高交通运输应急处置水平。

交通运输管理部门应当根据交通运输突发事件发生发展趋势,编制应急基本建设规划,统筹规划应急基地建设、装备配备、物资储备等项目,并报本级人民政府批准,按年度实施。

交通运输管理部门应当设立应急专项资金,编列应急资金年度预算,纳入本级人民政府财政预算;交通运输企业应当安排应急专项经费,保障应急工作正常开展。交通运输管理部门应急专项资金和交通运输企业的应急专项经费主要用于应急预案编制及修订、应急培训和演练以及日常应急管理等方面的资金支持。

8.5.3 交通运输突发事件的预防与预警

1)交通运输突发事件的预防

各级交通运输管理部门应当建立交通运输突发事件风险趋势分析机制,对可能发生的突发事件进行综合性分析,有针对性的采取预防措施。

各级交通运输部门根据职责分工负责管辖范围内的交通运输突发事件风险源管理工作，对风险源、危险区域进行调查、登记、评估，并责令有关单位定期进行检查、监控，采取安全防范措施。交通运输企业应当组织开展企业内各类突发事件风险源辨识、评估工作；采取相应安全防范措施，加强风险源监控与管理，并按规定及时向交通运输管理部门和当地人民政府报告。

交通运输管理部门、交通运输企业应当根据交通运输突发事件的种类和特点，配备必要的监测设备、设施和人员，对突发事件易发区域、事故高发点加强监测。

2）交通运输突发事件的预警

交通运输管理部门应当完善交通运输突发事件信息管理系统，开展交通运输突发事件信息的收集、报告、统计、分析、评估等工作。

交通运输管理部门应当与有关部门建立信息共享机制，及时获取与交通运输有关的突发事件预警信息。

交通运输管理部门、交通运输企业应当建立突发事件信息报告制度，对突发事件的信息的内容、时限、要素、格式报送程序、处理流程作出具体规定。

各级交通运输管理部门获取交通运输突发事件信息后应当及时进行汇总分析，必要时会同相关部门组织专业技术人员、专家进行会商，对突发事件的危害程度、影响范围等进行评估，研究确定应急处置措施。

可预警的交通运输突发事件由高到低划分为一级、二级、三级和四级，分别用红色、橙色、黄色和蓝色表示。预警级别的划分标准参照国务院制定的分级标准，结合交通运输实际，在各类交通运输突发事件应急预案中具体确定。

对各级人民政府和有关部门发布的可能影响交通运输的预警信息，交通运输管理部门应当及时向交通运输行业发布。可预警的交通运输突发事件即将发生时，交通运输管理部门应当按照规定的权限和程序，根据影响范围及时向交通运输行业和社会发布相应级别的预警信息。预警内容应包括：事件可能发生的地点、时间及延续期、可能造成的危害和影响、提醒社会公众应采取的规避措施等。

进入预警期后，事发地交通运输管理部门应采取下列措施：

（1）启动应急预案，宣布进入相应级别的应急响应；

（2）加强对突发事件发生、发展情况的跟踪监测，加强值班和信息报告；

（3）发布预测信息和分析评估结果；

（4）通过当地政府或专门机构发布危害警告，宣传避免、减轻危害的常识，提出采取特定措施避免或者减轻危害的建议、劝告，公布咨询电话，对信息报道工作进行管理；

（5）组织应急救援队伍和相关人员进入待命状态，调集应急处置所需的物资、设备、工具，准备疏运转移车辆，确保其处于良好状态；

(6)根据需要启动应急协作机制,加强与有关部门的协调沟通;

(7)加强对交通运输枢纽、重点场站、重点运输线路的安全保护和保卫;

(8)根据突发事件危害程度和上级指示,转移、疏散人员和重要财产,要求受影响区域的交通运输经营单位采取规避措施;

(9)法律、法规、规章规定的或者有关应急处置机构根据实际情况提出的其他必要的防护性、保护性措施。

交通运输管理部门应当根据事态发展,对预警信息随时调整直至解除,并相应调整预警级别和防范措施

8.5.4 交通运输突发事件应急处置

交通运输突发事件应急处置应在事发地人民政府的统一领导下进行,确保处置措施与事件造成危害的性质、程度和范围相适应,最大限度的保护社会公众利益。

交通运输突发事件发生后,事发地交通运输管理部门应当立即采取措施控制事态发展,启动相应级别的应急预案,在本级人民政府的领导下,组织、部署交通运输突发事件的应急处置工作。交通运输突发事件处置过程中,交通运输企业应当接受交通运输管理部门的组织、调度和指挥。

交通运输突发事件发生后,负责应急处置的交通运输管理部门要根据有关规定和实际需要,采取以下措施:

(1)组织搜寻、营救遇险人员,疏散、撤离受威胁人员和运输车船;

(2)对危险源和危险区域进行控制,设立警示标志;

(3)调集人员、物资、设备、工具,对突发事件造成影响进行消除,对受损的交通基础设施进行抢修、抢通或搭建临时性设施以满足交通运输正常运行需要;

(4)采取控制、防范措施,防止次生、衍生灾害发生;

(5)必要时请求本级人民政府和上级交通运输部门的帮助,协调有关部门,启动联合机制,联合开展应急处置;

(6)组织开展应急处置动员和自救互救;

(7)及时向上级和有关部门报告突发事件信息,报告事件情况和应急处置开展情况;

(8)按照有关规定,统一、准确、及时、客观的向社会和媒体发布应急处置信息;

(9)其他有利于控制、减轻和消除危害的必要措施。

交通运输突发事件超出事发地交通运输管理部门处置能力或管辖范围,应当采取以下措施:

(1)根据应急处置需要向上级交通运输管理部门请求启动更高级别的应急响应;

(2)请求上级交通运输管理部门协调突发事件发生地周边交通运输行政管理部门给予应

急处置支持；

(3) 请求上级交通运输管理部门派出现场工作组和专家、有关技术人员对应急处置给予指导；

(4)请求上级交通运输管理部门在资金、物资、设备设施、应急队伍等方面按照有关政策规定给予支持；

(5)按照已经建立的协作机制，协调有关部门参与应急处置。

发生突发事件导致大规模的旅客滞留、物资短缺，交通运输管理部门应根据各级人民政府或上级交通运输部门的指令，及时组织应急运力参与应急运输。

8.5.5　交通运输突发事件应急处置的终止善后

交通运输突发事件应急处置结束后，负责应急处置的交通运输管理部门应当及时宣布应急处置活动终止；同时采取或继续实施必要措施，防止次生、衍生灾害发生。

交通运输突发事件应急处置活动终止，负责应急处置的交通运输管理部门应当对处置工作进行评估，并向上级交通运输部门和本级人民政府报告。评估内容应包括处置的成效、存在的问题、改进的措施等内容。

对紧急调集、征用的有关单位及个人的设备、物资，在使用完毕或者突发事件应急工作结束后，应当及时返还、补偿。

交通运输管理部门应当根据国家的有关政策规定，积极开展救助、补偿、抚慰、抚恤、安置等善后工作，妥善解决因处置交通运输突发事件引发的矛盾和纠纷。

根据国家有关扶持遭受突发事件影响行业和地区发展的政策规定，交通运输管理部门要制定恢复重建计划并实施，组织对受损交通基础设施进行重建，或清理消除突发事件造成的破坏及影响。

复习思考题

1. 什么是安全管理的体系？
2. 交通运输安全管理的总体目标是什么？
3. 交通运输安全管理体系建设的主要内容是什么？
4. 交通运输企业安全生产管理的内容是什么？
5. 交通运输安全生产监督管理的原则是什么？
6. 交通运输安全生产监督管理的主要职责有哪些？
7. 交通运输安全生产监督管理的保障措施有哪些？
8. 交通运输应急保障体系建设的原则和要求分别是什么？

9. 交通运输突发事件的内涵是什么？如何分类？

10. 交通运输应急保障的准备包括哪些内容？

11. 如何做好交通运输突发事件的预防？

12. 如何做好交通运输突发事件的预警工作？

13. 如何做好交通运输突发事件应急保障的处置？

14. 如何做好交通运输突发事件应急的终止善后工作？

第3篇 道路运输市场管理

第9章 道路旅客运输管理

道路旅客运输是道路运输市场的重要组成部分,在国家整体客运市场中发挥着重要作用。加强道路旅客运输管理,对规范道路旅客运输经营活动,维护道路旅客运输市场秩序,保障道路旅客运输安全,保护旅客和经营者的合法权益,具有重要的意义。

9.1 道路旅客运输管理概述

9.1.1 道路旅客运输的含义

道路旅客运输,是指人们借助载客运输工具,通过道路使旅客发生空间位移的过程。道路客运以提供劳务的形式为旅客服务,是运输业向社会提供的一种社会产品,也是人们社会生活中发生的一种社会消费。这种生产和消费发生在同一过程。与其他客运方式相比,道路客运具有机动、灵活、方便、投资少、回收快、点多面广等特点。道路客运以满足旅客旅行需要为服务宗旨,对其服务质量的基本要求是:安全、便捷、舒适、经济。道路客运的特点和长处,决定了道路客运是人们最普遍采用的旅行方式,也成为旅客运输中的一种重要方式。衡量道路旅客运输社会劳动量的尺度,是道路旅客运输量,它包括客运量和旅客周转量,客运量的计量单位是"人次",旅客周转量的计量单位是"人公里"。

9.1.2 道路旅客运输的分类

道路旅客运输的分类按其不同的性质、特点有不同的分类方法。道路旅客运输按其运营方式和服务特点的不同分为道路班车客运、旅游客运、包车客运三种基本客运形式;按其运营速度和行驶道路的不同可分为普通道路客运、高速公路客运;按其运行区域不同又可分为省际客运、省内客运、区内客运和县内客运等。

9.1.3 道路班车客运管理

1)班车客运的含义

班车客运是指营运客车在城乡道路上按照固定的线路、时间、站点、班次运行的一种客运方式,包括直达班车客运和普通班车客运。加班车客运是班车客运的一种补充形式,在客运班车不能满足需要或者无法正常运营时,临时增加或者调配客车按客运班车的线路、站点运行。

2)班车客运线路的类型

班车客运的线路根据经营区域和营运线路长度分为以下四种类型:

一类客运班线:指地区所在地与地区所在地之间的客运班线或者营运线路长度在800公里以上的客运班线。

二类客运班线:指地区所在地与县之间的客运班线。

三类客运班线:指非毗邻县之间的客运班线。

四类客运班线:指毗邻县之间的客运班线或者县境内的客运班线。

地区所在地,是指设区的市、州、盟人民政府所在城市市区;县,包括县、旗、县级市和设区的市、州、盟下辖乡镇的区。县城城区与地区所在地城市市区相连或者重叠的,按起讫客运站所在地来确定班线起讫点所属的行政区域。

3)班车客运管理

班车客运管理主要是指道路运输管理机构对班车客运线路、站点及运行组织的管理。道路班车客运具有定线路、定班次、定站点的"三定"特点,是道路客运的最基本运输方式。客运线路管理是运政管理机构对班车客运管理的前期工作和有效手段。通过班车客运线路管理来确定客运班车的运行路径、班次及停驻站点等,使之能有效地实现班车客运的"三定"管理。

4)班车客运线路管理

客运线路指营业性客车的运行路径,以始发点、中间经过站点、到达点为路径界限。道路运政管理机构加强对班车客运线路管理必要性主要有以下几个方面:

(1)运力合理布局的需要。要求通过对班车客运班线的管理,充分考虑干支相连,网点结合,客运高峰与低峰期、平时与节假日、旺季与淡季期等的不同特点。实现线路、班次的统筹安排,投放运力合理布局,适应人民群众旅行乘车需要。

(2)方便旅客出行的需要。要求通过对班车客运线路的管理,使班车客运的站点、班次的安排有利于方便旅客购票,就近乘车;满足旅客对乘车线路班次和时间不同的要求,方便中转旅客的换乘。

(3)维护客运秩序的需要。要求通过对班车客运线路的管理,防止客运市场混乱,禁止乱开班次、乱设站点、擅自变更线路、变更时间,坚持班车客运的"三定"管理。

(4)加强宏观调控,提高经济效益的需要。要求通过对班车客运线路的管理,加强对客运线路和运力投放的宏观管理,制止运力投放的盲目性和不平衡性,防止干线上重复开班,缓解支线上运力不足,减少班车客运中载客量严重不均,实载率过低的不良现象,提高经营者的效益。

(5)安全生产、优质服务的需要。要求通过对班车客运线路的管理,可以防止因线路、班次的差异和旅客流量变化出现的严重超载、追争客源、停大站不停小站、拉远客不拉近客、中途甩客、随意涨价等不正当竞争手段,从而保障了旅客的生命财产安全. 提高了客运的服务质量。

9.1.4 包车客运管理

1)包车客运的含义及特点

包车客运是指以运送团体旅客为目的,将客车包租给用户安排使用,提供驾驶劳务,按照约定的起始地、目的地和路线行驶,按行驶里程或者包用时间计费并统一支付费用的一种客运方式。

包车客运按照其经营区域分为省际包车客运和省内包车客运,省内包车客运分为:市际包车客运、县际包车客运和县内包车客运。

包车客运与其他运营方式相比有以下特点:

(1)与班车客运相比接洽方式、开行线路、开车停车地点、开车停车时间、乘车对象、运费结算方式不同。包车客运不定时间、不定线路,是客运班车和旅游班车的补充。

(2)与出租汽车客运相比,在使用车型、要车方式、使用时间、行驶距离等方面不同。

(3)包车客运的需求不确定,随机性强。

(4)包车客运是一种附属的客运业务,一般由从事班车客运和旅游客运的企业承担。

2)包车客运的管理

道路运输管理机构对客运包车管理的具体要求是:

(1)包车客运一般由从事班车客运和旅游客运企业的备用车辆承担,车辆应大、中、小齐全。

(2)包车客运是以团体包车业务为主,一般是整车包租,不代替正常班车客运和旅游班车,中途不搭乘旅客。

(3)包车客运必须使用包车客票,不得使用其他客票,防止零散旅客用团体旅客名义包车,冲击班车客源。

(4)包车客运的用户和经营者应签订"包车预约书",对违约方应进行必要的处罚。

(5)包车在用户包租期间,要服从用户的合理安排,保证车辆正常使用,包车业务完成后应按规定结费。

(6)包车一律使用运政管理机构核发的包车线路标志牌,包车任务完成后要及时收回。经营者凭包车预约书到车籍地县及县以上运输管理机构申领包车线路标志牌。

(7)单程的去程包车回程载客和单程的回程包车必须得到回程客源所在地县及县以上运输管理机构核准。

9.1.5 旅游客运管理

1)旅游客运的含义及特点

旅游客运是指以运送旅游观光的旅客为目的,在旅游景区内运营或者其线路至少有一端在旅游景区(点)的一种客运方式。

旅游客运按照营运方式分为定线旅游客运和非定线旅游客运。定线旅游客运按照班车客运管理,非定线旅游客运按照包车客运管理。

旅游客运与班车客运和包车客运相比,其特点是:开行的线路一端是旅游区;服务对象是旅游者;多为往返包车,旅游班车的起点也是终点(如一日游、三日游等);以观光为主,中途停靠点和时间服从旅游计划的安排;车辆档次要求较高。

2)旅游客运的管理

旅游客运是道路旅客运输中的一种特殊运输方式,它具有道路旅客运输的一般特点,又具有地域性、季节性和客流不均衡性,服务对象对质量要求高等特点,同时还要满足旅游、观光、中途停顿游览的特殊要求。道路运政管理机构应与旅游管理部门共同管好旅游客运,具体要求是:

(1)从事旅游客运的业户必须符合旅客运输业开业标准的要求,承担涉外旅游客运的应按有关规定审批,从事班车客运的业户经批准也可承担旅游客运。旅游班车客运应按班车客运线路审批程序办理。

(2)从事旅游客运的车辆必须符合国家有关的技术标准,技术状况等级应为一级,车型为中、高档客车,并悬挂有运政管理部门核发的旅游客运标志牌。

(3)旅游班车选公告的线路行驶、停靠,并应保证乘客有足够的游览时间。旅游客车不得沿途揽客。旅游客车承接包车客运业务,应按包车有关规定办理。

(4)旅游客运的驾驶员和导游员应熟悉旅游知识、着装整齐佩带服务证,热情服务,并保持车辆清洁,做好旅游行程的安全. 车上应备有饮水、常用药品。

(5)旅游客运的车站和业户,应设有旅游区域线路图,旅游名胜简介,公布旅游班次、车型、周期、票价、服务项目、食宿地点和食宿标准等。

(6)道路运政管理机构对旅游客运的客源、运力配置、业务调度、站点布置等应进行有效的监督管理,做好旅游客运业户和线路的审批工作,做好旅游客运与班车客运的平衡、协调工作。加强对旅游客运的服务质量、价格和经营行为的监督检查。

9.2 道路旅客运输经营许可管理

9.2.1 道路旅客运输经营的条件

申请从事道路客运经营的,应当具备下列条件。

1)有与其经营业务相适应并经检测合格的客车

(1)客车技术要求

①其技术性能符合国家标准《营运车辆综合性能要求和检验方法》(GB 18565—2001)的要求;

②其外廓尺寸、轴荷及质量符合国家标准《道路车辆外廓尺寸、轴荷及质量限值》(GB 1589—2004)的要求;

③对于从事高速公路客运或者营运线路长度在800公里以上的客运车辆,其技术等级应当达到行业标准《营运车辆技术等级划分和评定要求》(JT/T 198—2004)规定的一级技术等级;营运线路长度在400公里以上的客运车辆,其技术等级应当达到二级以上;其他客运车辆的技术等级应当达到三级以上。

高速公路客运,是指营运线路中高速公路里程在200公里以上或者高速公路里程占总里程70%以上的道路客运。

(2)客车类型等级要求

要求从事高速公路客运、旅游客运和营运线路长度在800公里以上的客运车辆,其车辆类型等级应当达到行业标准《营运客车类型划分及等级评定》(JT/T 325—2010)规定的中级以上。

(3)客车数量要求

①经营一类客运班线的班车客运经营者应当自有营运客车100辆以上、客位3 000个以上,其中高级客车在30辆以上、客位900个以上;或者自有高级营运客车40辆以上、客位1 200个以上;

②经营二类客运班线的班车客运经营者应当自有营运客车50辆以上、客位1 500个以上,其中中高级客车在15辆以上、客位450个以上;或者自有高级营运客车20辆以上、客位600个以上;

③经营三类客运班线的班车客运经营者应当自有营运客车10辆以上、客位200个以上;

④经营四类客运班线的班车客运经营者应当自有营运客车1辆以上;

⑤经营省际包车客运的经营者,应当自有中高级营运客车20辆以上、客位600个以上;

⑥经营省内包车客运的经营者,应当自有营运客车5辆以上、客位100个以上。

2)从事客运经营的驾驶人员,应当符合下列条件

(1)取得相应的机动车驾驶证;

(2)年龄不超过60周岁;

(3)3年内无重大以上交通责任事故记录;

(4)经设区的市级道路运输管理机构对有关客运法规、机动车维修和旅客急救基本知识考试合格而取得相应从业资格证。

交通责任事故,是指驾驶人员负同等或者以上责任的交通事故。

3)有健全的安全生产管理制度

其包括安全生产操作规程、安全生产责任制、安全生产监督检查、驾驶人员和车辆安全生产管理的制度。

4)申请从事道路客运班线经营,还应当有明确的线路和站点方案

9.2.2 道路旅客运输的经营许可

道路旅客运输应当坚持以人为本、安全第一的宗旨,经营许可应遵循公平、公正、公开、便民的原则,打破地区封锁和垄断,促进道路运输市场的统一、开放、竞争、有序,满足广大人民群众的出行需求。经营者应当依法经营,诚实信用,公平竞争,优质服务。国家实行道路客运企业等级评定制度和质量信誉考核制度,鼓励道路客运经营者实行规模化、集约化、公司化经营,禁止挂靠经营。

1)道路旅客运输经营的申请

(1)从事县级行政区域内客运经营的,向县级道路运输管理机构提出申请;

(2)从事省、自治区、直辖市行政区域内跨两个县级以上行政区域客运经营的,向其共同的上一级道路运输管理机构提出申请;

(3)从事跨省、自治区、直辖市行政区域客运经营的,向所在地的省、自治区、直辖市道路运输管理机构提出申请。

2)道路旅客运输经营的许可

县级以上道路运输管理机构应当定期公布客运市场供求状况。县级以上道路运输管理机构在审查客运申请时,应当考虑客运市场的供求状况、普遍服务和方便群众等因素。

收到申请的道路运输管理机构,应当自受理申请之日起20日内审查完毕,作出许可或者不予许可的决定。予以许可的,向申请人颁发道路运输经营许可证,并向申请人投入运输的车辆配发车辆营运证;不予许可的,应当书面通知申请人并说明理由。

对从事跨省、自治区、直辖市行政区域客运经营的申请,有关省、自治区、直辖市道路运输管理机构按规定颁发道路运输经营许可证前,应当与运输线路目的地的省、自治区、直辖市道路运输管理机构协商;协商不成的,应当报国务院交通主管部门决定。

客运经营者应当持道路运输经营许可证依法向工商行政管理机关办理有关登记手续。

取得道路运输经营许可证的客运经营者,需要增加客运班线的,应当按规定办理有关手续。

同一线路有3个以上申请人时,可以通过招标的形式做出许可决定。客运班线的经营期限为4年到8年。经营期限届满需要延续客运班线经营许可的,应当重新提出申请。客运经营者需要终止客运经营的,应当在终止前30日内告知原许可机关。

客运经营者应当为旅客提供良好的乘车环境,保持车辆清洁、卫生,并采取必要的措施防止在运输过程中发生侵害旅客人身、财产安全的违法行为。客运经营者不得强迫旅客乘车,不得甩客、敲诈旅客;不得擅自更换运输车辆。客运经营者在运输过程中造成旅客人身伤亡,行李毁损、灭失,当事人对赔偿数额有约定的,依照其约定;没有约定的,参照国家有关港口间海

上旅客运输和铁路旅客运输赔偿责任限额的规定办理。旅客应当持有效客票乘车，遵守乘车秩序，讲究文明卫生，不得携带国家规定的危险物品及其他禁止携带的物品乘车。

班线客运经营者取得道路运输经营许可证后，应当向公众连续提供运输服务，不得擅自暂停、终止或者转让班线运输。从事包车客运的，应当按照约定的起始地、目的地和线路运输。从事旅游客运的，应当在旅游区域按照旅游线路运输。

9.3 道路客运企业等级管理

9.3.1 道路客运企业等级含义

道路客运企业等级是指对客运企业运输能力、资产规模、车辆条件、经营业绩、安全状况和服务质量等方面的综合评价。客运企业等级分为一、二、三、四、五级。

9.3.2 客运企业等级条件

1）一级企业条件

（1）运输能力

其是指企业在上一年度完成客运量750万人次，或客运周转量75 000万人公里以上。

（2）资产规模

其是指企业净资产4亿元以上，客运资产净值3亿元以上。

注：各级企业的客运资产包括车辆设备、车站设施等。

（3）车辆条件

其是指企业自有营运客车200辆以上，客位15 000个以上且高级客车在150辆以上、客位4 500个以上，或拥有高级营运客车200辆以上、客位6 000个以上。营运客车新度系数0.60以上。营运客车等级应符合JT/T 325—2010的规定。

（4）经营业绩

其是指上一年度总营业收入3亿元以上，其中客运营业收入2亿元以上。

（5）安全状况

其是指上一年度行车责任安全事故率不高于0.1次/车，责任安全事故死亡率不高于0.02人/车，责任安全事故伤人率不高于0.05人/车。

（6）服务质量

其是指上一年度旅客向行业主管部门投诉企业服务质量的次数不高于0.02次/车，省级及其以上新闻媒体报道企业重大服务质量事故不高于两件，行业主管部门对企业不规范经营行为进行处罚的次数不高于0.1次/车。

注:各级企业均只统计属实的投诉次数和报道次数。

2)二级企业条件

(1)运输能力

其是指企业在上一年度完成客运量150万人次,或客运周转量15 000万人公里以上。

(2)资产规模

其是指企业净资产4 000万元以上,客运资产净值3 000万元以上。

(3)车辆条件

其是指企业自有营运客车100辆以上、客位3 000个以上且高级客车在30辆以上、客位900个以上,或拥有高级营运客车40辆以上、客位1 200个以上;营运客车新度系数0.60以上。

(4)经营业绩

其是指上一年度总营业收入4 000万元以上,其中客运营业收入3 000万元以上。

(5)安全状况

其是指上一年度行车责任安全事故率不高于0.1次/车,责任安全事故死亡率不高于0.02人/车,责任安全事故伤人率不高于0.05人/车。

(6)服务质量

其是指上一年度旅客向行业主管部门投诉企业服务质量的次数不高于0.02次/车,省级及其以上新闻媒体报道企业重大服务质量事故不高于两件,行业主管部门对企业不规范经营行为进行处罚的次数不高于0.12次/车。

3)三级企业条件

(1)运输能力

其是指企业在上一年度完成客运量90万人次,或客运周转量8 000万人公里以上。

(2)资产规模

其是指企业净资产1 500万元以上,客运资产净值1 000万元以上。

(3)车辆条件

其是指企业自有营运客车50辆以上、客位1 500个以上且中高级客车在15辆以上、客位450个以上;或拥有高级营运客车20辆以上、客位600个以上;营运客车新度系数0.55以上。

(4)经营业绩

其是指上一年度总营业收入1 500万元以上,其中客运营业收入1 000万元以上。

(5)安全状况

其是指上一年度行车责任安全事故率不高于0.12次/车,责任安全事故死亡率不高于0.03人/车,责任安全事故伤人率不高于0.08人/车。

(6)服务质量

其是指上一年度旅客向行业主管部门投诉企业服务质量的次数不高于0.04次/车,市级及以上新闻媒体报道企业重大服务质量事故不高于两件，行业主管部门对企业不规范经营行为进行处罚的次数不高于0.15次/车。

4）四级企业条件

（1）运输能力

其是指企业在上一年度完成客运量20万人次，或客运周转量1 200万人公里以上。

（2）资产规模

其是指企业净资产300万元以上，客运资产净值200万元以上。

（3）车辆条件

其是指企业自有营运客车10辆以上、客位200个以上；营运客车新度系数0.5以上。

（4）经营业绩

其是指上一年度总营业收入300万元以上，其中客运营业收入200万元以上。

（5）安全状况

其是指上一年度行车责任安全事故率不高于0.15次/车，责任安全事故死亡率不高于0.1人/车，责任安全事故伤人率不高于0.12人/车。

（6）服务质量

其是指上一年度旅客向行业主管部门投诉企业服务质量的次数不高于0.1次/车，市级及其以上新闻媒体报道企业重大服务质量事故不高于两件，行业主管部门对企业不规范经营行为进行处罚的次数不高于0.2次/车。

5）五级企业条件

其是指未达到四级企业条件的客运企业。

9.3.3　客运企业等级评定

不符合企业法人条件的经营单位不评定企业等级。客运企业等级评定工作由各级道路运输行业协会组织专家委员会评定。

9.4　汽车客运站管理

9.4.1　汽车客运站的含义

汽车客运站是公益性交通基础设施，是道路旅客运输网络的节点，是道路运输经营者与旅客进行运输交易活动的场所，是为旅客和运输经营者提供站务服务的场听，是培育和发展道路运输市场的载体。汽车客运站具有：运输服务，运输组织，中转、换乘，多式联运，通信、信息，辅助服务等功能。

9.4.2 汽车客运站的类别

1)按车站规模分类

(1) 等级站:指具有一定规模.可按规定分级的车站;

(2) 简易车站:指以停车场为依托具有集散旅客、售票和停发客运班车功能的车站;

(3) 招呼站:指道路沿线(客运班线)设立的旅客上落点。

2)按车站位置和特点分类

(1)枢纽站:其可为两种及两种以上交通方式提供旅客运输服务,且旅客在站内能实现自由换乘的车站;

(2)口岸站:指位于边境口岸城镇的车站;

(3)停靠站:指为方便城市旅客乘车,在市(城)区设立的具有候车设施和停车位,用于长途客运班车停靠、上下旅客的车站;

(4)港湾站:指道路旁具有候车标志、辅道和停车位的旅客上落点。

3)按车站服务方式分类

(1)公用型车站:指具有独立法人地位,自主经营,独立核算,全方位为客运经营者和旅客提供站务服务的车站;

(2)自用型车站:指隶属于运输企业、主要为自有客车和与本企业有运输协议的经营者提供站务服务的车站。

9.4.3 汽车客运站的级别划分

根据车站设施和设备配置情况、地理位置和设计年度平均日旅客发送量(以下简称日发量)等因素。车站等级划分为五个级别以及简易车站和招呼站。

1)一级车站

设施和设备符合表9-1 和表9-2 中一级车站必备各项,且具备下列条件之一:

(1)日发量在10 000 人次以上的车站

(2)省、自治区、直辖市及其所辖市、自治州(盟)人民政府和地区行政公署所在地,如无10 000 人次以上的车站,可选取日发量在5 000 人次以上具有代表性的一个车站;

(3)位于国家级旅游区或一类边境口岸,日发量在3 000 人次以上的车站。

2)二级车站

设施和设备符合表9-1 和表9-2 中二级车站必备各项,且具备下列条件之一:

(1)日发量在5 000 人次以上,不足10 000 人次的车站;

(2)县以上或相当于县人民政府所在地,如无5 000 人次以上的车站,可选取日发量在3 000人次以上具有代表性的一个车站;

(3)位于省级旅游区或二类边境口岸,日发量在2 000人次以上的车站。

3)三级车站

设施和设备符合表9-1和表9-2中三级车站必备各项,日发量在2 000人次以上,不足5 000人次的车站。

4)四级车站

设施和设备符合表9-1和表9-2中四级车站必备各项,日发量在300人次以上,不足2 000人次的车站。

5)五级车站

设施和设备符合表9-1和表9-2中五级车站必备各项,日发送量在300人次以下的车站。

6)简易车站

达不到五级车站要求或以停车场为依托,具有集散旅客、停发客运班车功能的车站。

7)招呼站

达不到五级车站要求,具有明显的等候标志和候车设施的车站。

汽车客运站设施配置表　　表9-1

<table>
<tr><th colspan="4">设施名称</th><th>一级站</th><th>二级站</th><th>三级站</th><th>四级站</th><th>五级站</th></tr>
<tr><td colspan="3" rowspan="3">场地设施</td><td>站前广场</td><td>●</td><td>●</td><td>★</td><td>★</td><td>★</td></tr>
<tr><td>停车场</td><td>●</td><td>●</td><td>●</td><td>●</td><td>●</td></tr>
<tr><td>发车位</td><td>●</td><td>●</td><td>●</td><td>●</td><td>★</td></tr>
<tr><td rowspan="20">建筑设施</td><td rowspan="20">站房</td><td rowspan="19">站务用房</td><td>候车厅(室)</td><td>●</td><td>●</td><td>●</td><td>●</td><td>●</td></tr>
<tr><td>重点旅客候车室(区)</td><td>●</td><td>●</td><td>★</td><td>—</td><td>—</td></tr>
<tr><td>售票厅</td><td>●</td><td>●</td><td>★</td><td>★</td><td>★</td></tr>
<tr><td>行包托运厅(处)</td><td>●</td><td>●</td><td>★</td><td>—</td><td>—</td></tr>
<tr><td>综合服务处</td><td>●</td><td>●</td><td>★</td><td>★</td><td>—</td></tr>
<tr><td>站务员室</td><td>●</td><td>●</td><td>●</td><td>●</td><td>●</td></tr>
<tr><td>驾乘休息室</td><td>●</td><td>●</td><td>●</td><td>●</td><td>●</td></tr>
<tr><td>调度室</td><td>●</td><td>●</td><td>●</td><td>★</td><td>—</td></tr>
<tr><td>治安室</td><td>●</td><td>●</td><td>★</td><td>—</td><td>—</td></tr>
<tr><td>广播室</td><td>●</td><td>●</td><td>★</td><td>—</td><td>—</td></tr>
<tr><td>医疗救护室</td><td>★</td><td>★</td><td>★</td><td>★</td><td>★</td></tr>
<tr><td>无障碍通道</td><td>●</td><td>●</td><td>●</td><td>●</td><td>●</td></tr>
<tr><td>残疾人服务设施</td><td>●</td><td>●</td><td>●</td><td>●</td><td>●</td></tr>
<tr><td>饮水室</td><td>●</td><td>★</td><td>★</td><td>★</td><td>★</td></tr>
<tr><td>盥洗室和旅客厕所</td><td>●</td><td>●</td><td>●</td><td>●</td><td>●</td></tr>
<tr><td>智能化系统用房</td><td>●</td><td>★</td><td>★</td><td>—</td><td>—</td></tr>
<tr><td colspan="2">办公用房</td><td>●</td><td>●</td><td>●</td><td>★</td><td>—</td></tr>
</table>

续上表

设施名称				一级站	二级站	三级站	四级站	五级站
建筑设施	辅助用房	生产辅助用房	汽车安全检验台	●	●	●	●	●
			汽车尾气测试室	★	★	—	—	—
			车辆清洁、清洗台	●	●	★	—	—
			汽车维修车间	★	★	—	—	—
			材料间	★	★	—	—	—
			配电室	●	●	—	—	—
			锅炉房	★	★	—	—	—
			门卫、传达室	★	★	★	★	★
		生活辅助用房	驾乘公寓	★	★	★	★	★
			餐厅	★	★	★	★	★
			商店	★	★	★	★	★

注:“●”——必备;“★”——视情况设置;“—”——不设。

汽车客运站设备配置表 表 9-2

设备名称		一级站	二级站	三级站	四级站	五级站
基本设备	旅客购票设备	●	●	★	★	★
	候车休息设备	●	●	●	●	●
	行包安全检查设备	●	★	★	—	—
	汽车尾气排放测试设备	★	★	—	—	—
	安全消防设备	●	●	●	●	●
	清洁清洗设备	●	●	★	—	—
	广播通讯设备	●	●	★	—	—
	行包搬运与便民设备	●	●	★	—	—
	采暖或制冷设备	●	★	★	★	★
	宣传告示设备	●	●	●	★	★
智能系统设备	微机售票系统设备	●	●	★	★	★
	生产管理系统设备	●	★	★	—	—
	监控设备	●	★	★	—	—
	电子显示设备	●	●	★	—	—

注:“●”——必备;“★”——视情况设置;“—”——不设。

9.4.4 汽车客运站经营的条件

申请从事客运站经营的,应当具备下列条件:

(1)客运站经有关部门组织的工程竣工验收合格,并且经道路运输管理机构组织的站级验收合格；

（2）有与业务量相适应的专业人员和管理人员；

（3）有相应的设备、设施，具体要求按照行业标准《汽车客运站级别划分及建设要求》（JT/T 200—2004）的规定执行；

（4）有健全的业务操作规程和安全管理制度，包括服务规范、安全生产操作规程、车辆发车前例检制度、安全生产责任制、危险品查堵、安全生产监督检查的制度。

9.4.5 汽车客运站经营管理

（1）客运站经营者应当按照道路运输管理机构决定的许可事项从事客运站经营活动，不得转让、出租客运站经营许可证件，不得改变客运站用途和服务功能。维护好各种设施、设备，保持其正常使用。客运站经营者和进站发车的客运经营者应当依法自愿签订服务合同，双方按合同的规定履行各自的权利和义务。按月和客运经营者结算运费。

（2）客运站经营者应当依法加强安全管理，完善安全生产条件，健全和落实安全生产责任制。对出站客车进行安全检查，采取措施防止危险品进站上车，按照车辆核定载客限额售票，严禁超载车辆或者未经安全检查的车辆出站，保证安全生产。

（3）客运站经营者应当禁止无证经营的车辆进站从事经营活动，无正当理由不得拒绝合法客运车辆进站经营。坚持公平、公正原则，合理安排发车时间，公平售票。客运经营者在发车时间安排上发生纠纷，客运站经营者协调无效时，由当地县级以上道路运输管理机构裁定。

（4）客运站经营者应当公布进站客车的班车类别、客车类型等级、运输线路、起讫停靠站点、班次、发车时间、票价等信息，调度车辆进站发车，疏导旅客，维持秩序。在发车 30 分钟前备齐相关证件进站等待发车，不得误班、脱班、停班。进站客运经营者不按时派车辆应班，1 小时以内视为误班，1 小时以上视为脱班。但因车辆维修、肇事、丢失或者交通堵塞等特殊原因不能按时应班、并且已提前告知客运站经营者的除外。进站客运经营者因故不能发班的，应当提前 1 日告知客运站经营者，双方要协商调度车辆顶班。对无故停班达 3 日以上的进站班车，客运站经营者应当报告当地道路运输管理机构。

（5）客运站经营者应当设置旅客购票、候车、乘车指示、行李寄存和托运、公共卫生等服务设施，向旅客提供安全、便捷、优质的服务，加强宣传，保持站场卫生、清洁。在客运站从事客运站经营以外的其他经营活动时，应当遵守相应的法律、行政法规的规定。

（6）客运站经营者应当严格执行价格管理规定，在经营场所公示收费项目和标准，严禁乱收费。按规定的业务操作规程装卸、储存、保管行包。制定公共突发事件应急预案。应急预案应当包括报告程序、应急指挥、应急设备的储备以及处置措施等内容。建立和完善各类台账和档案，并按要求报送有关信息。

9.4.6 加快城乡公路客运站场建设

1)加快公路客运枢纽站场建设

即加快国家公路运输枢纽客运站场建设,推动区域性公路运输枢纽布局规划和建设,初步形成与城镇布局相协调、方便百姓安全便捷出行的公路客运枢纽站场系统。重点建设集铁路、公路、城市公共交通中转换乘功能于一体、具有示范效果的综合客运枢纽。加快城市出租汽车停靠站和服务区建设。改革和完善公路货运枢纽站场的投融资方式。

2)加快推进农村客运站场建设

即加大农村客运站场投资建设力度,积极推进重点镇等级客运站建设,切实加快行政村招呼站、候车亭建设步伐。坚持"路、站、运"一体化发展,强化农村客运站点与农村公路同步规划、同步设计、同步建设、同步使用。探索建立农村客运站管养的长效机制,着力解决农村客运站特别是简易站和港湾式停靠站建成后的日常养护管理问题。促进农村客运与其他客运系统在站点功能和布局上的衔接。

9.5 城乡道路客运一体化

9.5.1 城乡道路客运一体化发展的意义

城乡道路客运是联系城乡、服务居民出行的重要纽带,是城乡经济社会一体化发展的重要基础,与人民群众生产生活息息相关。推进城乡道路客运一体化发展,实现城乡道路客运资源共享、政策协调、衔接顺畅、布局合理、结构优化、服务优质,是实践科学发展观、贯彻中央统筹城乡协调发展战略、落实中央"三农"政策的重要举措,是加快转变城乡道路客运发展方式、提升行业可持续发展能力、发挥行业比较优势的迫切需要,对推进城乡道路客运基本公共服务均等化具有重要意义。

9.5.2 城乡道路客运一体化发展的目标和基本原则

城乡道路客运一体化发展,要以推进城乡道路客运基本公共服务均等化和保障城乡居民"行有所乘"基本需求为目标,以转变城乡道路客运发展方式为主线,坚持"公交优先、城乡一体"的发展理念,将统筹城乡道路客运协调发展作为为民办实事的重大工程,充分发挥政府主导和部门联动、政策引导和市场互动的组合作用,努力为城乡居民提供安全、便捷、经济、高效的出行服务。

1)主要目标

城乡道路客运一体化发展的目标是全国城乡道路客运一体化发展要取得重要突破,城乡道路客运发展更加协调、网络衔接更加顺畅、政策保障更加到位,服务广度和深度逐步提升,服务质量显著改善,可持续发展能力明显增强。

具体目标包括:一是基本建成分工明确、衔接顺畅、保障有力、安全高效的城际、城市、城乡、镇村四级客运网络。二是建设一个管理规范、服务优质、衔接顺畅、方便灵活的城际客运系统,有效衔接城市公共交通、农村客运及其他客运方式,不断巩固道路客运的保障能力、竞争优势及其在综合运输体系中的主体地位。三是基本建成能力充分、方便快捷、安全舒适、节能环保的城市公共交通系统,实现地市级以上城市公共交通网络覆盖郊区主要乡镇。四是加快构建覆盖全面、运行稳定、安全规范、经济便捷的农村客运系统,实现全国乡镇通班车率达到100%,将100% 的中心镇建成客运站、候车亭或招呼站;积极推进农村客运线路公交化改造,力争实现县域内20公里范围内的农村客运线路公交化运行率达到30%以上。

2)基本原则

(1)要坚持以人为本,城乡协调。以满足城乡居民出行需求为根本出发点,逐步消除城乡二元结构,加强城乡联动,有序衔接,促进城乡道路客运基本公共服务均等化。

(2)要坚持政府主导,政策引导。确立城市公共交通和农村客运的公益属性,争取各级政府和相关部门的支持,将城市公共交通和农村客运服务纳入政府公共服务范围,加大公共财政、土地等公共资源保障力度,不断满足城乡居民"行有所乘"的基本公共服务需求。

(3)要坚持因地制宜,分步推进。做到从实际出发,根据不同的发展条件和需求特征,探索城乡道路客运一体化发展模式和推进路径,不搞"齐步走"和"一刀切"。选择有一定工作基础的地区分批开展推进城乡道路客运一体化发展试点工作。在试点基础上总结经验,进一步完善配套规章制度和标准规范,在全行业推广应用,逐步建立城乡道路客运一体化发展长效推进机制。

(4)要坚持统筹协调,资源整合。统筹协调城市公共交通、城际客运和农村客运发展。在普通公路上,人员往来比较频繁的毗邻城市之间以班线客运公交化改造为主,地市级以上城市周边地区以城市公共交通线路延伸为主,县域内特别是乡镇以下地区以农村客运线网优化为主,并积极推进公交化改造;在高速公路上,以发展班线客运直达运输为主。注重整合城乡道路客运企业、线路、场站等资源,提高集约化、组织化水平,强化市场监管,规范经营行为,维护经营者和乘客的合法权益。

9.5.3 城乡道路客运一体化发展的任务

1)加快完善城乡道路客运一体化法规和标准规范体系

要加快建立以《中华人民共和国道路运输条例》、《城市公共交通条例》为龙头,以部颁规章为基础,以地方性法规为补充的城乡道路客运法规体系,为城乡道路客运科学发展提供法规保障。省级交通运输主管部门要加快完善城乡道路客运法规体系,特别是加快制定或完善城市公共交通的地方性法规,解决城市公共交通管理无法可依的问题,并完善城乡道路客运一体化标准规范体系,实现城乡道路客运服务的有效衔接。

城市公共交通线路延伸的管理按照城市公共交通管理的相关法律法规和标准规范实施;公交化运行的城际客运和农村客运管理按照道路客运相关的法律法规和标准规范实施;对政府支持力度较大、推行"镇村公交"的线路管理,可参照城市公共交通管理的相关法律法规和标准规范实施。

2)加快建设城乡道路客运服务保障网络

(1)加强规划统筹,优化资源配置。要科学制订城乡道路客运一体化发展规划,打破部门、区域和行业分割,统筹规划城乡道路客运服务设施和运营线路,合理调控城乡道路客运资源。坚持"无缝衔接、方便换乘"的原则,充分利用城市公共交通、城际客运和农村客运的各种站点设施,统一规划功能层次合理的换乘枢纽和城际、城市、城乡、镇村四级客运网络,优化城乡道路客运网络衔接。交通运输部门要主动协调政府有关部门,将城乡道路客运站场建设纳入本级城镇体系或城乡总体规划,并同步编制、修编和实施。

(2)加强城乡道路客运枢纽场站建设。争取当地政府和有关部门支持,将城乡道路客运枢纽场站作为重要基础设施,推动国家、区域性、集散性公路运输枢纽场站建设,完善建设标准,增强资金和土地保障,引导形成与城镇布局相协调、方便群众安全便捷出行的城乡道路客运枢纽场站网络。

(3)推进城市公共交通和城市周边短途班线客运的融合。根据城乡毗邻地区居民出行需求特点,充分考虑城市公共交通与城市周边短途客运班线的服务差异,明晰各自功能和服务范围,完善体制机制,逐步消除同一条线路城市公共交通和短途班线客运并存和不平等竞争的现象。争取政府和有关部门支持,逐步统一公交化运行的农村客运与城市公共交通在税费、补贴等方面的政策,实现服务标准和政策保障的有效衔接。

3)加快落实城市公共交通优先发展战略

(1)确立城市公共交通的公益性定位。贯彻落实国家优先发展城市公共交通战略和有关政策措施,争取城市人民政府和有关部门支持,实行政府主导,从资金投入、路权保障、用地安排、设施建设等方面给予城市公共交通优先保障。

(2)扩大城市公共交通网络覆盖面。稳步拓展城市公共交通服务网络,鼓励经济发展水平和城镇化程度较高的城市,公共交通线网向城市周边的县城、重点乡镇以及主要人流集散点延伸,逐步实现城市公共交通在城市城区和郊区范围内的全覆盖,为城乡居民提供均等化的公共交通服务。

(3)提升城市公共交通服务质量。制定城市公共交通安全运营和服务质量评价标准,加强公众出行信息服务和运营监管,加快提升城市公共交通服务水平。开展城市公共交通智能调度与管理、动态停车诱导等智能化系统的示范建设与推广应用,大力推广普及城市公共交通“一卡通”。

(4)加强行业中介组织建设。加快完善城市公共交通行业中介组织,理顺中介组织管理体制,充分发挥中介组织的桥梁纽带作用。

4)加快提升农村客运普遍服务能力

(1)完善农村客运基础设施。做到稳步推进农村公路建设,提高农村公路建设标准,加快已建成农村公路通行条件改造,完善农村公路安保设施。加快完善农村客运站场布局,根据各地农村地区生产、生活、生态的客观条件和需求特点规划建设标准适宜的乡镇客运站(候车亭、招呼站)。在城乡公路干道沿线规划建设港湾式停靠站、沿途招呼站,并配套完善候车亭、站牌等设施。坚持路、站(亭)、运一体化发展,在新建、改扩建农村公路项目时,将农村客运站(亭)纳入计划并与农村公路同步设计、同步建设、同步交付使用。参照农村公路管养模式,研究建立农村客运站(亭)管养的长效机制,落实各方责任,解决农村客运站特别是简易站和港湾式停靠站建成后的日常养护管理问题。

(2)完善农村客运服务网络。要争取政府和有关部门支持,采取综合措施提高乡镇和建制村班车通达率,提供农村客运普遍服务,解决农村地区居民的基本出行问题。通过新辟、改线、延伸现有农村客运班线,扩大农村客运的覆盖和服务范围,提高建制村通班车率。改革农村客运线路管理方式,依据经济发展水平和客流情况,稳步推广农村客运片区经营模式,探索开行隔日班、周班、节日或赶集班等固定或者非固定的班次。大力支持城镇化水平和居民出行密度较高的地区持续推进农村客运线路公交化运行,推广规范化、标准化的服务。对实行公交化运行的农村客运线路,在保证基本服务质量的前提下,运输企业可以根据客流情况调整班次和运力。支持“镇到村”农村客运网络发展,鼓励有条件的地区结合本地实际,有重点、分阶段在镇域内发展“镇村公交”。

(3)完善农村客运扶持政策。贯彻落实《中共中央国务院关于2009年促进农业稳定发展农民持续增收的若干意见》(中发〔2009〕1号)和《中共中央国务院关于加大统筹城乡发展力度进一步夯实农业农村发展基础的若干意见》(中发〔2010〕1号),研究制定农村客运公共财政保障制度。积极争取公共财政支持,通过以奖代补的方式,鼓励提高农村客运通达深度、广度和服务水平,引导农村客运公司化、集约化、规范化经营,增强农村客运可持续发展能力。

5)加快推进道路客运经营结构调整

(1)加强道路客运线路结构调整。科学制订道路旅客运输线网发展规划,合理规划和调整客运线网布局、运力规模及结构等,增强线路和运力发展的科学性。推进与其他运输方式差异化发展战略,优化城际客运班线线网布局,稳步拓展短途、多样化与个性化客运市场,严格控制地市级以上城市间新增直达客运线路,优先安排至民航、铁路枢纽场站的集疏运线路,大力发展精品班线、机场快线、商务快客、短途驳载等特色客运业务,形成与其他运输方式合理分工、优势互补、协同发展的良性格局。

(2)引导毗邻地区客运班线公交化改造。建立和完善跨区域的城际客运协调机制和联合审批机制,探索并完善城际客运公交化运行的管理机制和运营模式。在客运量大、距离较近的毗邻城市间可以借鉴城市公交的运营服务方式,对客运班线运营实行公交化改造,方便群众出行,有效覆盖沿途乡镇,逐步实现客运线网的跨市、跨区融合。通过实行股份制、企业收购等手段整合经营主体,并保护好既有经营者的合法权益。对群众出行需求大的毗邻县间跨省线路进行公交化改造,原则上实行"一线一审",为运力投入和运营调度提供方便。具体审批办法由相关省份交通运输主管部门协商确定。

(3)提升道路客运信息服务水平。选择部分省份开展省域或跨省域客运联网售票和电子客票系统试点工程,按照统一建设标准,规范数据代码和交换标准的要求,加快建设省域、跨省域道路客运联网售票系统,方便群众出行选择,并实现道路客运信息共享和运行动态的及时监控;完善百城百站客运信息报送制度,加强数据统计分析,提升道路客运运力投放的科学性和信息发布的时效性。

(4)统筹城乡道路客运经营结构调整。鼓励和引导城乡道路客运经营主体以资产为纽带实施公司化改造,建立健全现代企业制度,加强规范化、规模化运营,提高发展质量。整合城际客运经营主体,引导成立城际客运线路公司。打破地域壁垒,积极引入规模、资金、管理、服务有优势的企业投资经营城乡道路客运,有条件的地区可积极推进城市公共交通、短途班线客运经营主体的统一,优化资源配置,培育骨干运输企业和城乡道路客运一体化服务品牌,形成区域内业务整合、服务统一、组织集约、竞争有序的格局。完善城乡道路客运的质量信誉考核体系,引导企业提升服务质量、承担社会责任。

6)加强城乡道路客运安全管理

(1)进一步提升农村客运安全保障能力。认真贯彻落实交通运输部、公安部、安监总局《关于进一步加强和改进道路客运安全工作的通知》(交运发〔2010〕210号)要求,通过各级道路交通安全工作联席会议提请地方政府明确由乡(镇)政府实施农村客运安全监管,实行"县管、乡包、村落实"的政策。坚持安全第一、预防为主,完善车型标准、通行条件、安全监管等方面的制度,加强农村客运车辆、站场、企业资格、线路审批等源头管理。对于县域内等外公路需开通客运班车的,由县级道路运输管理机构会同当地公安交管和安全监督部门对客运线路进行实地调查,联合提出通车车型、载客限载、运行限速、通行时间等安全控制指标后,方可审批。

(2)完善城际客运公交化运行安全管理措施。联合有关部门,加快完善城际客运班线公交化运行的线路长度、车辆标准、安全监管、站点设置、服务质量考评、运营市场管理等方面的制度、标准和规范,为客运班线公交化运行提供基础支撑。严格车辆技术标准审查,运营车辆应安装符合标准的卫星定位车载终端和视频监控设备,并缴纳法定保险;对线路走向不途经高速公路、且运营线路长度较短的车辆,可以商请有关部门试行双开门车型;对途经高速公路的城乡道路客运车辆，不得批准设立站席；进一步明确安全监管责任，落实属地道路运输管理机构安全源头监管职责，落实企业安全生产主体责任，督促相关经营者切实加强对所属车辆、驾驶员和乘务员的管理。

7）建立科学合理的城乡道路客运票制票价体系

城市公共交通实行成本定价，各级交通运输部门要积极会同价格部门，综合考虑社会承受能力、企业运营成本和交通供求状况，完善价格形成机制，并根据服务质量、运输距离以及公共交通方式间的换乘等因素，建立多层次、差别化的价格体系；结合公共财政补贴补偿情况，研究建立城市公共交通低票价政策，增强公共交通吸引力。城际客运和农村客运票制票价按照《道路运输价格管理规定》和《汽车运价规则》的规定执行，对公交化运行的城际客运和农村客运，可结合地方公共财政补贴情况，实施特定的票价优惠政策，但不宜实行过低票价。

9.5.4 城乡道路客运一体化发展的保障措施

1）加强组织领导

推进城乡道路客运一体化发展既是一项当前亟待加强的重要工作，又是一项长期而复杂的系统工程。各级交通运输主管部门要高度重视，积极争取当地政府和有关部门支持，探索建立在地方政府领导下由交通运输部门牵头、相关部门参加的城乡道路客运发展联席会议制度，切实加强组织领导，加强对城乡道路客运一体化的统筹指导，研究制定城乡道路客运发展规划，加快完善城乡道路客运地方性法规和扶持政策，为城乡道路客运统筹协调发展提供政策法规和组织保障。

2）完善体制机制

各级交通运输主管部门要争取当地政府和有关部门的支持，进一步推进地方交通运输行政管理体制改革，破除二元管理体制，推行城乡道路客运一体化管理。要认真贯彻落实《关于加强道路运输管理队伍建设的指导意见》（交运发〔2011〕468号），加强道路运政队伍建设，提高统筹管理和指导城乡道路客运发展的能力，不断提升城乡道路客运公共交通服务效能和质量。

3）增加资金投入

各级交通运输主管部门要积极协助有关部门，研究制定城市公共交通投资政策，加快完善城市公共交通和农村客运的公共财政保障制度，拓宽资金来源渠道，构建多级公共财政保障体系，并探索因地制宜的税费、用地等优惠政策。贯彻落实《城乡道路客运成品油价格补助专项资金管理暂行办法》（财建〔2009〕1008号），准确全面统计城乡道路客运成品油消耗数据，按时足额发放成品油价格补助资金。对纳入部推进城乡道路客运一体化发展试点的地方和经营者，在部支持项目和政策中给予优先安排，并纳入交通运输节能减排示范工程，在交通运输节能减排专项资金补贴上给予倾斜；落实成品油价格改革方案，继续实施原客货运附加费中央财政转移支付基数不低于70%用于道路运输枢纽场站建设的政策,并保持城乡道路客运枢纽场站建设资金的稳步增长。

4)实施考核评价

各级交通运输主管部门要加快建立城乡道路客运一体化发展水平评价制度,研究制定城乡道路客运一体化评价标准和评价办法,定期对辖区内城乡道路客运一体化发展情况实施考核评价,并向社会公布。总结不同地域、不同类型的城乡道路客运一体化发展模式和发展经验,并积极推广。

9.6 道路旅客运输发展重点

9.6.1 构建完善的道路客运服务网络,提升整体服务水平

1)构建班线客运快捷服务网络

加快班线客运结构调整和资源优化整合,完善客运线路招投标管理制度,推进道路运输许可审批的规范化,促进运营管理公司化、客运车辆舒适化、服务标准规范化、运输组织科学化。探索形成新型的客运组织模式和客运站点体系,大力优化长途客运资源配置,拓展中短途客运市场,发展机场班车网络等特色客运服务,促进与其他客运方式合理分工、优势互补和协同发展,充分发挥班线客运的规模效益、网络效益和机动化优势,全面提升道路客运的服务品质和整体竞争能力。

2)完善农村客运普遍服务网络

建立与农村公路等级、通行车型、载客限载、运行限速、通行时间等指标协同的农村客运线路审批制度,不断完善农村客运线网布局。建立以城带乡、干支互补、以热补冷的资源配置机制,对于偏僻地区的农村班线,可采取与地域特点、经济发展水平相适应的灵活的运输组织方式,探索开行隔日班、周班、节日或赶集班等固定或者非固定的班次。稳步推广农村客运的片区经营模式,将企业经营范围由线路划定改为区域划定,鼓励实行公司化经营。建立农村客运财政奖励制度,加大政府对农村客运的投入和补贴力度,对客流不稳定、实载率低的线路进行扶持,经济发达地区要依照公共服务均等化的要求,按照城市公交的政策、标准推进农村客运发展。

3)建立旅游客运精品服务网络

整合旅游客运资源,实现旅游客运与旅游市场有效对接和良性互动。加强旅游客运市场监管,转变旅游客运运行机制,优化整体发展环境。鼓励旅游客运公司化管理、集约化经营,不断完善旅游包车经营网点,打造旅游客运精品服务网络,满足游客高品质、个性化的运输需求。

9.6.2　统筹区域与城乡客运资源配置，促进协调发展

1）加快推进城乡道路客运一体化发展

合理界定城市公交与农村客运的服务功能，加强城乡公共客运的服务衔接。鼓励城市公交向城市周边延伸覆盖，支持有条件的地区进一步推进农村客运公交化改造，鼓励发展镇村公交，推广标准化、规范化服务。城乡结合部要加强城乡客运资源的统筹配置，鼓励多种模式统一线路经营主体。组织开展城乡道路客运一体化示范工程，统筹协调城乡公交客运在票价、税费、补贴、通行等方面的政策。加快发展适合城乡客运一体化的安全、实用、经济型客车。

2）稳步推进区域间道路客运统筹协调发展

支持条件适宜的地区打破区域行政分割，鼓励开通区域公交化班线，有效覆盖沿途乡镇，逐步实现客运线网的区域融合。建立和完善跨区域的城际公交协调机制，统筹建设城际、区间专用候车亭和招呼站，探索建立统一的市场准入与退出机制、统一的客服标准和运行监管机制。支持并规范引导城乡客运经营者在节假日、春运等高峰时段跨市、跨区域的互助合作或运力调剂。

9.6.3　加强与其他运输方式协同互动，实现优势互补

1）推行与其他客运方式的差异化发展战略

积极应对综合运输体系中其他客运方式加快发展的挑战，不断优化线网布局，合理控制新增一类客运班线。对年平均实载率低于70%的县际以上客运班线不得新增运力。引导道路客运企业创新经营理念和服务方式，稳步拓展短途、多样化与个性化客运市场，优化中长途客运资源配置。大力发展包车客运、旅游客运、精品班线、机场快线、商务快客、短途驳载等特色客运业务，进一步丰富道路客运服务品种，形成与其他运输方式合理分工、优势互补、协同发展的良性格局。

2）加强与其他运输方式的服务衔接。

强化道路客运衔接铁路、机场等枢纽、港站的集疏运功能，加快完善道路旅客集疏运服务网络，科学安排班次密度。促进道路班线客运与铁路、民航、城市公共交通等客运方式的有效对接，积极发展旅客联程运输，充分利用道路班线客运资源，运输邮政包裹快件，加强与邮政网络的协调与融合。

复习思考题

1. 道路旅客运输的含义及分类分别是什么？

2. 什么是道路班车客运？道路班车客运管理的内容有哪些？

3. 什么是包车客运？包车客运管理的主要内容有哪些？

4. 什么是旅游客运？旅游客运管理的主要内容有哪些？

5. 道路旅客运输经营的条件有哪些？

6. 如何进行道路旅客运输经营的许可？

7. 道路客运企业等级的含义、划分及条件分别是什么？

8. 汽车客运站经营管理的内容有哪些？

9. 城乡道路客运一体化发展的意义、目标及基本原则分别是什么？

10. 城乡道路客运一体化发展的任务及措施分别是什么？

11. 道路旅客运输发展的重点是什么？

第10章　城市公共交通管理

城市公共交通对城市政治经济、文化教育、科学技术等方面的发展影响极大，是城市建设的一个重要方面。城市公共交通管理的目的，是在快捷、方便、舒适、经济地实现人的移动的经营活动中，实现经济效益、社会效益和环境效益的统一。

10.1　城市公共交通管理

10.1.1　城市公共交通概述

1）城市公共交通的含义

城市公共交通是指在城市人民政府确定的区域内，利用公共汽（电）车、轨道交通车辆等公共交通车辆和有关设施，按照核定的线路、站点、时间、票价运营，为社会公众提供基本出行服务的社会公益性事业。城市公共交通是城市交通的重要组成部分，对城市政治经济、文化教育、科学技术等方面的发展影响极大，也是城市建设的一个重要方面。城市公共交通设施包括：综合换乘枢纽、首末站、中途停靠站、停车场、保养场等城市公共交通场站以及调度（控制）中心、乘客服务信息系统、城市轨道交通专用设施等保障城市公共交通运营的设施。

2）城市公共交通的结构及特点

由于世界各国城市公共交通事业的发展进程，受本国经济和科学技术水平的影响，差异较大，而且因城市所在的地理环境和政治经济地位不同，城市公共交通结构也各具特色。在城市公共交通结构中一般主要包括公共汽车、无轨电车、有轨电车、快速有轨电车、地下铁道和出租汽车等客运营业系统。随着城市的发展，铁路市郊旅客运输亦成为重要组成部分。此外，在一些有河湖流经的城市，公共交通系统中还包括轮渡。在山区城市中，索道和缆车的运输也有所发展。磁悬浮客运交通以及无人驾驶的出租客车系统正处于试用阶段。

中小城市中一般以公共汽车、有轨电车、无轨电车等为主要客运工具，其特点是灵活机动，成本相对较低，一般是城市公共交通的主题。

快速大运量公交通系统、包括地铁、轻轨、高速铁路，该系统可以快速的运载大批量乘客，出现在我国一些特大城市，例如上海、北京、广州、武汉等。它运量大，速度快，可靠性高，并可促进城市土地开发及商业经济带的形成,但造价很高,一般作为城市公共交通的骨架。

辅助公共交通系统包括出租汽车、三轮车、摩托车、自行车,以满足乘客不同的出行要求,在城市公共交通中起着辅助和补充的作用。

特殊公共交通系统包括轮渡、缆车等、该类公共交通受到地理条件的约束,一般在特殊条件下使用。

在现代大城市中,快速有轨电车、地下铁道等系统逐渐发展成为城市交通的骨干。公共交通工具有载量大,运送效率高,能源消耗低,相对污染小和运输成本低等优点。在交通干线上这些优点尤其明显。在中国的一些城市中,有些机关团体的自备客车参与了本单位职工上下班的接送运输,它在客观上已经成为城市公共交通中的一支辅助力量。

3)城市公共交通的类型

(1)公共自行车

在城市运行公共自行车租赁系统,将自行车纳入公共交通领域,意图让慢行交通与公共交通"无缝对接",破解交通末端"最后一公里"的难题。

(2)公共汽车

公共汽车是目前城市公共交通系统中的主要交通工具。在一般的道路条件下,可以四通八达。小型公共汽车可在狭窄街区中开辟营业线路,乘用极为方便。发展公共汽车客运交通,设施简易,投资少,见效快。公共汽车在行驶中与其他车辆混行,互相避让和紧急制动是难免的,因此,安全性和舒适性较差。它的其他缺点是能源消耗量大,噪声高并有废气污染。

(3)无轨电车

无轨电车从架空触线上获取电能驱动行驶。由于电能可以从煤、重油、水力、天然气、核能、地热等多种能源转换而来,因此,在石油资源不足的国家和地区,以无轨电车为主要公共交通工具有明显的优点。无轨电车的客运能力和公共汽车属同一等级。无轨电车加速性能好,噪声小,而且没有废气污染,乘用时比较舒适。无轨电车通常不能离开架空触线行驶,机动性比公共汽车差。在开辟新线路时,要建设变配电系统和线网设施,因此建设费用较高,投资见效慢,而且架空触线影响市容。无轨电车通常无专用车道,在行驶中亦难免避让和紧急制动。为了提高无轨电车的机动性,一种双能源的无轨电车已经问世。它在通过十字路口或不容许架设架空触线的路段时,可改用内燃机或使用本车自带的蓄电池组供电驱动行驶。双能源无轨电车的集电杆,可由驾驶员操作脱离或自动捕捉架空触线。

(4)有轨电车

有轨电车在轻便轨道上行驶。它的优点是能源消耗低,结构简单,坚固耐用。其客运能力略高于无轨电车。旧式有轨电车噪声高,振动大,舒适性较差,轨道需要经常维护,在一定程度上会影响交通。在开辟新线路时,它比无轨电车的线路投资大,工期长,投资见效慢。

(5)快速有轨电车

快速有轨电车与其他车辆隔离运行，多在地面轨道上行驶。在经过交叉路口时，多采用立体交叉方式。在繁华市区它也可转入地下运行，也可以在高架线路上通过，建设费用低于地下铁道。快速有轨电车利用可控硅斩波调速，设有再生制动装置，可以节约能源；装有空气悬挂装置和弹性车轮等，在长轨铁道上行驶，可降低噪声，提高乘坐舒适性。它具有良好的加速性能，运行速度高，行驶平稳、安全、可靠，运行准点程度可达秒级精度。快速有轨电车以单车或车组方式运行，客运能力高，是城市公共交通干线上较理想的客运工具。

(6)地下铁道

地下铁道大部分线路铺设在地面以下，运行中几乎不受外界环境变化的影响，而且有一定的抗战争和抗地震破坏的能力。它以车组方式运行，载量大，正点率高，安全舒适。在多条地下铁道的立体交叉点上，设有楼梯式电梯或垂直电梯，换乘极为方便。地下铁道的地面出入口，可以建设在最繁华的街区，也可以建设在大型百货商店或其他公共场所的建筑物内。在交通拥挤、行人密集、道路又难以扩建的街区，地下铁道完全可以代替地面交通工具承担客运任务，并为把地面道路改造成环境优美的步行街区创造了条件。

4)城市公共交通的运营方式

城市公共交通企业属公益性企业。经营管理的基本方针是为公众出行服务，其经济效果主要见诸社会收益，而不是单纯地着眼于企业自身的盈利。企业发生的政策性亏损，一般由政府给予补贴。衡量城市公共交通企业经营管理水平的标准，首先是它对公众出行的安全、方便、及时、经济、舒适等要求的满足程度，其次是企业的经济效益。

经营公共交通事业的企业，有国营、私营和联合经营三种。为了协调各公共交通系统的服务工作，在大中型城市中一般设立公共交通企业联合会或类似的管理机构。它们的任务是：制定统一的公共交通网络规划；协调各个公共交通企业之间的经营范围；协调和监督执行统一的行车时刻表；制定统一的票价政策和票价制度等。

城市公共交通的运营方式通常有三种。①定线定站服务：指车辆按固定线路运行，沿线设有固定的站位，行车班次和行车时刻表完全按调度计划执行。在线路上行驶的车辆有全程车、区间车，有慢(各站均停)车，也有快(重点站停)车。②定线不定站服务：指车辆按固定线路运营服务。乘客可以在沿线任意地点要求停车上下，乘用非常方便。在线路上运行车辆的数量，根据客流变化情况自动调节。③不定线不定站服务：即出租汽车运营方式。一般是24小时营业制，乘客可以电话要车或预约订车，也可以到营业点租乘或在街道上招手乘车。

20世纪50年代以来，电子技术在城市公共交通企业经营管理工作中逐步地得到了推广应用。目前，电子技术已经能够为公共交通企业自动采集、整理和储存在经营管理方面所需要的各种技术数据，优选网络，编制运营计划和运行时刻表，对运行系统实现集中监测和调度，向乘客提供交通咨询服务，自动售票、检票，自动显示下一班车的到站时间和载客数量，以方便乘客候车等，从而提高了城市公共交通企业的运营服务质量和经济效益。

10.1.2　城市公共交通管理的目的

保障城市公共交通安全有序运营,保护城市公共交通活动当事人合法权益,促进城市公共交通发展,发挥城市公共交通对经济社会协调和可持续发展的作用。

国家应当加大资金投入,保障城市公共交通在城市交通中优先发展,确保城市公共交通在城市交通中的主导地位。

国家鼓励城市公共交通企业实行规模化、集约化经营,推广应用新技术、新设备,为社会公众提供安全舒适、方便快捷、经济环保的城市公共交通服务。县级以上人民政府应当根据国民经济和社会发展的需要,优化配置城乡公共交通资源,统筹协调城乡公共交通发展。

10.1.3　城市公共交通的规划与建设管理

1)网络规划

城市公共交通网络规划是以客流分布为依据,应用系统工程学的理论,统筹优选城市公共交通地面及地下全部路线的起讫点、路径及各路线之间相互衔接的最佳布局方案。它是发展城市公共交通的基础工作。统筹优选的目标:①乘客在上下车前后以及在中间换乘过程中平均步行距离短;②平均换乘次数少;③节约旅行时间;④扬长避短,充分发挥各种运输方式的优势,在保证客运安全和乘用方便的前提下,使全系统总的能源消耗少,客运成本低,客运效率高。

2)规划管理

城市人民政府应当组织交通运输、城乡建设、规划、公安等部门根据城市总体规划编制城市公共交通规划。城市公共交通规划应当包括城市公共交通发展目标、城市公共交通方式的构成比例和规模、城市公共交通设施和线路布局、城市公共交通车辆配置、信息化建设以及城市公共交通设施用地保障等内容。编制城市公共交通规划应当征求社会公众意见。

城市人民政府规划主管部门在组织编制控制性详细规划时,应当与城市公共交通规划相衔接,并优先保障城市公共交通设施用地。城市公共交通规划确定的城市公共交通设施用地符合划拨用地目录的,应当以划拨方式供地。城市人民政府可以在确保城市公共交通设施用地功能及规模的基础上对城市公共交通设施用地依法实行综合利用,提高土地利用效率。任何单位和个人不得非法占用城市公共交通设施用地。

3)建设管理

城市人民政府应当加大对城市公共交通设施建设的投资力度,并充分考虑老年人、残疾人出行需求,完善城市公共交通无障碍设施。规划、建设航空港、铁路客运站、水路客运码头、公路客运站、居住区、商务区等建设项目的,均应当按照国家有关标准规划、建设配套的城市公共交通设施;配套的城市公共交通设施应当与主体工程同步设计、同步建设、同步竣工、同步交付使用。新建、改建、扩建城市道路应当根据城市公共交通规划设置首末站、中途停靠站、换乘接驳站等城市公共交通设施。

城市人民政府可以根据城市道路的技术条件、交通流量、出行结构等因素，开设公共汽（电）车专用道，设置公共汽（电）车优先通行信号系统。

城市轨道交通建设工程设计单位在编制设计文件时，应当征求城市公共交通管理部门、公安机关交通管理部门以及城市轨道交通运营单位的意见。城市轨道交通建设工程应当依照国家有关规定进行竣工验收后，方可交付正式运营。

城市公共交通设施的管理人应当加强对城市公共交通设施的管理和维护，确保城市公共交通设施完好。

10.1.4 城市公共交通运营服务管理

1）运营的条件

从事城市公共交通运营应当向城市公共交通管理部门提出申请，并提交符合下列条件的材料：

（1）有企业法人资格；

（2）有符合国家有关标准的城市公共交通车辆、设施；

（3）有符合规定的运营资金；

（4）有符合规定的驾驶员；

（5）有与运营业务相适应的其他专业人员和管理人员；

（6）有健全的运营服务和安全管理制度。

城市公共交通管理部门应当综合考虑运力配置、社会公众出行需求等因素，对申请人做出许可或者不予许可的决定。

从事城市公共交通运营服务的驾驶员应当具有相应的城市公共交通车辆驾驶证件，身心健康，无职业禁忌，3 年内无重大以上交通责任事故记录，并经城市公共交通管理部门对有关城市公共交通运营服务规范、车辆维修和安全应急知识考核合格。

从事城市公共交通运营服务的乘务员、调度员等其他从业人员应当经城市公共交通管理部门对有关城市公共交通运营服务规范、安全应急知识考核合格。

2）线路管理

城市公共交通管理部门应当根据城市公共交通规划和城市发展的实际需要，开辟、调整城市公共交通线路；开辟、调整城市公共交通线路应当征求社会公众意见。

城市公共交通管理部门应当按照国务院交通运输主管部门的规定开展社会公众出行调查，收集、汇总社会公众出行目的、出行方式等交通信息，并作为开辟、调整城市公共交通线路的参考。

城市公共交通管理部门应当采取招标的方式将城市公共交通线路运营权授予符合规定条件的城市公共交通企业,并核发相应的许可证件。不适合招标或者招标不成的,城市公共交通管理部门可以采取直接授予的方式确定城市公共交通线路运营权。禁止转让或者以承包、挂靠等方式变相转让城市公共交通运营许可和线路运营权。城市公共交通线路运营权实行期限制,具体运营期限由城市人民政府确定。

取得城市公共交通线路运营权的城市公共交通企业,应当按照城市公共交通管理部门确定的城市公共交通线路运营服务要求从事线路运营。城市公共交通线路运营服务要求应当包括站点、日总班次、班次间隔、首班车和末班车时间、城市公共交通车辆数量、城市公共交通车辆外观、车型、票制、票价、服务质量、安全应急措施等内容。城市公共交通管理部门可以根据优化线路、提高服务质量等需要调整城市公共交通线路运营服务要求。

3)运营管理

城市公共交通企业应当按照城市公共交通线路运营服务要求,制定和实施作业计划,合理调度城市公共交通车辆。因市政工程建设、大型群众性活动等特殊情况需要临时变更城市公共交通线路走向、站点或者运营时间的,有关部门、城市公共交通企业应当及时向社会公告。

未经城市公共交通管理部门批准,城市公共交通企业不得擅自变更、暂停、终止城市公共交通线路运营。经批准变更、暂停、终止城市公共交通线路运营的,城市公共交通企业应当在变更、暂停、终止之日前30日向社会公告。城市公共交通企业因破产、解散、被吊销许可证件或者其他原因不能正常运营时,城市公共交通管理部门应当及时采取措施,保证城市公共交通服务的连续性。

城市公共交通线路运营期限届满,需要延续的,城市公共交通企业应当在期限届满6个月前向城市公共交通管理部门提出延续申请。城市公共交通企业运营服务质量、安全管理等符合城市公共交通线路运营服务要求的,城市公共交通管理部门应当自受理申请之日起30日内予以批准,并换发相应的城市公共交通线路运营许可证件;不符合城市公共交通线路运营服务要求的,城市公共交通管理部门应当调整或者撤销其城市公共交通线路运营权。

4)票价管理

城市公共交通票价由经省、自治区、直辖市人民政府授权的市、县人民政府,或者省、自治区、直辖市人民政府价格主管部门会同同级财政部门、城市公共交通管理部门根据运营成本等因素制定。制定城市公共交通票价,应当进行价格听证,充分体现社会公益性事业特征,有利于优化城市交通结构,引导社会公众选择城市公共交通出行。

城市公共交通企业应当执行规定的票价。城市公共交通票价低于正常运营成本的,城市人民政府应当对低于正常运营成本的部分给予补贴。城市人民政府应当对城市公共交通企业承担老年人、残疾人、军人、学生优惠乘车,持月票乘车等社会福利和完成开通冷僻线路、执行抢险救灾等政府指令性任务所增加的支出，定期给予专项财政补贴和补偿。城市人民政府应当将前两款规定的补贴、补偿资金纳入财政预算。

5）运营成本管理

城市公共交通企业对乘客乘车期间受到的人身伤害和财产损失依法承担赔偿责任的，应当依法赔偿；赔偿的相关费用列入城市公共交通企业的运营成本。

城市公共交通企业应当按照国家有关规定建立并完善企业财务、会计制度，加强财务管理和会计核算。城市人民政府财政部门应当会同城市公共交通管理部门、价格主管部门、审计机关制定城市公共交通成本费用评价制度，对城市公共交通企业成本和费用进行年度审计与评价，合理界定、计算盈亏和财政补贴、补偿额度。

城市公共交通企业应当按照国家有关规定向城市公共交通管理部门、价格主管部门、财政部门报送经营和财务信息等统计资料。

6）车辆及从业人员管理

城市公共交通企业应当使用符合国家有关技术标准和规范的城市公共交通车辆从事城市公共交通运营，定期对城市公共交通车辆进行检测、维护，保持城市公共交通车辆技术状况良好和车容整洁。县级以上人民政府应当对城市公共交通车辆购置、更新给予必要的资金和政策扶持，鼓励使用清洁、节能和方便残疾人上下的城市公共交通车辆。

城市公共交通企业应当在城市公共交通车辆规定位置公布运行线路图、价格表等运营服务标识。

城市公共交通企业应当加强对驾驶员、乘务员、调度员等从业人员的管理和培训。驾驶员、乘务员、调度员等从业人员从事城市公共交通运营服务时，应当严格遵守有关法律法规，执行有关城市公共交通运营服务规范。

城市公共交通场站的管理人应当健全运营管理制度，保障城市公共交通场站正常运营，无正当理由不得拒绝城市公共交通车辆进入场站。进入城市公共交通场站的单位和个人，应当遵守城市公共交通场站运营管理制度。

7）服务质量考核管理

城市公共交通管理部门应当建立城市公共交通企业服务质量考核制度，定期对城市公共交通企业的服务质量进行考核，将考核结果记入信用档案，并作为政府财政补贴、补偿，城市公共交通线路运营权招标，延续城市公共交通线路运营权和撤销有关运营许可的依据。

城市公共交通管理部门和城市公共交通企业应当建立投诉受理制度，公布投诉电话等联系方式。城市公共交通企业对乘客的投诉应当自收到投诉之日起 15 日内做出答复。城市公共交通企业逾期不答复或者乘客对答复有异议的，乘客可以向城市公共交通管理部门投诉，城市公共交通管理部门应当自收到乘客投诉之日起 15 日内做出答复。

10.1.5 城市公共交通运营安全管理

1)安全管理职责

城市人民政府应当加强对城市公共交通安全监督管理工作的领导,督促有关部门依法履行城市公共交通安全监督管理职责,及时协调、解决安全监督管理工作中存在的重大问题。城市人民政府交通运输、公安、城乡建设、质检、安全生产监督管理等有关部门应当依照各自职责加强对城市公共交通安全监督管理。各级人民政府交通运输、教育、公安等有关部门以及城市公共交通企业应当加强安全乘车和安全应急知识宣传教育工作,普及城市公共交通安全应急知识。

城市公共交通企业应当建立企业安全生产管理机构和企业安全生产管理责任制,配备专职安全生产管理人员,加强城市公共交通运营安全动态监管,开展安全检查,消除事故隐患,切实履行好运营安全主体责任。

建设城市轨道交通的,建设单位应当保证安全监测系统等安全设施与城市轨道交通主体工程同步设计、同步施工、同步验收、同步投入运营,并为城市轨道交通运营配备必要的消防、防汛、防护、报警、安全检查等器材和设备。负责城市轨道交通运营的城市公共交通企业应当定期对城市轨道交通安全监测系统以及消防、防汛、防护、报警、安全检查等安全设施、器材和设备进行检测、维修、更新和改造,保证其处于良好的运行状态。

城市人民政府应当按照国家有关规定划定城市轨道交通安全保护区,保护城市轨道交通及设施的安全。在城市轨道交通安全保护区内进行作业的,作业单位应当制订安全防护方案,经城市公共交通管理部门同意方可作业。

2)安全管理措施

城市公共交通企业应当以便于乘客知晓的方式公布禁止携带物品的目录。为保障城市公共交通运营安全,城市公共交通企业可以对乘客携带的物品采取必要的安全检查措施。

发生影响城市公共交通运营安全的紧急情况时,城市公共交通企业及有关工作人员应当立即向城市公共交通管理部门、公安机关等有关部门报告,并及时采取疏散乘客和车辆、限制客流、停止运行等应急措施,确保城市公共交通运营安全。

城市公共交通企业应当在城市公共交通车辆和城市公共交通场站醒目位置设置安全警示标志、安全疏散示意图,并保持灭火器、安全锤、车门紧急开启装置等安全应急设施、设备的完好。在城市公共交通车辆和有关设施进行设置广告等经营活动不得影响城市公共交通运营安全。

乘客应当遵守社会公德,讲究文明卫生,服从管理,按照规定购票;不得携带宠物乘车,不得在城市公共交通车辆内饮酒、吸烟、乞讨、卖艺以及实施其他影响车辆正常运营、乘客安全和乘车秩序的行为。任何人员不得从事下列危害城市公共交通运营安全的行为:

(1)在城市公共交通场站及其出入口通道擅自停放非城市公共交通车辆、堆放杂物或者摆摊设点;

(2)携带管制刀具以及爆炸性、易燃性、放射性、毒害性、腐蚀性等影响公共安全的物品乘坐城市公共交通车辆;

(3)非法拦截城市公共交通车辆或者强行上下城市公共交通车辆;

(4)擅自进入城市轨道交通线路、隧道等禁止进入的区域;

(5)破坏城市公共交通车辆、设施、设备;

(6)干扰驾驶员、乘务员的正常工作;

(7)其他危害城市公共交通运营安全的行为。

城市公共交通企业工作人员发现上述行为应当及时制止;制止无效的,应当立即报警。

城市人民政府及其有关部门应当加强监督检查,依法查处扰乱城市公共交通运营秩序、危害城市公共交通安全的行为。

10.2　城市公共交通发展政策

10.2.1　优先发展城市公共交通

从世界范围来看,第二次世界大战结束以来,不少国家由于工业发展迅速,城市规模不断扩大,人口增多,私人轿车、摩托车、自行车等交通工具迅速发展,城市中的交通流量激增。由于私人交通工具载运量小、相对占用道路面积大,加之改建城市扩展道路又有许多实际困难,使城市道路建设速度跟不上交通流量的增长,因而在城市中出现了交通拥挤、车速下降、交通事故增加、噪声和空气污染日趋严重的现象,这不仅浪费了能源,而且给公众出行带来了困难,职工上下班消耗在路上的时间越来越长。

公共交通虽然不如私人交通工具乘用方便,但是它具有后者不能比拟的优点,特别是主要公共交通干线,有条件转入地下高速运行,运送效率极高。因而优先发展城市公共交通不仅是解决城市交通拥挤、阻塞的措施,同时也是节约能源,改善城市环境,减少污染的重要途径。

为了促进城市公共交通的发展,多数国家政府在经济上对城市公共交通事业采取了扶植的政策。在交通法规上规定了公共交通优先的条款,同时颁布了一些限制私人交通工具发展的政策。有些国家规定:某些特别繁华、交通量又很大的市区为轿车及其他私人交通工具的禁驶区;某些路段在早晚高峰时禁止私人交通工具行驶;上下班时私人轿车必须合乘使用等。此外,还有些国家采取向私人购买石油者增收石油税等多种制约政策。

在我国,城市公共交通是与人民群众生产生活息息相关基础设施。改革开放以来,我国城市公共交通有了较快发展,但随着经济社会发展和城镇化进程的加快,一些城市交通拥堵、群众出行不便等问题日益突出,严重影响了城市发展和人民群众生活水平的提高。优先发展城市公共交通是提高交通资源利用效率,缓解交通拥堵的重要手段。

我国土地资源稀缺,城市人口密集,群众收入水平总体还不高,优先发展公共交通符合城市发展和交通发展的实际,是贯彻落实科学发展观和建设节约型社会的重要举措。各地区和有关部门要进一步提高认识,确立公共交通在城市交通中的优先地位,明确指导思想和目标任务,采取有力措施,加快发展步伐。要通过科学规划和建设,提高线网密度和站点覆盖率,优化运营结构,形成干支协调、结构合理、高效快捷并与城市规模、人口和经济发展相适应的公共交通系统。要进一步放开搞活公共交通行业,完善支持政策,提高运营质量和效率,为群众提供安全可靠、方便周到、经济舒适的公共交通服务。要充分发挥公共交通运量大、价格低廉的优势,引导群众选择公共交通作为主要出行方式。

10.2.2 重视城市公共交通规划

1)科学编制城市公共交通规划

城市公共交通规划是城市总体规划的重要组成部分。城市人民政府要在对交通现状、需求和发展前景进行充分调查研究的基础上,以公共交通为核心,通过编制实施城市综合交通体系规划、公共交通专项规划和轨道交通建设规划,科学配置和利用交通资源,建立以公共交通为导向的城市发展和土地配置模式。城市交通规划要与城市总体布局和人口产业分布相协调,确定发展战略目标、任务、有关技术和经济政策;综合考虑各种交通方式、换乘枢纽配置,以及与对外交通的衔接,重点确定公共交通结构、线网分布、场站布局、用地规模、建设计划等。

2)保障规划的编制和组织实施

城市人民政府要大力支持公共交通规划编制工作,将规划编制所需经费纳入财政预算,确保编制任务的完成。要保持规划的严肃性和稳定性,保障规划的组织实施。采取有力措施,切实防止和纠正违反规划、侵占公共交通基础设施及其建设用地的行为,保证优先发展公共交通的需要。

3)建立健全法律法规和标准体系

要从实际出发,借鉴国内外优先发展公共交通的成功经验,从规划、建设、管理等方面,加快建立确保公共交通优先发展的法律法规体系。要健全场站建设、车辆配备与更新、设施装备、服务质量等方面的技术标准体系。进一步强化法律法规和标准的指导作用,促进城市公共交通健康有序发展。

10.2.3 完善公共交通基础设施

1)合理规划设置场站和配套设施

城市人民政府要按照城市公共交通规划要求,将公共交通场站和配套设施纳入城市旧城改造和新城建设计划；将公共交通场站作为新建居住小区、开发区、大型公共活动场所等工程项目配套建设的一项内容，实行同步设计、同步建设、同步竣工、同步交付使用。已投入使用的公共交通场站设施，不得随意改变用途。对符合公共交通车辆通行条件的居住区，应设置公共交通线路及相应的站点。在城市主要交通干道上，建设港湾式停靠站，配套完善站台、候车亭等设施。按照"满足群众需求，不干扰正常通行"的原则，合理规划、科学设置小公共汽车和出租汽车停靠点。对未按规定配套建设公共交通场站等公共交通设施的建设项目一律不予审批、验收。

2）加强城市交通换乘枢纽建设

交通换乘枢纽是一体化交通系统的关键环节。符合条件的地区要建立换乘枢纽中心，引入各种交通方式，实现公共汽（电）车、大容量快速公共汽车、轨道交通之间的方便快捷换乘，以及城市交通与铁路、公路、民航等对外交通之间的有效衔接。换乘枢纽中心要配套建设机动车、非机动车停车场，配备相应的指向标志、线路图、时刻表、换乘指南等服务设施，方便群众使用。

3）推动智能公共交通系统发展

要积极利用高新技术，改造传统的公共交通系统，以信息化为基础，促进乘客、车辆、场站设施以及交通环境等要素之间的良性互动，推动智能公共交通系统建设。建设公共交通线路运行显示系统、多媒体综合查询系统、乘客服务信息系统，使广大乘客能够方便了解公共交通信息，合理安排出行。充分运用信息技术，建立电脑营运管理系统和连接各停车场站的智能终端信息网络，加强对运营车辆的指挥调度，提高运营效率。

10.2.4 优化公共交通运营结构

1）大力发展公共汽（电）车

公共汽（电）车承担着城市公共客运的主要任务，要在稳步增加线路、延长营运里程、扩大站点覆盖面的基础上，优化线网结构和运力配置，满足人民群众日益增长的出行需要和多样化交通需求。公共汽（电）车线路和停靠站点要尽量向居住小区、商业区、学校聚集区等城市功能区延伸，方便人民群众生产生活。要采取有效措施积极扶持城乡之间的公共交通发展，引导城市公共交通向农村延伸服务，方便农村客运与城市公共交通的接驳换乘，解决农民出行难问题。小公共汽车作为公共汽（电）车的补充，是中小城市公共交通的主要形式，要充分发挥其优势，合理引导，规范发展。

2）有序发展城市轨道交通

城市轨道交通建设要坚持量力而行、有序发展的方针，与城市规模和经济发展水平相适应。要按照《国务院办公厅关于加强城市快速轨道交通建设管理的通知》（国办发〔2003〕81号）要求，对经济条件较好，交通拥堵问题比较严重的特大城市轨道交通项目予以优先支持。

项目建设要严格按照城市轨道交通建设规划组织实施。轨道交通的建设和运营成本不能完全通过车票收入来平衡，要积极探索改革建设、运营和投融资体制，增加投入，促进轨道交通健康发展。

3)适度发展大运量快速公共汽车系统

大运量快速公共汽车系统是利用现代化大容量专用公共交通车辆，在专用的道路空间快速运行的公共交通方式，具有与轨道交通相近的运量大、快捷、安全等特性，且建设周期短，造价和运营成本相对低廉。具备条件的城市应结合城市道路网络改造，因地制宜发展大运量快速公共汽车系统，要在做好建设规划的基础上，处理好与其他公共交通方式的衔接和配合。

10.2.5 保障公共交通的道路优先使用权

1)科学设置优先车道(路)和优先通行信号系统

要通过科学论证，合理设置公共交通优先车道、专用车道(路)、路口专用线(道)、专用街道、单向优先专用线(道)等，调整公共交通车辆与其他社会车辆的路权使用分配关系，提高公共交通车辆运营速度和道路资源利用率。公共交通优先车道要配套设置清晰、直观的标志标线等标志系统，使公共交通流与其他交通流明确区分，确保公共交通车辆的优先或专用路权。要通过合理配置公共交通车辆感应信号系统，调整交叉口信号周期、信号相位，设置公共交通车辆专用信号等措施，减少公共交通车辆在道路交叉口的停留时间，保证道路优先通行权。

2)加强优先车道(路)和优先通行信号系统管理

城市人民政府要建立公共交通优先车道监控系统，加强优先车道和优先通行信号系统管理，对占用公共汽车专用道、干扰公共交通车辆优先通行的社会车辆依法查处，保证公共交通车辆对优先车道的使用权和优先通行信号系统的正常运转，提高公共交通车辆的运行速度和准点率。

10.2.6 积极稳妥地推进行业改革

1)改革投融资体制

要按照市政公用事业改革的总体要求，鼓励社会资本包括境外资本以合资、合作或委托经营等方式参与公共交通投资、建设和经营。鼓励和支持公共交通企业采取盘活现有资产、改制上市等方式筹集资金。要把公共交通基础设施建设与周边地区用地开发统筹考虑，充分发挥项目建设的综合效益。

2)推行特许经营制度

有序开放公共交通市场，实行特许经营制度，形成国有主导、多方参与、规模经营、有序竞争的格局。在实施特许经营的过程中，要防止片面追求经济收益，盲目拍卖出让公共交通线路和设施经营权,严禁将同一线路经营权重复授予不同经营者。对经营恶化、管理混乱、安全生产隐患严重的企业,要依法收回特许经营权。

3)加强市场监管

城市公共交通行政主管部门要加强对公共交通企业经营和服务质量的监管,规范经营行为,依法查处非法营运、妨碍公共交通正常运行、危害公共交通安全等行为。要逐步推行等级服务评定制度,开展文明线路创建活动,加强行业自律,促进企业不断提高自身素质。

4)提高服务水平

公共交通企业要科学调度车辆和编制运行图,加大行车密度,及时疏解客流,缩短乘客等候时间。要加快车辆更新步伐,积极选用安全、舒适、节能、环保的车辆,淘汰环境污染严重、技术条件差的车辆。要加强对公共交通场站、车辆、设施装备等的维护保养,为群众创造良好的乘车、候车环境。

10.2.7 加大政策扶持力度

1)提供财政支持

城市人民政府要对轨道交通、综合换乘枢纽、场站建设,以及车辆和设施装备的配置、更新给予必要的资金和政策扶持。城市公用事业附加费、基础设施配套费等政府性基金要用于城市交通建设,并向公共交通倾斜。

2)规范补贴制度

对公共交通实行经济补贴、补偿政策。建立规范的成本费用评价制度和政策性亏损评估制度,对公共交通企业的成本和费用进行年度审计与评价,合理界定和计算政策性亏损,并给予适当补贴。对公共交通企业承担社会福利(包括老年人、残疾人、军人免费乘车,学生和成人持月票乘车等)和完成政府指令性任务所增加的支出,定期进行专项经济补偿。

3)调整客运价格

要兼顾经济效益和社会效益,考虑企业经营成本和群众承受能力,科学合理地核定公共交通票价。发挥客运价格的导向和杠杆作用,继续保持低票价和低成本的优势,最大限度地吸引客流,提高公共交通工具的利用率。各种公共交通方式之间也要建立合理比价关系,实现优势互补,提高整个公共交通系统的运行效率。

4)实行用地划拨

优先安排公共交通设施建设用地,城市公共交通规划确定的停车场、保养场、首末站、调度中心、换乘枢纽等设施,其用地符合《划拨用地目录》的,可以用划拨方式供地。不得随意挤占公共交通设施用地或改变土地用途。

5)加大科研投入

城市人民政府要加大对公共交通行业的科研投入,实现公共交通优先发展的科技支撑。

要对公共交通规划理论与方法、综合交通枢纽设计、公共交通优先的道路网利用和信号系统、综合交通信息平台、车辆智能化和安全性有关标准等组织立项,加大科研力度。要积极推广应用先进科技成果,满足优先发展公共交通的技术需要。公共交通企业要加大对企业管理系统的科技投入,提高运营组织水平。

10.3 出租汽车管理

10.3.1 出租汽车的含义及管理的原则

出租汽车,是指具有合法营运资格,按照乘客意愿提供客运服务,以行驶里程或者时间计费的5座以下的小型客车。出租汽车是城市综合交通体系的重要组成部分。县级以上人民政府应当根据经济社会和城市发展,制订出租汽车发展规划。

出租汽车管理应当遵循公开、公平、公正和便民的原则,促进出租汽车市场健康有序发展,满足广大人民群众的出行需求。出租汽车经营者和驾驶员应当依法经营,诚实守信,公平竞争,文明服务。

从事出租汽车经营应当依法取得许可,任何单位和个人不得封锁或者垄断出租汽车市场。鼓励出租汽车经营向规模化、集约化发展。推广信息化管理和使用环保、节能车型。

10.3.2 出租汽车经营权管理

应当采取以企业综合素质和服务质量为主要条件的招投标方式配置出租汽车经营权,择优确定经营者。

县级以上人民政府交通运输主管部门应当根据出租汽车发展规划和市场需求,科学合理地确定出租汽车新增运力的投放数量、车型等,制定出租汽车经营权配置方案,并向社会公示。出租汽车经营权配置方案应当经地级以上市人民政府批准,并向省人民政府交通运输主管部门备案后组织实施。

1)出租汽车经营应具备的条件

申请从事出租汽车经营的,应当具备下列条件:

(1)有购置符合规定车辆的资金;

(2)有与经营规模相适应的注册资金;

(3)有与经营规模相适应的经营场地、车辆停放地;

(4)有健全的安全生产、服务质量、车辆、驾驶员等管理制度;

(5)法律、法规、规章规定的其他条件。

2）出租汽车经营许可管理

县级以上人民政府交通运输主管部门作出出租汽车经营权许可决定后，应为出租汽车经营者发放道路运输经营许可证；并为符合规定的车辆配发道路运输证。

出租汽车经营者应当持道路运输经营许可证，依法向工商行政管理部门办理有关登记手续。未取得出租汽车经营许可并办理工商登记的，不得从事出租汽车经营活动。

出租汽车的经营权期限一般为5年至10年。在上述的年限内的具体经营期限，由县级以上人民政府交通运输主管部门规定。经营期限内不能正常经营或者经营期限届满的，其经营权由原许可机关收回。

出租汽车经营者停业、歇业、合并、迁移经营场所、变更名称，以及车辆报停、更新、减少的，应当到原许可机关办理相关手续。依法取得的出租汽车经营权不得转让，法律、法规另有规定的除外。

出租汽车经营者应当全额出资购买车辆，不得通过一次性买断经营权或者收取高额风险抵押金等方式转嫁经营风险。

有下列情形之一的，由原许可机关全部或者部分收回其出租汽车经营权，并注销其道路运输证：

（1）非法转让出租汽车经营权的；

（2）通过收取高额风险抵押金等方式转嫁经营风险的；

（3）取得出租汽车经营权许可，在规定时间内无正当理由未投入营运，或者在经营期限内连续未营运超过规定时间的；

（4）企业质量信誉考核连续两年不合格的。

10.3.3 出租汽车车辆管理

出租汽车经营者应当确保其出租汽车符合下列条件：

（1）符合国家和地方规定的技术标准、环保标准，并经检测合格；

（2）依法取得机动车牌照；

（3）按照规定配置、安装出租汽车标志灯、空车待租标志、计价器、带卫星定位功能的行车记录仪、安全防范装置和服务设施等；

（4）按照规定喷涂车身颜色，标明经营者名称、监督投诉电话；

（5）按照规定购买机动车第三者交通强制保险和承运人责任险；

（6）达到《营运车辆技术等级划分和评定要求》（JT/T 198—2004）规定的二级以上技术等级；

（7）法律、法规、规章规定的其他条件。

出租汽车经营者应当根据国家相关规定建立车辆技术管理制度，保持车辆整洁卫生、设备设施完好。

县级以上人民政府交通运输主管部门应当每年对出租汽车进行一次审验。审验内容包括:车辆结构、外观颜色变动情况,按照规定安装、使用出租汽车标志灯、空车待租标志、计价器、带卫星定位功能的行车记录仪、安全防护装置和服务设施等情况。县级以上人民政府交通运输主管部门应当结合审验情况,每年对出租汽车进行一次综合性能检测。

10.3.4 出租汽车营运管理

1)营运范围

出租汽车单次经营的起点或者终点应当至少有一端在许可的营运区域范围内。运送旅客前往许可的营运区域范围以外时,应当选择最佳行驶路线,将旅客直接送达目的地。回程时应当显示停运标志;需回程载客的,应当到当地交通运输主管部门指定的出租汽车回程候客站点载客。县级以上人民政府交通运输主管部门应当在城市进出口、机场、码头、车站等交通方便、客流较集中的地方设立外地出租汽车回程候客站点,并向社会公布。

2)营运规定

出租汽车经营者应当遵守下列规定:

(1)遵守法律、法规、规章和其他有关规定;

(2)建立科学合理的出租汽车经济承包经营费用与油价、市场供求状况等变动的联动机制,形成产权明晰、责权对等、收费合法、风险共担的经营体制;

(3)执行政府价格主管部门制定的运价和收费标准,使用地方税务部门监制的票据;

(4)建立出租汽车驾驶员管理档案、顶班制度和驾驶员岗位培训制度,定期组织驾驶员业务培训、职业道德和安全教育,提高驾驶员综合素质;

(5)如实向交通运输主管部门报送营运报表以及其他营运资料;

(6)建立服务质量投诉制度。

出租汽车经营者应当自营,或者与驾驶员签订合同实行经济承包经营。实行经济承包经营的,应当使用统一规范的合同文本,明确双方的权利、义务。出租汽车经营权、车辆产权不因承包经营而转移。承包者不得再次转包或者自行聘请驾驶员。出租汽车承包合同规范文本,由县级以上人民政府交通运输主管部门会同工商、价格等部门制定。

出租汽车经营者应当依法与驾驶员签订劳动合同,依法参加社会保险。驾驶员实行不定时工作制的,应当在劳动合同中明确。

出租汽车驾驶员营运服务,应当遵守下列规定:

(1)携带车辆行驶证、驾驶证、道路运输证,在车内规定位置放置出租汽车驾驶员从业资格证;

(2)衣着整洁,文明礼貌;定期消毒,保持车容车貌整洁卫生;载客运行时,不得在车厢内吸烟、饮食；

(3)按照乘客要求的路线行驶；乘客未提出要求的，应当选择距离最短的路线行驶；因故需绕道行驶时，应当征得乘客同意；

(4)不得无故拒载或者招揽他人同乘；

(5)上客后启动计价器，抵达目的地后按规定收费并出具发票，不得以任何方式直接或者变相多收乘车费用；

(6)不得无故中断运送旅客服务或者未征得旅客同意更换车辆；

(7)不得利用出租汽车进行违法犯罪活动或者为违法犯罪活动提供便利条件，营运中发现违法犯罪嫌疑人，应当及时向公安机关举报，并协助公安机关调查取证。

出租汽车空驶待租期间，除下列情形外，出租汽车驾驶员不得拒载：

(1)不能控制自己行为的乘客要求乘车且无人随车监护的；

(2)乘客携带易燃、易爆、有毒等危险物品的；

(3)乘客不愿按照规定计费标准支付车费的；

(4)乘客的要求违反道路交通安全有关法律、法规和交通管制的。

出租汽车经营者应当制定突发公共事件应急预案。应急预案应当包括报告程序、应急指挥、应急车辆以及处置措施等内容。发生突发公共事件时，出租汽车经营者和驾驶员应当服从县级以上人民政府及有关部门的统一指挥、调度。

县级以上人民政府交通运输主管部门应当会同公安、规划、市政、住房城乡建设等部门，在客流集中的公共场所、大型居住区的周边道路以及其他必要的道路上，根据方便乘客的原则和道路条件，设置有明显标志的出租汽车临时停靠点；在主要交通设施、旅游景点以及其他大型公共场所等客流集散地设置出租汽车营运点。任何单位和个人不得向出租汽车经营者、驾驶员非法收取停车费用或者阻挠其正常营运，不得采取扰乱正常营运秩序的手段为出租汽车招揽乘客。

3)质量信誉考核

县级以上人民政府交通运输主管部门对出租汽车经营者实行质量信誉考核制度。质量信誉考核的具体办法，由省人民政府交通运输主管部门制定。

县级以上人民政府交通运输主管部门应当建立投诉制度，公开投诉电话、通信地址或者电子邮箱，接受乘客、驾驶员以及经营者的投诉和社会监督。交通运输主管部门受理投诉后，应在规定时间内予以处理，并将处理结果告知投诉人。情况复杂的，处理时限可以适当延长。

县级以上人民政府交通运输主管部门可以建立非法营运举报奖励制度。对未经许可擅自从事出租汽车经营或者不能提供合法有效证明的，可以依法暂扣运输车辆，并在规定期限内做出处理决定。

10.4 汽车租赁管理

10.4.1 汽车租赁业发展的意义

汽车租赁作为我国新兴的交通运输服务业，是满足人民群众个性化出行、商务活动需求和保障重大社会活动的重要交通方式，是综合运输体系的重要组成部分。促进汽车租赁业健康发展，是转变交通运输发展方式、推进现代交通运输业发展、增强服务能力的重要举措，对完善综合运输体系，转变道路运输发展方式，提高车辆、道路、停车场地等社会资源的利用效率，带动旅游业、汽车工业、金融保险业的发展，提高人民群众生活质量，都具有重要的意义。

10.4.2 汽车租赁业发展的目标

随着经济社会快速发展，城镇化进程进一步加快，城乡、区域一体化迅速推进，人民群众生活水平显著提高，驾驶技能广泛普及，企事业单位用车制度改革，汽车租赁需求将会十分旺盛，发展潜力巨大，其具备了快速发展的基础条件。

与国际上汽车租赁业发达地区相比，我国汽车租赁业在发展过程中还存在一些不容忽视的突出问题，主要是政策法规不完善、诚信体系不健全、企业规模较小、经营方式和管理水平落后、经营行为不规范、品牌化发展不足、网络化程度低、技术力量薄弱等，使汽车租赁的优势和作用不能充分发挥，影响了服务质量的提升，制约了汽车租赁业健康发展。

我国汽车租赁业具有很大的发展潜力，各级交通运输主管部门要以科学发展观为指导，加快建立和完善法规体系，制定发展规划，完善政策措施，加强品牌建设，创新服务模式，提高服务质量，初步形成龙头企业引领、经营主体多元、网络覆盖全国、经营行为规范、市场秩序良好、服务标准与国际先进水平接轨的汽车租赁服务体系，基本满足经济社会发展和人民群众对汽车租赁业的需求。

10.4.3 汽车租赁业规范发展的措施

(1)建立健全汽车租赁法规体系。要结合实际，加快研究制订汽车租赁地方性法规、规章，并纳入道路运输法规体系，建立健全市场准入、退出机制，推动汽车租赁业规范健康发展。

(2)加快制定汽车租赁业发展规划。要在加强调研、摸清情况的基础上，制定汽车租赁业发展规划，并纳入综合运输体系规划和交通运输发展规划。汽车租赁业可根据各种运输方式规划建设的枢纽站场，布局汽车租赁网点。

(3)引导汽车租赁业规模化、网络化、品牌化发展。要采取切实有效的措施,鼓励规模大、管理好、信誉高的汽车租赁企业依法设立分支机构,建立全国或区域性汽车租赁网络。各地不得实行地方保护和地区封锁。

(4)四是加强汽车租赁管理。汽车租赁车辆应当取得有关合法资格证件,并随车携带。汽车租赁车辆应当定期进行维护和检测,确保车辆性能良好。汽车租赁企业应当与承租人签订车辆租赁合同,提供符合技术标准和证件齐全有效的车辆。汽车租赁企业未经许可,不得擅自从事道路客货运输经营活动。

(5)创新汽车租赁服务模式。鼓励汽车租赁企业发展多种服务模式,鼓励与交通运输企业、宾馆、旅行社、商务门户网站等开展合作,增加服务网点,满足休闲、商务、会展、通勤、婚庆等不同的个性化出行需求。借鉴国际成熟的管理技术和经营模式,开展异地还车、电话预约、电子商务、企业相互间代办业务、电子货币结算等业务。鼓励应用卫星定位、导航等先进技术,提高汽车租赁服务水平。

(6)创造良好的发展环境。各地要加强指导和协调,支持汽车租赁企业与银行、保险等金融服务行业及汽车产业链各环节的紧密合作,完善消费者诚信体系,增强企业发展能力,降低企业经营风险。加强与公安等有关部门协调,严厉打击诈骗租赁汽车等犯罪行为,积极帮助汽车租赁企业解决丢车法律责任、租车方交通违法责任认定等实际问题。

(7)加强汽车租赁市场监管。要加快制订汽车租赁服务质量标准,开展服务质量考核评比工作,逐步形成优胜劣汰的市场机制。加强汽车租赁服务监督,推行汽车租赁示范合同,促进企业诚信规范经营。打击非法从事汽车租赁经营行为,维护合法经营者正当权益。支持行业协会发挥桥梁纽带作用,加强行业自律,为企业提供服务。

复习思考题

1. 城市公共交通的含义是什么?
2. 城市公共交通的结构及特点分别是什么?
3. 城市公共交通的类型及运营方式分别有哪些?
4. 城市公共交通管理的目的是什么?
5. 如何做好城市公共交通的规划与建设管理?
6. 城市公共交通运营服务管理包括哪些内容?
7. 如何做好城市公共交通运营安全管理?
8. 城市公共交通发展政策主要包括哪些方面?
9. 出租汽车的含义及管理的原则分别是什么?
10. 出租汽车经营权管理的主要内容有哪些?

11. 出租汽车车辆管理的主要内容有哪些?

12. 如何做好出租汽车营运管理?

13. 汽车租赁业发展的意义是什么?

14. 汽车租赁业发展的目标是什么?

15. 汽车租赁业规范发展的措施有哪些?

第 11 章 道路货物运输管理

道路货物运输是道路运输市场的重要组成部分，在国家整体货运市场中以其优势发挥着集、散的作用。加强道路货物运输管理，对规范道路货物运输经营活动，维护道路货物运输市场秩序，保障道路货物运输安全，保护道路货物运输有关各方当事人的合法权益，具有重要的意义。

11.1 道路货物运输管理概述

11.1.1 道路货物运输的含义

道路货物运输是指人们借助一定的运载工具，通过道路使货物发生位移的运输活动。衡量货物运输生产量的尺度，称为货物运输量，一般用货运量和货物周转量来表示。货运量的计量单位是吨，货物周转量的计量单位是吨公里。

道路货物运输经营，是指为社会提供公共服务、具有商业性质的道路货物运输活动。道路货物运输包括道路普通货运、道路货物专用运输、道路大型物件运输和道路危险货物运输。

道路普通货物运输，是指在运输、装卸、保管过程中没有特殊要求，无须采用特殊措施和方法的货物运输。

道路大型物件运输是指以货物的体积、质量要求使用大型或专用汽车运输的。

道路危险货物运输是指承运《危险货物品名表》列名的易燃、易爆、有毒、有腐蚀性、有放射性等的货物和虽未列入《危险货物品名表》，但具有危险货物性质的新产品。

道路货物专用运输是指使用集装箱、冷藏保鲜设备、罐式容器等专用车辆进行的货物运输。

11.1.2 道路货物运输管理的含义和内容

道路货物运输管理，是指道路运输管理机构对货物运输全过程及有关的运输经济活动进行规划、组织、指导、协调和监督。其目的是为了使道路货物运输经营者正确贯彻执行国家有关的方针政策，形成统一、开放、竞争、有序的货运市场，实现货场其流，最大限度地满足国民经济和人民生活日益增长的运输需要。

随着道路运输市场进一步开放,道路货物运输市场的开放度进一步提高,在道路货运中市场对资源配置的基础性作用将进一步增大。因此,道路运输管理机构对道路货运管理的核心是道路货运市场管理,即对道路货运市场实施规划、组织、指导、协调和监督。道路货物运输市场管理的主要内容有:

(1)道路货运经营者的市场准入管理。

(2)对道路货物运输市场进行预测,制定道路货运业发展规划,实施道路货运市场的调控。通过对市场总供给,总需求的预测。制定市场调控政策,保持市场运力与运量的相对平衡;运力结构、组织结构、规模结构等与市场需求相适应;促进市场集中度的提高。

(3)道路货运市场基础设施的规划和管理。如货运站、货运集散中心、信息配载市场、物流中心等的布局和管理。

(4)对道路货运市场的监督管理。监督和规范经营者的经营行为,提高运输服务质量,创造公平的市场竞争环境。

11.2 道路货物运输经营许可管理

11.2.1 道路货物运输经营的条件

申请从事道路货物运输经营的,应当具备下列条件。

1)有与其经营业务相适应并经检测合格的运输车辆

(1)车辆技术要求:

①车辆技术性能应当符合国家标准《营运车辆综合性能要求和检验方法》(GB 18565—2001)的要求;

②车辆外廓尺寸、轴荷和载质量应当符合国家标准《道路车辆外廓尺寸、轴荷及质量限值》(GB 1589—2004)的要求。

(2)车辆其他要求:

①从事大型物件运输经营的,应当具有与所运输大型物件相适应的超重型车组;

②从事冷藏保鲜、罐式容器等专用运输的,应当具有与运输货物相适应的专用容器、设备、设施,并固定在专用车辆上;

③从事集装箱运输的,车辆还应当有固定集装箱的转锁装置。

2)有符合规定条件的驾驶人员

(1)要求取得与驾驶车辆相应的机动车驾驶证;

(2)年龄不超过60周岁;

(3)要求经设区的市级道路运输管理机构对有关道路货物运输法规、机动车维修和货物及装载保管基本知识考试合格，并取得从业资格证。

3）有健全的安全生产管理制度

其包括安全生产责任制度、安全生产业务操作规程、安全生产监督检查制度、驾驶员和车辆安全生产管理制度等。

11.2.2 道路货运经营许可管理

道路运输管理机构应当按照《中华人民共和国道路运输条例》、《交通行政许可实施程序规定》和本规定规范的程序实施道路货物运输经营和货运站经营的行政许可。对道路货运经营申请予以受理的，应当自受理之日起20日内作出许可或者不予许可的决定；道路运输管理机构对货运站经营申请予以受理的，应当自受理之日起15日内作出许可或者不予许可的决定。对符合法定条件的道路货物运输经营申请作出准予行政许可决定的，应当出具"道路货物运输经营行政许可决定书"，明确许可事项。在10日内向被许可人颁发"道路运输经营许可证"，在"道路运输经营许可证"上注明经营范围。

被许可人应当按照承诺书的要求投入运输车辆。购置车辆或者已有车辆经道路运输管理机构核实并符合条件的，道路运输管理机构向投入运输的车辆配发"道路运输证"。道路货物运输经营者和货运站经营者应当持"道路运输经营许可证"依法向工商行政管理机关办理有关登记手续。经营者设立子公司的，应当向设立地的道路运输管理机构申请经营许可；设立分公司的，应当向设立地的道路运输管理机构报备。

从事货运代理（代办）等货运相关服务的经营者，应当依法到工商行政管理机关办理有关登记手续，并持有关登记证件到设立地的道路运输管理机构备案。

道路货物运输经营者需要终止经营的，应当在终止经营之日30日前告知原许可的道路运输管理机构，并办理有关注销手续。

11.2.3 道路货运经营行为管理

道路货物运输经营者应当按照"道路运输经营许可证"核定的经营范围从事货物运输经营，不得转让、出租道路运输经营许可证件。对从业人员进行经常性的安全、职业道德教育和业务知识、操作规程培训。按照国家有关规定在其重型货运车辆、牵引车上安装、使用行驶记录仪，并采取有效措施，防止驾驶人员连续驾驶时间超过4个小时。要求其聘用的车辆驾驶员随车携带"道路运输证"。"道路运输证"不得转让、出租、涂改、伪造。聘用持有从业资格证的驾驶人员。

营运驾驶员应当驾驶与其从业资格类别相符的车辆。驾驶营运车辆时，应当随身携带从业资格证。运输的货物应当符合货运车辆核定的载质量，载物的长、宽、高不得违反装载要求。禁止货运车辆违反国家有关规定超限、超载运输。禁止使用货运车辆运输旅客。

道路货物运输经营者运输大型物件,应当制定道路运输组织方案。涉及超限运输的应当按照交通运输部颁布的《超限运输车辆行驶公路管理规定》办理相应的审批手续。从事大型物件运输的车辆,应当按照规定装置统一的标志和悬挂标志旗;夜间行驶和停车休息时应当设置标志灯。

道路货物运输经营者不得运输法律、行政法规禁止运输的货物。道路货物运输经营者在受理法律、行政法规规定限运、凭证运输的货物时,应当查验并确认有关手续齐全、有效后方可运输。货物托运人应当按照有关法律、行政法规的规定办理限运、凭证运输手续。不得采取不正当手段招揽货物、垄断货源。不得阻碍其他货运经营者开展正常的运输经营活动。采取有效措施,防止货物变质、腐烂、短少或者损失。

道路货物运输经营者和货物托运人应当按照《中华人民共和国合同法》的要求,订立道路货物运输合同。道路货物运输可以采用交通运输部颁布的《汽车货物运输规则》所推荐的道路货物运单签订运输合同。

国家鼓励实行封闭式运输。道路货物运输经营者应当采取有效的措施,防止货物脱落、扬撒等情况发生。

道路货物运输经营者应当制定有关交通事故、自然灾害、公共卫生以及其他突发公共事件的道路运输应急预案。应急预案应当包括报告程序、应急指挥、应急车辆和设备的储备以及处置措施等内容。发生交通事故、自然灾害、公共卫生以及其他突发公共事件,道路货物运输经营者应当服从县级以上人民政府或者有关部门的统一调度、指挥。

道路货物运输经营者应当严格遵守国家有关价格法律、法规和规章的规定,不得恶意压价竞争。

11.3 道路货运企业等级管理

11.3.1 道路货运企业等级的含义

货运企业等级按照货运企业资产规模、车辆条件、站场设施、经营业绩、安全状况和服务质量等方面进行的分级,分为一、二、三、四、五级。

货运企业等级评定工作由各级道路运输协会组织专家委员会评定。不符合企业法人条件的经营单位(企业所属的内部独立核算的非法人货运经营单位除外)不评定企业等级。

11.3.2 道路货运企业等级条件

1)一级企业条件

(1)资产规模,指企业净资产4亿元以上,货运资产净值3亿元以上(各级企业的货运资产包括车辆设备、站场设施等)。

(2)车辆条件,指货运企业自有营运货车总载质量不少于7 000t,其中:载质量为8t(含)以上货车的载质量不少于5 000t或专用货车不少于货车总数的50%,或厢式货车和集装箱专用车不少于货车总数的60%;符合《道路车辆外廓尺寸、轴荷及质量限值》GB 1589—2004规定的货车不少于货车总数的80%;营运货车新度系数0.60以上。

(3)站场设施,指货运企业至少自有或长期租赁一个一级货运站和两个二级货运站,或自有、长期租赁、投资参股的货运站场的建设规模及年完成的换算货物吞吐量相当于一个一级货运站和两个二级货运站。货运站场级别应符合《汽车货运站(场)级别划分和建设要求》JT/T 402—1999的规定。

(4)经营业绩,指上一年度总营业收入3亿元以上,其中货运营业收入2亿元以上。

(5)安全状况,上一年度行车责任安全事故率不高于0.1次/车,责任安全事故死亡率不高于0.02人/车,责任安全事故伤人率不高于0.05人/车。

(6)服务质量,上一年度托运人向行业主管部门投诉企业服务质量的次数不高于0.02次/车,省级及以上新闻媒体报道企业重大服务质量事故不高于两件,行业主管部门对企业不规范经营行为进行处罚的次数不高于0.15次/车(各级企业均只统计属实的投诉次数和报道次数)。

2)二级企业条件

(1)资产规模,指企业净资产1亿元以上,货运资产净值6 000万元以上。

(2)车辆条件,指货运企业自有营运货车总载质量不少于1 400t,其中:载质量为8t(含)以上货车的载质量不少于1 000t或专用货车不少于货车总数的40%,或厢式货车和集装箱专用车不少于货车总数的50%;符合GB 1589—2004规定的货车不少于货车总数的70%;营运货车新度系数0.60以上。

(3)站场设施,指货运企业至少自有或长期租赁两个二级货运站,或自有、长期租赁、投资参股的货运站场的建设规模及年完成的换算货物吞吐量相当于两个二级货运站。

(4)经营业绩,指上一年度总营业收入6 000万元以上,其中货运营业收入4 000万元以上。

(5)安全状况,指上一年度行车责任安全事故率不高于0.1次/车,责任安全事故死亡率不高于0.02人/车,责任安全事故伤人率不高于0.05人/车。

(6)服务质量,指上一年度托运人向行业主管部门投诉企业服务质量的次数不高于0.02次/车,省级及以上新闻媒体报道企业服务质量事故不高于两件,行业主管部门对企业不规范经营行为进行处罚的次数不高于0.2次/车。

3)三级企业条件

(1)资产规模,指企业净资产2 000万元以上,货运资产净值1 200万元以上。

(2)车辆条件,指货运企业自有营运货车总载质量不少于650t,其中:载质量为8t(含)以上货车的载质量不少于400t;或专用货车不少于货车总数的30%,或厢式货车和集装箱专用车不少于货车总数的45%；符合GB 1589—2004规定的货车不少于货车总数的60%；营运货车新度系数0.55以上。

(3)站场设施，即货运企业至少自有或长期租赁两个三级货运站，或自有、长期租赁、投资参股的货运站场的建设规模及年完成的换算货物吞吐量相当于两个三级货运站。

(4)经营业绩，指上一年度总营业收入1 200万元以上，其中货运营业收入1 000万元以上。

(5)安全状况，指上一年度行车责任安全事故率不高于0.12次/车，责任安全事故死亡率不高于0.03人/车，责任安全事故伤人率不高于0.08人/车。

(6)服务质量，指上一年度托运人向行业主管部门投诉企业服务质量的次数不高于0.04次/车，市级及以上新闻媒体报道企业服务质量事故不高于两件，行业主管部门对企业不规范经营行为进行处罚的次数不高于0.25次/车。

4)四级企业条件

(1)资产规模，指企业净资产400万元以上，货运资产净值240万元以上。

(2)车辆条件，指货运企业自有营运货车总载质量不少于300t，其中：载质量为8t(含)以上货车载质量不少于150t或专用货车不少于车辆总数的20%，或厢式货车和集装箱专用车不少于货车总数的40%；符合GB 1589—2004规定的货车不少于货车总数的60%；营运货新度系数0.50以上。

(3)站场设施，指货运企业至少自有或长期租赁一个四级货运站，或自有、长期租赁、投资参股的货运场站的建设规模及年完成的换算货物吞吐量相当于一个四级货运站。

(4)经营业绩，指上一年度总营业收入400万元以上，其中货运营业收入240万元以上。

(5)安全状况，指上一年度行车责任安全事故率不高于0.15次/车，责任安全事故死亡率不高于0.1人/车，责任安全事故伤人率不高于0.12人/车。

(6)服务质量，指上一年度托运人向行业主管部门投诉企业服务质量的次数不高于0.1次/车，市级及以上新闻媒体报道企业服务质量事故不高于两件，行业主管部门对企业不规范经营行为进行处罚的次数不高于0.3次/车。

5)五级企业条件

五级企业条件指未达到四级及以上的企业条件的货运企业。

11.4 道路货运站场管理

11.4.1 道路货运站场级别划分

道路货运站场具有运输组织、中转和装卸储运、中介代理、通信信息、辅助服务等主要业务功能。

站场级别依据年换算货物吞吐量划分为一、二、三、四级。

一级货运站，年换算货物吞吐量(600×103)t及以上。二级货运站，年换算货物吞吐量(300×103)t～(600×103)t。三级货运站，年换算货物吞吐量(150×103)t～(300×103)t。四级货运站，年换算货物吞吐量不足(150×103)t。

11.4.2 货运站经营的条件

申请从事货运站经营的，应当具备下列条件：

(1)有与其经营规模相适应的货运站房、生产调度办公室、信息管理中心、仓库、仓储库棚、场地和道路等设施，并经有关部门组织的工程竣工验收合格；

(2)有与其经营规模相适应的安全、消防、装卸、通信、计量等设备；

(3)有与其经营规模、经营类别相适应的管理人员和专业技术人员；

(4)有健全的业务操作规程和安全生产管理制度。

11.4.3 货运站经营行为管理

运站经营者应当按照经营许可证核定的许可事项经营，不得随意改变货运站用途和服务功能。依法加强安全管理，完善安全生产条件，健全和落实安全生产责任制。对出站车辆进行安全检查，防止超载车辆或者未经安全检查的车辆出站，保证安全生产。按照货物的性质、保管要求进行分类存放，危险货物应当单独存放，保证货物完好无损。货物运输包装应当按照国家规定的货物运输包装标准作业，包装物和包装技术、质量要符合运输要求。

货运站经营者应当按照规定的业务操作规程进行货物的搬运装卸。搬运装卸作业应当轻装、轻卸，堆放整齐，防止混杂、撒漏、破损，严禁有毒、易污染物品与食品混装。严格执行价格规定，在经营场所公布收费项目和收费标准。严禁乱收费。

进入货运站经营的经营业户及车辆，经营手续必须齐全。货运站经营者应当公平对待使用货运站的道路货物运输经营者，禁止无证经营的车辆进站从事经营活动，无正当理由不得拒绝道路货物运输经营者进站从事经营活动。货运站经营者不得垄断货源、抢装货物、扣押货物。货运站要保持清洁卫生，各项服务标志醒目。

货运站经营者经营配载服务应当坚持自愿原则，提供的货源信息和运力信息应当真实、准确。

货运站经营者不得超限、超载配货，不得为无道路运输经营许可证或证照不全者提供服务；不得违反国家有关规定，为运输车辆装卸国家禁运、限运的物品。

货运站经营者应当制定有关突发公共事件的应急预案。应急预案应当包括报告程序、应急指挥、应急车辆和设备的储备以及处置措施等内容。建立和完善各类台账和档案，并按要求报送有关信息。

11.4.4 公路货运枢纽体系建设

1)优化公路货运枢纽站场布局

推动公路货运枢纽站场与港口物流园区、空港物流园区、铁路集装箱站场统一规划建设，促进其与政府规划的产业园区、商贸市场、国际口岸的有效对接。在全国所有百亿元专业市场，国家、省级工业园区或产业基地、国家一类口岸，规划建设1~2个与之相配套的公路货运站场。积极推进农村地区货运站场建设，完善县(市)、乡(镇)、村三级物流节点网络。

2)完善公路货运枢纽站场服务功能

加大对甩挂运输等专业化作业场站的投资补助力度，鼓励公路货运站场经营主体积极拓展仓储、分拨配送、流通加工、保税等服务，大力推广应用现代信息技术、运输组织及仓储管理技术，加快向现代综合物流园区转型。加快推进全国二级及以上公路货运站场的升级改造。

11.5 道路危险货物运输管理

11.5.1 危险货物含义及分类

1)危险货物的含义

危险货物是指具有爆炸、易燃、毒害、腐蚀、放射性等特性，在运输、装卸和储存过程中，容易造成人身伤亡、财产毁损和环境污染而需要特别防护的货物。

2)危险货物的分类

危险品货物按具有的危险性或最主要的危险性和运输要求分为九类：

第1类 爆炸品。包括：①爆炸性物质；②爆炸性物品；③为产生爆炸或烟火实际效果而制造的上述两项中未提及的物质或物品。

第2类 气体。本类气体包括：①在50℃时，蒸汽压力大于300kPa的物质；②20℃时在101.3kPa标准压力下完全是气态的物质。

本类气体包括压缩气体、液化气体、溶解气体和冷冻液化气体、一种或多种气体与一种或多种其他类别物质的蒸汽的混合物、充有气体的物品和烟雾剂。

第3类 易燃液体。本类液体包括：①易燃液体。在其闪点温度(其闭杯试验闪点不高于60.5℃，或其开杯试验闪点不高于65.6℃)时放出易燃蒸汽的液体或液体混合物，或是在溶液或悬浮液中含有固体的液体；本类液体还包括：在温度等于或高于其闪点的条件下提交运输的液体；或以液态在高温条件下运输或提交运输、并在温度等于或低于最高运输温度下放出易燃蒸汽的物质。②液态退敏爆炸品。

第4类 易燃固体、易于自燃的物质、遇水放出易燃气体的物质。

易燃固体包括:①容易燃烧或摩擦可能引燃或助燃的固体;②可能发生强烈放热反应的自反应物质;③不充分稀释可能发生爆炸的固态退敏爆炸品。易于自燃的物质。本类物质包括:①发火物质;②自热物质。遇水放出易燃气体的物质。与水相互作用易变成自燃物质或能放出危险数量的易燃气体的物质。

第5类 氧化性物质和有机过氧化物。氧化性物质本身不一定可燃,但通常因放出氧或起氧化反应可能引起或促使其他物质燃烧的物质。有机过氧化物分子组成中含有过氧基的有机物质,该物质为热不稳定物质,可能发生放热的自加速分解。该类物质还可能具有以下一种或数种性质:①可能发生爆炸性分解;②迅速燃烧;③对碰撞或摩擦敏感;④与其他物质起危险反应;⑤损害眼睛。

第6类 毒性物质和感染性物质。毒性物质是指经吞食、吸入或皮肤接触后可能造成死亡或严重受伤或健康损害的物质。毒性物质的毒性分为急性口服毒性、皮肤接触毒性和吸入毒性,分别用口服毒性半数致死量LD50、皮肤接触毒性半数致死量LD50,吸入毒性半数致死浓度LC50衡量。经口摄取半数致死量:固体LD50≤200 mg/kg,液体LD50≤500 mg/kg;经皮肤接触24h,半数致死量LD50≤1 000 mg/kg;粉尘、烟雾吸入半数致死浓度LC50≤10 mg/L的固体或液体。感染性物质是指含有病原体的物质,包括生物制品、诊断样品、基因突变的微生物、生物体和其他媒介,如病毒蛋白等。

第7类 放射性物质。含有放射性核素且其放射性活度浓度和总活度都分别超过GB 11806—2004规定的限值的物质。

第8类 腐蚀性物质。通过化学作用会对与其接触的生物组织造成严重损伤、或在渗漏时会严重损害甚至毁坏其他货物或运载工具的物质。腐蚀性物质包含与完好皮肤组织接触不超过4h,在14d的观察期中发现引起皮肤全厚度损毁,或在温度55℃时,对S235JR+CR型或类似型号钢或无覆盖层铝的表面均匀年腐蚀率超过6.25mm/a的物质。

第9类 杂项危险物质和物品。其他类别的危险物质和物品,如:①危害环境物质;②高温物质;③经过基因修改的微生物或组织。

危险货物以列入国家标准《危险货物品名表》(GB 12268—2005)的为准,未列入《危险货物品名表》的,以有关法律、行政法规的规定或者国务院有关部门公布的结果为准。

11.5.2 危险货物运输管理的重要性

(1)危险货物不能当成普通货物运输,因为它具有易于发生事故的特性。

(2)危险货物不是任何运输企业都能运输,特别是个体运输户,更不能承担运输,因为它需要具备特殊的运输条件和掌握危险货物性质的能力。

(3)危险品货物不是任何车辆都能运输,不同的危险品,需要配置不同装置的专用车辆,并对技术状况要求更加严格,必须做到万无一失。

(4)危险货物绝不能与普通货物混装,因此必须加强管理,严禁危险货物混装运输。

(5)危险货物自身稳定性处于一定的临界点,在储存和运输中,要有严格规定和特殊要求,稍有偏离、疏忽或操作错误、防范不当,就会发生事故,而危险货物一旦发生事故,往往具有灾难性,损失巨大,伤亡惨重,影响极大。

11.5.3 道路危险货物运输经营条件

申请从事道路危险货物运输经营的,应当具备下列条件:

1)有符合下列要求的专用车辆及设备

(1)自有专用车辆5辆以上;

(2)专用车辆技术性能符合国家标准《营运车辆综合性能要求和检验方法》(GB 18565—2001)的要求,车辆外廓尺寸、轴荷和质量符合国家标准《道路车辆外廓尺寸、轴荷和质量限值》(GB 1589—2004)的要求,车辆技术等级达到行业标准《营运车辆技术等级划分和评定要求》(JT/T 198—2004)规定的一级技术等级;

(3)配备有效的通信工具;

(4)有符合安全规定并与经营范围、规模相适应的停车场地。具有运输剧毒、爆炸和Ⅰ类包装危险货物专用车辆的,还应当配备与其他设备、车辆、人员隔离的专用停车区域,并设立明显的警示标志;

(5)配备有与运输的危险货物性质相适应的安全防护、环境保护和消防设施设备;

(6)运输剧毒、爆炸、易燃、放射性危险货物的,应当具备罐式车辆或厢式车辆、专用容器,车辆应当安装行驶记录仪或定位系统;

(7)罐式专用车辆的罐体应当经质量检验部门检验合格。运输爆炸、强腐蚀性危险货物的罐式专用车辆的罐体容积不得超过$20m^3$,运输剧毒危险货物的罐式专用车辆的罐体容积不得超过$10m^3$,但罐式集装箱除外;

(8)运输剧毒、爆炸、强腐蚀性危险货物的非罐式专用车辆,核定载质量不得超过10t。

2)有符合下列要求的从业人员

(1)专用车辆的驾驶人员取得相应机动车驾驶证,年龄不超过60周岁;

(2)从事道路危险货物运输的驾驶人员、装卸管理人员、押运人员经所在地设区的市级人民政府交通主管部门考试合格,取得相应从业资格证。

3)有健全的安全生产管理制度

其包括安全生产操作规程、安全生产责任制、安全生产监督检查制度以及从业人员、车辆、设备安全管理制度。

11.5.4 道路危险货物运输经营许可管理

设区的市级道路运输管理机构应当按照《中华人民共和国道路运输条例》和《交通行政许

可实施程序规定》以及本规定规范的程序实施道路危险货物运输行政许可，并进行实地核查。决定准予许可的，应当向被许可人出具“道路危险货物运输行政许可决定书”，注明许可事项，许可事项为运输危险货物的类别和项别、专用车辆数量及要求、运输性质；并在10日内向道路危险货物运输经营申请人发放“道路运输经营许可证”，向非经营性道路危险货物运输申请人颁发“道路危险货物运输许可证”。决定不予许可的，应当向申请人出具“不予交通行政许可决定书”。

被许可人已获得其他道路运输经营许可的，设区的市级道路运输管理机构应当为其换发“道路运输经营许可证”，并在经营范围中加注新许可的事项。如果原“道路运输经营许可证”是由省级道路运输管理机构发放的，则由原发证机关按照上述要求予以换发。被许可人应当按照限定的时间落实拟投入车辆承诺书。做出许可决定的道路运输管理机构已核实被许可人落实了拟投入车辆承诺书且专用车辆符合许可要求、罐体经质检部门检验合格后，应当为专用车辆配发“道路运输证”，并在“道路运输证”经营范围栏内注明允许运输危险货物的类别、项别。其中对从事非经营性道路危险货物运输的，应当在其“道路运输证”上加盖“非经营性危险货物运输专用章”。

被许可人应当持“道路运输经营许可证”或者“道路危险货物运输许可证”依法向工商行政管理机关办理登记手续。

中外合资、中外合作、外商独资形式投资道路危险货物运输的，应当同时遵守“外商投资道路运输业管理规定”。

道路危险货物运输企业或者单位设立子公司从事道路危险货物运输的，应当向设立地设区的市级道路运输管理机构申请运输许可；设立分公司的，应当向设立地设区的市级道路运输管理机构报备。道路危险货物运输企业或者单位需要变更许可事项的，应当向原许可机关提出申请，按照本章有关许可的规定办理。道路危险货物运输企业或者单位终止危险货物运输业务的，应当在终止之日的30日前告知原许可机关，并在停业后10日内将“道路运输经营许可证”或者“道路危险货物运输许可证”以及“道路运输证”交回原发放机关。

道路运输管理机构不得许可一次性、临时性的道路危险货物运输。

11.5.5　危险货物运输专用车辆、设备管理

道路危险货物运输企业或者单位应当按照《道路货物运输及站场管理规定》中有关车辆管理的规定，维护、检测、使用和管理专用车辆，确保专用车辆技术状况良好。

设区的市级道路运输管理机构应当定期对专用车辆进行审验，每年审验一次。审验按照《道路货物运输及站场管理规定》进行，并增加以下审验项目：

(1)专用车辆投保危险货物承运人责任险情况；

(2)罐式专用车辆罐体质量检验情况；

(3)必需的应急处理器材和安全防护设施设备的配备情况。

禁止使用报废的、擅自改装的、检测不合格的、车辆技术等级达不到一级的和其他不符合国家规定的车辆从事道路危险货物运输。除铰接列车、具有特殊装置的大型物件运输专用车辆外,严禁使用货车列车从事危险货物运输;倾卸式车辆只能运输散装硫磺、萘饼、粗蒽、煤焦沥青等危险货物。禁止使用移动罐体(罐式集装箱除外)从事危险货物运输。

专用车辆应当到具备道路危险货物运输车辆维修条件的企业进行维修。用于装卸危险货物的机械及工、属具的技术状况应当符合行业标准《汽车运输危险货物规则》(JT 617—2004)规定的技术要求。罐式专用车辆的罐体应符合《钢制压力容器设计技术规定》(YB 9073—1994)、《汽车运输液体危险货物常压容器(罐体)通用技术条件》(GB 18564)等国家标准规定的技术条件。罐式专用车辆应当在罐体检验合格的有效期内承运危险货物。

11.5.6 危险货物运输经营行为管理

危险货物托运人应当委托具有道路危险货物运输资质的企业承运,严格按照国家有关规定包装,并向承运人说明危险货物的品名、数量、危害、应急措施等情况。需要添加抑制剂或者稳定剂的,应当按照规定添加。托运危险化学品的还应提交与托运的危险化学品完全一致的安全技术说明书和安全标签。

道路危险货物运输企业或者单位应当严格按照道路运输管理机构决定的许可事项从事道路危险货物运输活动,不得转让、出租道路危险货物运输许可证件。严禁非经营性道路危险货物运输单位从事道路危险货物运输经营活动。不得使用罐式专用车辆或者运输有毒、腐蚀、放射性危险货物的专用车辆运输普通货物。其他专用车辆可以从事食品、生活用品、药品、医疗器具以外的普通货物运输活动,但应当对专用车辆进行消除危险处理,确保不对普通货物造成污染、损害。危险货物不得与普通货物混装。

专用车辆应当按照国家标准《道路运输危险货物车辆标志》(GB 13392—2005)的要求悬挂标志。根据所运危险货物的性质配备必需的应急处理器材和安全防护设施设备。

道路危险货物运输企业或者单位不得运输法律、行政法规禁止运输的货物。法律、行政法规规定的限运、凭证运输货物,道路危险货物运输企业或者单位应当按照有关规定办理相关运输手续。法律、行政法规规定托运人必须办理有关手续后方可运输的危险货物,道路危险货物运输企业应当查验有关手续齐全有效后方可承运。

道路危险货物运输企业或者单位应当采取必要措施,防止危险货物脱落、扬散、丢失及燃烧、爆炸、辐射、泄漏等。专用车辆驾驶人员应当随车携带“道路运输证”。道路危险货物运输企业或者单位应当聘用具有相应从业资格证的驾驶人员、装卸管理人员和押运人员。驾驶人员、装卸管理人员和押运人员上岗时应当随身携带从业资格证。在道路危险货物运输过程中,除驾驶人员外,专用车辆上应当另外配备押运人员。押运人员应当对运输全过程进行监管。

危险货物的装卸作业，应当在装卸管理人员的现场指挥下进行。严禁专用车辆违反国家有关规定和本规定超载、超限运输。

道路危险货物运输企业或者单位在运输危险货物时，应当遵守有关部门关于危险货物运输线路、时间、速度方面的有关规定。道路危险货物运输从业人员必须熟悉有关安全生产的法规、技术标准和安全生产规章制度、安全操作规程，了解所装运危险货物的性质、危害特性、包装物或者容器的使用要求和发生意外事故时的处置措施。严格按照《汽车运输危险货物规则》(JT 617—2004)、《汽车运输、装卸危险货物作业规程》(JT 618—2004)操作，不得违章作业。道路危险货物运输企业或者单位应当对从业人员进行经常性的安全、职业道德教育和业务知识、操作规程培训。

道路危险货物运输企业或者单位应当加强安全生产管理，配备专职安全管理人员，制定突发事件应急预案，严格落实各项安全制度。在危险货物运输过程中发生燃烧、爆炸、污染、中毒或者被盗、丢失、流散、泄漏等事故，驾驶人员、押运人员应当立即向当地公安部门和本运输企业或者单位报告，说明事故情况、危险货物品名、危害和应急措施，并在现场采取一切可能的警示措施，并积极配合有关部门进行处置。运输企业或者单位应当立即启动应急预案。在危险货物装卸、保管、储存过程中，应当根据危险货物的性质和保管要求，轻装轻卸，分区存放，堆码整齐，防止混杂、撒漏、破损，不得与普通货物混合存放。

道路危险货物运输企业或者单位应当为危险货物投保承运人责任险。

11.5.7 危险货物运输标志管理

1)危险货物运输标志的种类

危险货物运输标志有危险品运输标志牌和危险品运输标志灯，其具体规定详见国家标准GB 13392—2005《道路运输危险货物车辆标志》。

2)危险品运输标志的作用

(1)危险品运输标志是经营危险品货物运输的合法凭证，是运输车辆的识别标志。

(2)危险品运输标志悬挂在车辆的明显地方，便于行人、其他车辆驾驶人员和运政管理人员识别。

(3)危险品运输标志是警告行人及驾驶人员注意防火、防爆、防漏的安全措施。

3)危险品运输标志灯(牌)的内容、格式、制作、发放

(1)危险品运输标志灯(牌)的内容：

①危险品字样；

②危险品警告标志“！”；

③标志灯光。

(2)危险品运输标志灯(牌)的格式按交通运输部的统一规定执行。

(3)危险品运输标志的制作、发放:

①危险品运输标志灯(牌)由各省(自治区、直辖市)道路运政管理机构按交通运输部的统一格式制作。

②危险品运输标志灯(牌)由地市级道路运政管理机构核发。

4)危险品运输标志灯(牌)的申领及管理

(1)危险品运输标志灯(牌)的申领:

①凡申请从事营业性道路危险品运输的业户,经地级道路运政管理机构审核合格,在经营许可证和道路运输证加盖"危险品货物运输专用章"后,可以发给危险品运输标志灯(牌)。

②非营业性的危险品货物运输业户还须经省级道路运政管理机构审核批准后,方可发给危险品运输标志灯(牌)。

(2)道路危险品运输标志灯(牌)的管理:

①危险品货物运输车辆必须符合国家道路危险品运输标准和交通运输部道路危险品货物运输管理的规定,方可发给道路危险品运输标志灯(牌)。

②每车两块标志,运输危险品时应悬挂在车前、车尾,以示警告。

③持标志灯(牌)的车辆,驾驶人员、管理人员、装卸人员及设备,必须遵守和符合危险品运输的有关规则。

④道路危险品运输业户在年审时,同时年审标志灯(牌)。

11.6 道路货物运输发展重点

11.6.1 创新道路货运发展模式,提高集约化和标准化水平

1)大力发展新型货运组织方式

大力发展各种专用运输、鲜活农产品及高附加值货物直达运输,加快发展甩挂运输、多式联运、定班定线的货物运输、汽车列车运输、冷链运输。支持零担、快运、货运代理、城市配送以及利用班线客运为依托的小件快运等经营业务的网络延展。鼓励有条件的道路运输企业向物流企业转型,建立全程、无缝、连续性运输经营组织和管理体系。全面推进甩挂运输试点工程,培育一批具有示范效应的甩挂运输企业,探索甩挂运输运营组织模式,进一步完善促进甩挂运输全面发展的政策法规和标准规范体系。

2)加快优化货运车型结构

推进车型标准化改造,完善营运车辆技术标准和综合性能检测标准,加快发展标准化程度高、自重轻、承载量大、安全性能好和能耗低的货运车辆,推进货运车辆大型化、厢式化

和专业化，鼓励发展集装箱、厢式、冷藏、散装、液罐、城市配送等专用运输车辆和多轴重载大型车辆。

11.6.2　着力培育重点货运物流企业，全面提升物流服务水平

1）大力培育龙头和骨干货运企业

从市场进入、车辆更新、技术改造、信息化建设等方面加大政策扶持力度，加快培育一批规模化、网络化、品牌化运作的现代道路货运企业，使其成为引领行业发展的龙头和骨干。"十二五"末，全国道路货物运输业户中，道路货运一级企业达到50家，加快引导龙头和骨干企业充分发挥资金、技术、人才、管理、网络、品牌、货源组织等各方面的优势，通过收购兼并、资产重组、加盟连锁等方式拓展经营规模和网络，对中小货运物流企业和个体运输户起到引导、示范、整合、规范和服务的作用。对分散的道路货运资源实行整合。

2）促进重点道路货运企业向物流服务商转型

在全国开展重点道路货运企业物流转型培育工程，引导道路货运企业转变经营理念，积极拓展服务领域，利用信息技术和现代组织管理手段，为用户提供集运输、仓储、包装、加工、配送等为一体的综合物流服务。促进货运企业加强与生产、商贸企业的合作与联盟，拓展一体化物流和供应链集成等高附加值的物流服务。引导和规范货运代理、无车承运人等运输组织的发展，鼓励拓展现代物流服务。加快推进城市配送和农村物流服务发展。

复习思考题

1. 道路货物运输、道路货物运输经营的含义分别是什么？

2. 道路普通货物运输、道路大型物件运输、道路危险货物运输、道路货物专用运输的含义分别是什么？

3. 什么是道路货物运输管理？道路货物运输市场管理的主要内容有哪些？

4. 道路货物运输经营的条件有哪些？

5. 如何做好道路货运经营许可管理？

6. 如何做好道路货运经营行为管理？

7. 道路货运企业等级的含义、划分及各等级的条件分别是什么？

8. 道路货运站场主要业务功能、等级划分及经营条件分别是什么？

9. 货运站经营行为管理的内容是什么？

10. 如何加快公路货运枢纽体系建设？

11. 危险货物含义及分类分别是什么？

12. 危险货物运输管理的重要性及经营的条件分别是什么？

13. 如何做好道路危险货物运输经营许可管理?

14. 如何做好危险货物运输专用车辆、设备管理?

15. 如何做好危险货物运输经营行为管理?

16. 如何做好危险货物运输标志管理?

17. 道路货物运输发展的重点是什么?

第12章 物流管理

物流业是融合运输业、仓储业、货代业和信息业等的复合型服务产业，是国民经济的重要组成部分，涉及领域广，吸纳就业人数多，促进生产、拉动消费作用大。加强物流管理，促进物流业平稳较快发展，培育新的经济增长点，对促进产业结构调整、转变经济发展方式和增强国民经济竞争力，发挥着重要作用。

12.1 物流管理概述

12.1.1 物流与物流管理

1)物流

物流是指物品从供应地向接收地的实体流动过程。根据实际需要，将运输、储存、装卸、搬运、包装、流通加工、配送、信息处理等基本功能实施有机结合。

2)物流管理

物流管理是指在社会再生产过程中，根据物质资料实体流动的规律，应用管理的基本原理和科学方法，对物流活动进行计划、组织、指挥、协调、控制和监督，使各项物流活动实现最佳的协调与配合，以降低物流成本，提高物流效率和经济效益。现代物流管理是建立在系统论、信息论和控制论的基础上的。

3)物流管理的原则

物流管理的具体原则很多，但最根本的指导原则是保证物流合理化的实现。所谓物流合理化，就是对物流设备配置和物流活动组织进行调整改进，实现物流系统整体优化的过程。它具体表现在兼顾成本与服务上，即以尽可能低的物流成本，获得可以接受的物流服务，或以可以接受的物流成本达到尽可能高的服务水平。

4)物流管理的目的

物流管理的目的就是要在尽可能低的总成本条件下实现既定的客户服务水平，即寻求服务优势和成本优势的一种动态平衡，并由此创造企业在竞争中的战略优势。根据这个目标，物流管理要解决的基本问题，简单地说，就是把合适的产品以合适的数量和合适的价格在合适的时间和合适的地点提供给客户。

5)物流管理的内容

物流管理包括三个方面的内容:对物流活动诸要素的管理,包括运输、储存等环节的管理;对物流系统诸要素的管理,即对其中人、财、物、设备、方法和信息等六大要素的管理;对物流活动中具体职能的管理,主要包括物流计划、质量、技术、经济等职能的管理等。

6)物流服务

物流服务是物流供应方通过对运输、储存、装卸、搬运、包装、流通加工、配送和信息管理等基本功能的组织与管理来满足其客户物流需求的行为。

7)综合物流服务

综合物流服务是指为客户制定整体性的物流方案,并对物流活动要素进行规划、组织、实施和系统化运作。

8)物流信息管理

物流信息管理指应用现代信息技术和手段完成物流过程中信息的采集、处理、存储、传输和交换,实现物流信息电子化、数字化、网络化。

12.1.2 物流的分类

由于物流对象不同,物流目的的不同,物流范围、范畴不同,形成了不同类型的物流。

1)宏观物流与微观物流

宏观物流是指社会再生产总体的物流活动,是从社会再生产总体的角度来认识和研究物流活动。宏观物流主要研究社会再生产过程物流活动的运行规律以及物流活动的总体行为。

微观物流是指消费者、生产者企业所从事的实际的、具体的物流活动。在整个物流活动过程中,微观物流仅涉及系统中的一个局部、一个环节或一个地区。

2)社会物流和企业物流

社会物流是指超越一家一户的以整个社会为范畴,以面向社会为目的的物流。这种物流的社会性很强,经常是由专业的物流承担者来完成。

企业物流是从企业角度上研究与之有关的物流活动,是具体的、微观的物流活动的典型领域,它由企业生产物流、企业供应物流、企业销售物流、企业回收物流、企业废弃物物流几个部分组成。

3)国际物流和区域物流

国际物流是指当生产和消费在两个或两个以上的国家(或地区)独立进行的情况下,为了克服生产和消费之间的空间距离和时间距离,而对物资(货物)所进行的物理性移动的一项国际经济贸易活动。因此,国际物流是不同国家之间的物流,这种物流是国际间贸易的一个必然组成部分,各国之间的相互贸易最终通过国际物流来实现。国际物流是现代物流系统中重要的物流领域,也是一种新的物流形态。

区域物流是相对于国际物流而言的概念，指一个国家范围之内的物流，如一个城市的物流，一个经济区域的物流均属于区域物流。

4）一般物流和特殊物流

一般物流是指物流活动的共同点和一般性，物流活动的一个重要特点是涉及全社会的广泛性，因此物流系统的建立及物流活动的开展必须有普遍的适用性。

特殊物流是指在遵循一般物流规律基础上，带有制约因素的特殊应用领域、特殊管理方式、特殊劳动对象、特殊机械装备特点的物流。

12.2　物流企业管理

12.2.1　物流企业概述

物流企业是指至少从事运输（含运输代理、货物快递）或仓储一种经营业务，并能够按照客户物流需求对运输、储存、装卸、包装、流通加工、配送等基本功能进行组织和管理，具有与自身业务相适应的信息管理系统，实行独立核算、独立承担民事责任的经济组织，非法人物流经济组织可比照适用。

根据以物流服务某项功能为主要特征，并向物流服务其他功能延伸的不同状况，划分物流企业类型。

1）运输型物流企业

运输型物流企业应同时符合以下要求：

（1）以从事货物运输服务为主，包括货物快递服务或运输代理服务，具备一定规模；

（2）可以提供门到门运输、门到站运输、站到门运输、站到站运输服务和其他物流服务；

（3）企业自有一定数量的运输设备；

（4）具备网络化信息服务功能，应用信息系统可对运输货物进行状态查询、监控。

2）仓储型物流企业

仓储型物流企业应同时符合以下要求：

（1）以从事仓储业务为主，为客户提供货物储存、保管、中转等仓储服务，具备一定规模；

（2）企业能为客户提供配送服务以及商品经销、流通加工等其他服务；

（3）企业自有一定规模的仓储设施、设备、自有或租用必要的货运车辆；

（4）具备网络化信息服务功能，应用信息系统可对货物进行状态查询、监控。

3）综合服务型物流企业

综合服务型物流企业应同时符合以下要求：

（1）从事多种物流服务业务，可以为客户提供运输、货运代理、仓储、配送等多种物流服

务,具备一定规模;

(2)根据客户的需求,为客户制定整合物流资源的运作方案,为客户提供契约性的综合物流服务;

(3)按照业务要求,企业自有或租用必要的运输设备、仓储设施及设备;

(4)企业具有一定运营范围的货物集散、分拨网络;

(5)企业配置专门的机构和人员,建立完备的客户服务体系,能及时、有效地提供客户服务;

(6)具备网络化信息服务功能,应用信息系统可对物流服务全过程进行状态查询和监控。

12.2.2 物流企业等级评估

1)等级的划分

为全面、系统反映企业综合能力,对于具备一定综合水平的三种类型的物流企业,按照不同评估指标分为 AAAAA、AAAA、AAA、AA、A 五个等级。AAAAA 级最高,依次降低。物流企业评估工作可由全国性物流企业组织设立评估机构具体实施。

2)评估指标

运输型物流企业评估指标见表 12-1;仓储型物流企业评估指标见表 12-2;综合服务型物流企业评估指标见表 12-3。

运输型物流企业评估指标 表 12-1

<table>
<tr><th colspan="2" rowspan="2">评估指标</th><th colspan="5">级　别</th></tr>
<tr><th>AAAAA 级</th><th>AAAA 级</th><th>AAA 级</th><th>AA 级</th><th>A 级</th></tr>
<tr><td rowspan="2">经营状况</td><td>1. 年货运总营业收入(元)*</td><td>15 亿以上</td><td>3 亿以上</td><td>6 000 万以上</td><td>1 000 万以上</td><td>300 万以上</td></tr>
<tr><td>2. 营业时间 *</td><td>3 年以上</td><td colspan="2">2 年以上</td><td colspan="2">1 年以上</td></tr>
<tr><td rowspan="2">资产</td><td>3. 资产总额(元)*</td><td>10 亿以上</td><td>2 亿以上</td><td>4 000 万以上</td><td>800 万以上</td><td>300 万以上</td></tr>
<tr><td>4. 资产负债率 *</td><td colspan="5">不高于 70%</td></tr>
<tr><td rowspan="2">设备设施</td><td>5. 自有运输车辆(辆)*
(或总载质量,t)*</td><td>1 500 以上
(7 500 以上)</td><td>400 以上
(2 000 以上)</td><td>150 以上
(750 以上)</td><td>80 以上
(400 以上)</td><td>30 以上
(250 以上)</td></tr>
<tr><td>6. 运营网点(个)</td><td>50 以上</td><td>30 以上</td><td>15 以上</td><td>10 以上</td><td>5 以上</td></tr>
<tr><td rowspan="4">管理及服务</td><td>7. 管理制度</td><td colspan="5">有健全的经营、财务、统计、安全、技术等机构和相应的管理制度</td></tr>
<tr><td>8. 质量管理 *</td><td colspan="5">通过 ISO 9001—2000 质量管理体系认证</td></tr>
<tr><td>9. 业务辐射面 *</td><td>国际范围</td><td>全国范围</td><td>跨省区</td><td colspan="2">省内范围</td></tr>
<tr><td>10. 顾客投诉率(或顾客满意度)</td><td>≤0.05%
(≥98%)</td><td colspan="2">≤0.1%
(≥95%)</td><td colspan="2">≤0.5%
(≥90%)</td></tr>
<tr><td>人员素质</td><td>11. 中高层管理人员 *</td><td>80% 以上具有大专以上学历或行业组织物流师认证</td><td colspan="2">60% 以上具有大专以上学历或行业组织物流师认证</td><td colspan="2">30% 以上具有大专以上学历或行业组织物流师认证</td></tr>
</table>

续上表

评估指标		级别				
		AAAAA级	AAAA级	AAA级	AA级	A级
人员素质	12. 业务人员	60%以上具有中等以上学历或专业资格	50%以上具有中等以上学历或专业资格		30%以上具有中等以上学历或专业资格	
信息化水平	13. 网络系统*	货运经营业务信息全部网络化管理			物流经营业务信息部分网络化管理	
	14. 电子单证管理	90%以上	70%以上		50%以上	
	15. 货物跟踪*	90%以上	70%以上		50%以上	
	16 客户查询*	建立自动查询和人工查询系统			建立人工查询系统	

注:1. 标注*的指标为企业达到评估等级的必备指标项目,其他为参考指标项目。

2. 货运营业收入包括货物运输收入、运输代理收入、货物快递收入。

3. 运营网点是指在经营覆盖范围内,由本企业自行设立、可以承接并完成企业基本业务的分支机构。

4. 顾客投诉率是指在年度周期内客户对不满意业务的投诉总量与企业业务总量的比率。

5. 顾客满意度是指在年度周期内企业对顾客满意情况的调查统计。

仓储型物流企业评估指标 表12-2

评估指标		级别				
		AAAAA级	AAAA级	AAA级	AA级	A级
经营状况	1. 年仓储营业收入(元)*	6亿以上	1.2亿以上	2 500万以上	500万以上	200万以上
	2. 营业时间*	3年以上	2年以上		1年以上	
资产	3. 资产总额(元)*	10亿以上	2亿以上	4 000万以上	800万以上	200万以上
	4. 资产负债率*	不高于70%				
设备设施	5. 自有仓储面积(m^2)*	20万以上	8万以上	3万以上	1万以上	4 000以上
	6. 自有/租用货运车辆(辆)	500以上	200以上	100以上	50以上	30以上
	7. 配送客户点(个)	400以上	300以上	200以上	100以上	50以上
管理及服务	8. 管理制度	有健全的经营、财务、统计、安全、技术等机构和相应的管理制度				
	9. 质量管理*	通过ISO 9001—2000质量管理体系认证				
	10. 顾客投诉率(或顾客满意度)	≤0.05%(≥98%)	≤0.1%(≥95%)		≤0.5%(≥90%)	
人员素质	11. 中高层管理人员*	80%以上具有大专以上学历或行业组织物流师认证	60%以上具有大专以上学历或行业组织物流师认证		30%以上具有大专以上学历或行业组织物流师认证	
	12. 业务人员	60%以上具有中等以上学历或专业资格	50%以上具有中等以上学历或专业资格		30%以上具有中等以上学历或专业资格	

续上表

评估指标		级别				
		AAAAA 级	AAAA 级	AAA 级	AA 级	A 级
信息化水平	13. 网络系统 *	仓储经营业务信息全部网络化管理			仓储经营业务信息部分网络化管理	
	14. 电子单证管理 *	100% 以上	80% 以上		60% 以上	
	15. 货物跟踪	90% 以上	70% 以上		50% 以上	
	16 客户查询 *	建立自动查询和人工查询系统			建立人工查询系统	

注:1. 标注 * 的指标为企业达到评估等级的必备指标项目,其他为参考指标项目。

2. 仓储营业收入指企业完成货物仓储业务、配送业务所取得的收入。

3. 顾客投诉率是指在年度周期内客户对不满意业务的投诉总量与企业业务总量的比率。

4. 顾客满意度是指在年度周期内企业对顾客满意情况的调查统计。

5. 配送客户点是指企业当前的、提供一定时期内配送服务的、具有一定业务规模的、客户所属的固定网点。

6. 租用货运车辆是指企业通过契约合同等方式可进行调配、利用的货运专用车辆。

综合服务型物流企业评估指标 表 12-3

评估指标		级别				
		AAAAA 级	AAAA 级	AAA 级	AA 级	A 级
经营状况	1. 年货运营业收入(元) *	15 亿以上	3 亿以上	6 000 万以上	1 000 万以上	300 万以上
	2. 营业时间 *	3 年以上	2 年以上		1 年以上	
资产	3. 资产总额(元) *	10 亿以上	2 亿以上	4 000 万以上	800 万以上	300 万以上
	4. 资产负债率 *	不高于 70%				
设备设施	5. 自有货运车辆(辆) * (或总载质量/t) *	1 500 以上 (7 500 以上)	400 以上 (2 000 以上)	150 以上 (750 以上)	80 以上 (400 以上)	30 以上 (250 以上)
	6. 运营网点(个)	50 以上	30 以上	15 以上	10 以上	5 以上
管理及服务	7. 管理制度	有健全的经营、财务、统计、安全、技术等机构和相应的管理制度				
	8. 质量管理 *	通过 ISO 9001—2000 质量管理体系认证				
	9. 业务辐射面 *	国际范围	全国范围	跨省区	省内范围	
	10. 顾客投诉率(或顾客满意度)	≤0.05% (≥98%)	≤0.1% (≥95%)		≤0.5% (≥90%)	
人员素质	11. 中高层管理人员 *	80% 以上具有大专以上学历或行业组织物流师认证	60% 以上具有大专以上学历或行业组织物流师认证		30% 以上具有大专以上学历或行业组织物流师认证	
	12. 业务人员	60% 以上具有中等以上学历或专业资格	50% 以上具有中等以上学历或专业资格		30% 以上具有中等以上学历或专业资格	

续上表

评估指标		级别				
		AAAAA级	AAAA级	AAA级	AA级	A级
信息化水平	13. 网络系统 *	货运经营业务信息全部网络化管理			物流经营业务信息部分网络化管理	
	14. 电子单证管理	100%以上	80%以上		60%以上	
	15. 货物跟踪 *	90%以上	70%以上		50%以上	
	16客户查询 *	建立自动查询和人工查询系统			建立人工查询系统	

注:1. 标注 * 的指标为企业达到评价等级的必备指标项目,其他为参考指标项目。

2. 综合物流营业收入指企业通过物流业活动所取得的收入,包括运输、储存、装卸、搬运、包装、流通加工、配送等业务取得的收入总额。

3. 运营网点是指在经营覆盖范围内,由本企业自行设立、可以承接并完成企业基本业务的分支机构。

4. 顾客投诉率是指在年度周期内客户对不满意业务的投诉总量与企业业务总量的比率。

5. 顾客满意度是指在年度周期内企业对顾客满意情况的调查统计。

6. 租用货运车辆是指企业通过契约合同等方式可进行调配、利用的货运专用车辆。

7. 租用仓储面积是指企业通过契约合同等方式可进行调配、利用的仓储总面积。

12.3　促进物流业发展

12.3.1　促进物流业发展的主要任务

1)积极扩大物流市场需求

进一步推广现代物流管理,努力扩大物流市场需求。运用供应链管理与现代物流理念、技术与方法,实施采购、生产、销售和物品回收物流的一体化运作。鼓励生产企业改造物流流程,提高对市场的响应速度,降低库存,加速周转。合理布局城乡商业设施,完善流通网络,积极发展连锁经营、物流配送和电子商务等现代流通方式,促进流通企业的现代化。在农村广泛应用现代物流管理技术,发展农产品从产地到销地的直销和配送,以及农资和农村日用消费品的统一配送。

2)大力推进物流服务的社会化和专业化

鼓励生产和商贸企业按照分工协作的原则,剥离或外包物流功能,整合物流资源,促进企业内部物流社会化。推动物流企业与生产、商贸企业互动发展,促进供应链各环节有机结合。鼓励现有运输、仓储、货代、联运、快递企业的功能整合和服务延伸,加快向现代物流企业转型。积极发展多式联运、集装箱、特种货物、厢式货车运输以及重点物资的散装运输等现代运输方式,加强各种运输方式运输企业的相互协调,建立高效、安全、低成本的运输系统。加强运输与物流服务的融合,为物流一体化运作与管理提供条件。鼓励邮政企业深化改革,做大做强快递物流业务。大力发展第三方物流,提高企业的竞争力。

3)加快物流企业兼并重组

鼓励中小物流企业加强信息沟通,创新物流服务模式,加强资源整合,满足多样性的物流需要。加大国家对物流企业兼并重组的政策支持力度,缓解当前物流企业面临的困难,鼓励物流企业通过参股、控股、兼并、联合、合资、合作等多种形式进行资产重组,培育一批服务水平高、国际竞争力强的大型现代物流企业。

4)推动重点领域物流发展

加强石油、煤炭、重要矿产品及相关产品物流设施建设,建立石油、煤炭、重要矿产品物流体系。加快发展粮食、棉花现代物流,推广散粮运输和棉花大包运输。加强农产品质量标准体系建设,发展农产品冷链物流。完善农资和农村日用消费品连锁经营网络,建立农村物流体系。发展城市统一配送,提高食品、食盐、烟草和出版物等的物流配送效率。实行医药集中采购和统一配送,推动医药物流发展。加强对化学危险品物流的跟踪与监控,规范化学危险品物流的安全管理。推动汽车和零配件物流发展,建立科学合理的汽车综合物流服务体系。鼓励企业加快发展产品与包装物回收物流和废弃物物流,促进资源节约与循环利用。鼓励和支持物流业节能减排,发展绿色物流。发挥邮政现有的网络优势,大力发展邮政物流,加快建立快递物流体系,方便生产生活。加强应急物流体系建设,提高应对战争、灾害、重大疫情等突发性事件的能力。

5)加快国际物流和保税物流发展

加强主要港口、国际海运陆运集装箱中转站、多功能国际货运站、国际机场等物流节点的多式联运物流设施建设,加快发展铁海联运,提高国际货物的中转能力,加快发展适应国际中转、国际采购、国际配送、国际转口贸易业务要求的国际物流,逐步建成一批适应国际贸易发展需要的大型国际物流港,并不断增强其配套功能。在有效监管的前提下,各有关部门要简化审批手续,优化口岸通关作业流程,实行申办手续电子化和“一站式”服务,提高通关效率。充分发挥口岸联络协调机制的作用,加快“电子口岸”建设,积极推进大通关信息资源整合。统筹规划、合理布局,积极推进海关特殊监管区域整合发展和保税监管场所建设,建立既适应跨国公司全球化运作又适应加工制造业多元化发展需求的新型保税物流监管体系。积极促进口岸物流向内地物流节点城市顺畅延伸,促进内地现代物流业的发展。

6)优化物流业发展的区域布局

根据市场需求、产业布局、商品流向、资源环境、交通条件、区域规划等因素,重点发展九大物流区域,建设十大物流通道和一批物流节点城市,优化物流业的区域布局。九大物流区域分布为:以北京、天津为中心的华北物流区域,以沈阳、大连为中心的东北物流区域,以青岛为中心的山东半岛物流区域,以上海、南京、宁波为中心的长江三角洲物流区域,以厦门为中心的东南沿海物流区域,以广州、深圳为中心的珠江三角洲物流区域,以武汉、郑州为中心的中部物流区域,以西安、兰州、乌鲁木齐为中心的西北物流区域,以重庆、成都、南宁为中心的西南物流区域。十大物流通道为:东北地区与关内地区物流通道,东部地区南北物流通道,中部地区南北物流通道,东部沿海与西北地区物流通道,东部沿海与西南地区物流通道,西北与西南地区物流通道,西南地区出海物流通道,长江与运河物流通道,煤炭物流通道,进出口物流通道。

要打破行政区划的界限,按照经济区划和物流业发展的客观规律,促进物流区域发展。积极推进和加深不同地区之间物流领域的合作,引导物流资源的跨区域整合,逐步形成区域一体化的物流服务格局。长江三角洲、珠江三角洲物流区域和华北、山东半岛、东北、东南沿海物流区域,要加强技术自主创新,加快发展制造业物流、国际物流和商贸物流,培育一批具有国际竞争力的现代物流企业,在全国率先做强。中部物流区域要充分发挥中部地区承东启西、贯通南北的区位优势,加快培育第三方物流企业,提升物流产业发展水平,形成与东部物流区域的有机衔接。西北、西南物流区域要加快改革步伐,进一步推广现代物流管理理念和技术,按照本区域承接产业转移和发挥资源优势的需要,加快物流基础设施建设,改善区域物流环境,缩小与东中部地区差距。

物流节点城市分为全国性物流节点城市、区域性物流节点城市和地区性物流节点城市。全国性和区域性物流节点城市由国家确定,地区性物流节点城市由地方确定。全国性物流节点城市包括:北京、天津、沈阳、大连、青岛、济南、上海、南京、宁波、杭州、厦门、广州、深圳、郑州、武汉、重庆、成都、南宁、西安、兰州、乌鲁木齐共 21 个城市。区域性物流节点城市包括:哈尔滨、长春、包头、呼和浩特、石家庄、唐山、太原、合肥、福州、南昌、长沙、昆明、贵阳、海口、西宁、银川、拉萨共 17 个城市。物流节点城市要根据本地的产业特点、发展水平、设施状况、市场需求、功能定位等,完善城市物流设施,加强物流园区规划布局,有针对性地建设货运服务型、生产服务型、商业服务型、国际贸易服务型和综合服务型的物流园区,优化城市交通、生态环境,促进产业集聚,努力提高城市的物流服务水平,带动周边所辐射区域物流业的发展,形成全国性、区域性和地区性物流中心和三级物流节点城市网络,促进大中小城市物流业的协调发展。

7)加强物流基础设施建设的衔接与协调

按照全国货物的主要流向及物流发展的需要,依据《综合交通网中长期发展规划》、《中长期铁路网规划》、《国家高速公路网规划》、《全国沿海港口布局规划》、《全国内河航道与港口布局规划》及《全国民用机场布局规划》,加强交通运输设施建设,完善综合运输网络布局,促进各种运输方式的衔接和配套,提高资源使用效率和物流运行效率。发展多式联运,加强集疏运体系建设,使铁路、港口码头、机场及公路实现“无缝对接”,着力提高物流设施的系统性、兼容性。充分发挥市场机制的作用,整合现有运输、仓储等物流基础设施,加快盘活存量资产,通过资源的整合、功能的拓展和服务的提升,满足物流组织与管理服务的需要。加强新建铁路、港口、公路和机场转运设施的统一规划和建设,合理布局物流园区,完善中转联运设施,防止产生新的分割和不衔接。加强仓储设施建设,在大中城市周边和制造业基地附近合理规划、改造和建设一批现代化的配送中心。

8)提高物流信息化水平

积极推进企业物流管理信息化,促进信息技术的广泛应用。尽快制订物流信息技术标准和信息资源标准,建立物流信息采集、处理和服务的交换共享机制。加快行业物流公共信息平台建设,建立全国性公路运输信息网络和航空货运公共信息系统,以及其他运输与服务方式的信息网络。推动区域物流信息平台建设,鼓励城市间物流平台的信息共享。加快构建商务、金融、税务、海关、邮政、检验检疫、交通运输、铁路运输、航空运输和工商管理等政府部门的物流管理与服务公共信息平台,扶持一批物流信息服务企业成长。

9)完善物流标准化体系

根据物流标准编制规划,加快制订、修订物流通用基础类、物流技术类、物流信息类、物流管理类、物流服务类等标准,完善物流标准化体系。密切关注国际发展趋势,加强重大基础标准研究。要对标准制订实施改革,加强物流标准工作的协调配合,充分发挥企业在制订物流标准中的主体作用。加快物流管理、技术和服务标准的推广,鼓励企业和有关方面采用标准化的物流计量、货物分类、物品标识、物流装备设施、工具器具、信息系统和作业流程等,提高物流的标准化程度。

10)加强物流新技术的开发和应用

大力推广集装技术和单元化装载技术,推行托盘化单元装载运输方式,大力发展大吨位厢式货车和甩挂运输组织方式,推广网络化运输。完善并推广物品编码体系,广泛应用条形码、智能标签、无线射频识别(RFID)等自动识别、标识技术以及电子数据交换(EDI)技术,发展可视化技术、货物跟踪技术和货物快速分拣技术,加大对 RFID 和移动物流信息服务技术、标准的研发和应用的投入。积极开发和利用全球定位系统(GNSS)、地理信息系统(GIS)、道路交通信息通信系统(VICS)、不停车自动交费系统(ETC)、智能交通系统(ITS)等运输领域新技术,加强物流信息系统安全体系研究。加强物流技术装备的研发与生产,鼓励企业采用仓储运输、装卸搬运、分拣包装、条码印刷等专用物流技术装备。

12.3.2 促进物流业发展的重点工程

1)多式联运、转运设施工程

依托已有的港口、铁路和公路货站、机场等交通运输设施,选择重点地区和综合交通枢纽,建设一批集装箱多式联运中转设施和连接两种以上运输方式的转运设施,提高铁路集装箱运输能力,重点解决港口与铁路、铁路与公路、民用航空与地面交通等枢纽不衔接以及各种交通枢纽相互分离带来的货物在运输过程中多次搬倒、拆装等问题,促进物流基础设施协调配套运行,实现多种运输方式“无缝衔接”,提高运输效率。

2)物流园区工程

在重要物流节点城市、制造业基地和综合交通枢纽,在土地利用总体规划、城市总体规划确定的城镇建设用地范围内,按照符合城市发展规划、城乡规划的要求,充分利用已有运输场站、仓储基地等基础设施,统筹规划建设一批以布局集中、用地节约、产业集聚、功能集成、经营集约为特征的物流园区,完善专业化物流组织服务,实现长途运输与短途运输的合理衔接,优化城市配送,提高物流运作的规模效益,节约土地占用,缓解城市交通压力。物流园区建设要严格按规划进行,充分发挥铁路运输优势,综合利用已有、规划和在建的物流基础设施,完善配套设施,防止盲目投资和重复建设。

3)城市配送工程

鼓励企业应用现代物流管理技术,适应电子商务和连锁经营发展的需要,在大中城市发展面向流通企业和消费者的社会化共同配送,促进流通的现代化,扩大居民消费。加快建设城市物流配送项目,鼓励专业运输企业开展城市配送,提高城市配送的专业化水平,解决城市快递、配送车辆进城通行、停靠和装卸作业问题,完善城市物流配送网络。

4)大宗商品和农村物流工程

加快煤炭物流通道建设,以山西、内蒙古、陕西煤炭外运为重点,形成若干个煤电路港一体化工程,完善煤炭物流系统。加强油气码头和运输管网建设,提高油气物流能力。加强重要矿产品港口物流设施建设,改善大型装备物流设施条件。加快粮食现代物流设施建设,建设跨省粮食物流通道和重要物流节点。加大投资力度,加快建设"北粮南运"和"西煤东运"工程。加强城乡统筹,推进农村物流工程。进一步加强农副产品批发市场建设,完善鲜活农产品储藏、加工、运输和配送等冷链物流设施,提高鲜活农产品冷藏运输比例,支持发展农资和农村消费品物流配送中心。

5)制造业与物流业联动发展工程

加强对制造业物流分离外包的指导和促进,支持制造企业改造现有业务流程,促进物流业务分离外包,提高核心竞争力。培育一批适应现代制造业物流需求的第三方物流企业,提升物流业为制造业服务的能力和水平。制定鼓励制造业与物流业联动发展的相关政策,组织实施一批制造业与物流业联动发展的示范工程和重点项目,促进现代制造业与物流业有机融合、联动发展。

6)物流标准和技术推广工程

加快对现有仓储、转运设施和运输工具的标准化改造,鼓励企业采用标准化的物流设施和设备,实现物流设施、设备的标准化。推广实施托盘系列国家标准,鼓励企业采用标准化托盘,支持专业化企业在全国建设托盘共用系统,开展托盘的租赁回收业务,实现托盘标准化、社会化运作。鼓励企业采用集装单元、射频识别、货物跟踪、自动分拣、立体仓库、配送中心信息系统、冷链等物流新技术,提高物流运作管理水平。实施物流标准化服务示范工程,选择大型物

流企业、物流园区开展物流标准化试点工作并逐步推广

7)物流公共信息平台工程

加快建设有利于信息资源共享的行业和区域物流公共信息平台项目,重点建设电子口岸、综合运输信息平台、物流资源交易平台和大宗商品交易平台。鼓励企业开展信息发布和信息系统外包等服务业务,建设面向中小企业的物流信息服务平台。

8)物流科技攻关工程

加强物流新技术的自主研发,重点支持货物跟踪定位、智能交通、物流管理软件、移动物流信息服务等关键技术攻关,提高物流技术的自主创新能力。适应物流业与互联网融合发展的趋势,启动物联网的前瞻性研究工作。加快先进物流设备的研制,提高物流装备的现代化水平。

9)应急物流工程

建立应急生产、流通、运输和物流企业信息系统,以便在突发事件发生时能够紧急调用。建立多层次的政府应急物资储备体系,保证应急调控的需要。加强应急物流设施设备建设,提高应急反应能力。选择和培育一批具有应急能力的物流企业,建立应急物流体系。

12.3.3 促进物流业发展的政策措施

1)加强组织和协调

现代物流业是新型服务业,涉及面广。要加强对现代物流业发展的组织和协调,在相关部门各司其职、各负其责的基础上,发挥由发展改革委牵头、有关部门参加的全国现代物流工作部际联席会议的作用,研究协调现代物流业发展的有关重大问题和政策。各省、自治区、直辖市政府也要建立相应的协调机制,加强对地方现代物流业发展有关问题的研究和协调。

2)改革物流管理体制

主要是继续深化铁路、公路、水运、民航、邮政、货代等领域的体制改革,按照精简、统一、高效的原则和决策、执行、监督相协调的要求,建立政企分开、决策科学、权责对等、分工合理、执行顺畅、监督有力的物流综合管理体系,完善政府的公共服务职能,进一步规范运输、货代等行业的管理,促进物流服务的规范化、市场化和国际化。改革仓储企业经营体制,推进仓储设施和业务的社会化。打破行业垄断,消除地区封锁,依法制止和查处滥用行政权力阻碍或限制跨地区、跨行业物流服务的行为,逐步建立统一开放、竞争有序的全国物流服务市场,促进物流资源的规范、公平、有序和高效流动。加强监管,规范物流市场秩序,强化物流环节质量安全管理。进一步完善对物流企业的交通安全监管机制,督促企业定期对车辆技术状况、驾驶人资质进行检查,从源头上消除安全隐患,落实企业的安全生产主体责任。

3)完善物流政策法规体系

在贯彻落实好现有推动现代物流业发展有关政策的基础上,进一步研究制定促进现代物

流业发展的有关政策。加大政策支持力度,抓紧解决影响当前物流业发展的土地、税收、收费、融资和交通管理等方面的问题。引导和鼓励物流企业加强管理创新,完善公司治理结构,实施兼并重组,尽快做强做大。针对当前产业发展中出现的新情况和新问题,研究制定系统的物流产业政策。清理有关物流的行政法规,加强对物流领域的立法研究,完善物流的法律法规体系,促进物流业健康发展。

4)制订落实专项规划

有关部门要制订专项规划,积极引导和推动重点领域和区域物流业的发展。发展改革委会同有关部门制订煤炭、粮食、农产品冷链、物流园区、应急物流等专项规划,商务部会同供销总社等有关部门制订商贸物流专项规划,国家标准委会同有关部门制订物流标准专项规划。物流业发展的重点地区,各级地方政府也要制订本地区物流业规划,指导本地区物流业的发展。

5)多渠道增加对物流业的投入

物流业的发展,主要依靠企业自身的投入。要加快发展民营物流企业,扩大对外开放步伐,多渠道增加对物流业的投入。对列入国家和地方规划的物流基础设施建设项目,鼓励其通过银行贷款、股票上市、发行债券、增资扩股、企业兼并、中外合资等途径筹集建设资金。银行业金融机构要积极给予信贷支持。对涉及全国性、区域性重大物流基础设施项目,中央和地方政府可根据项目情况和财力状况适当安排中央和地方预算内建设投资,以投资补助、资本金注入或贷款贴息等方式给予支持,由企业进行市场化运作。

6)完善物流统计指标体系

进一步完善物流业统计调查制度和信息管理制度,建立科学的物流业统计调查方法和指标体系。加强物流统计基础工作,开展物流统计理论和方法研究。认真贯彻实施社会物流统计核算与报表制度。积极推动地方物流统计工作,充分发挥行业组织的作用和力量,促进物流业统计信息交流,建立健全共享机制,提高统计数据的准确性和及时性。

7)继续推进物流业对外开放和国际合作

充分利用世界贸易组织、自由贸易区和区域经济合作机制等平台,与有关国家和地区相互进一步开放与物流相关的分销、运输、仓储、货代等领域,特别是加强与日韩、东盟和中亚国家的双边和区域物流合作,开展物流方面的政策协调和技术合作,推动物流业“引进来”和“走出去”。加强国内物流企业同国际先进物流企业的合资、合作与交流,引进和吸收国外促进现代物流发展的先进经验和管理方法,提高物流业的全球化与区域化程度。加强国际物流“软环境”建设,包括鼓励运用国际惯例、推动与国际贸易规则及货代物流规则接轨、统一单证、加强风险控制和风险转移体系建设等。建立产业安全保障机制,完善物流业外资并购安全审查制度。

8）加快物流人才培养

要采取多种形式，加快物流人才的培养。加强物流人才需求预测和调查，制订科学的培养目标和规划，发展多层次教育体系和在职人员培训体系。利用社会资源，鼓励企业与大学、科研机构合作，编写精品教材，提高实际操作能力，强化职业技能教育，开展物流领域的职业资质培训与认证工作。加强与国外物流教育与培训机构的联合与合作。

9）发挥行业社团组织的作用

物流业社团组织应履行行业服务、自律、协调的职能，发挥在物流规划制订、政策建议、规范市场行为、统计与信息、技术合作、人才培训、咨询服务等方面的中介作用，成为政府与企业联系的桥梁和纽带。

复习思考题

1. 物流、物流管理的含义分别是什么？

2. 物流管理的原则、目的及内容分别是什么？

3. 物流服务、综合物流服务含义是什么？

4. 物流信息管理的含义是什么？

5. 物流是如何分类的？

6. 物流企业的含义是什么？

7. 物流企业的类型主要有哪些？

8. 物流企业的等级是如何划分的？

9. 物流企业等级的评估指标有哪些？

10. 促进物流业发展的主要任务是什么？

11. 促进物流业发展的重点工程有哪些？

12. 促进物流业发展的政策措施有哪些？

第13章 国际道路运输管理

国际道路运输是指出入我国边境的道路运输,对促进我国同邻国的经济、文化交流和人员的交往发挥着重要作用。加强国际道路运输管理,对规范国际道路运输经营活动,维护国际道路运输市场秩序,保护国际道路运输各方当事人的合法权益,促进国际道路运输的繁荣和发展具有十分重要的意义。

13.1 国际道路运输管理

13.1.1 国际道路运输的含义

国际道路运输是指出入中华人民共和国边境的道路运输。为促进我国同邻国及港澳地区的经济、文化交流和人员的交往,根据我国有关法律、法规及我国政府与有关国家政府签订的多边、双边汽车运输协定的有关内容,维护正常的国际间汽车运输秩序,加强对国际道路运输的管理十分必要。

国际道路运输管理的范围包括:在我国境内注册从事入境汽车旅客(含游客,下同)运输、货物运输,以及与之相关的车辆维修、搬运装卸和运输代理、货物仓储、转运包(换)装的企业、车辆和人员;进入我国境内从事汽车旅客、货物运输的外国及港澳地区的车辆和人员。

13.1.2 国际道路运输经营的条件

1)申请从事国际道路运输经营活动的,应当具备下列条件

(1)已经取得国内道路运输经营许可证的企业法人;

(2)从事国内道路运输经营满3年,且近3年内未发生重大以上道路交通责任事故。道路交通责任事故是指驾驶人员负同等或者以上责任的交通事故;

(3)驾驶人员符合规定的条件。从事危险货物运输的驾驶员、装卸管理员、押运员,应当符合危险货物运输管理的有关规定;

(4)拟投入国际道路运输经营的运输车辆技术等级达到一级;

(5)有健全的安全生产管理制度。

2)从事国际道路运输的驾驶人员,应当符合下列条件

(1)取得相应的机动车驾驶证;

(2)年龄不超过60周岁;

(3)经设区的市级道路运输管理机构分别对有关国际道路运输法规、外事规定、机动车维修、货物装载、保管和旅客急救基本知识考试合格,并取得"营运驾驶员从业资格证";

(4)从事旅客运输的驾驶人员3年内无重大以上交通责任事故记录。

13.1.3 国际道路运输经营的许可

1)申请

拟从事国际道路运输经营的,应当向所在地省级道路运输管理机构提出申请,并提交以下材料:

(1)国际道路运输经营申请表;

(2)道路运输经营许可证及复印件;

(3)法人营业执照及复印件;

(4)企业近3年内无重大以上道路交通责任事故证明;

(5)拟投入国际道路运输经营的车辆的道路运输证和拟购置车辆承诺书,承诺书包括车辆数量、类型、技术性能、购车时间等内容;

(6)拟聘用驾驶员的机动车驾驶证、从业资格证,近3年内无重大以上道路交通责任事故证明;

(7)国际道路运输的安全管理制度:包括安全生产责任制度、安全生产业务操作规程、安全生产监督检查制度、驾驶员和车辆安全生产管理制度等。

从事定期国际道路旅客运输的,还应当提交定期国际道路旅客班线运输的线路、站点、班次方案。

从事危险货物运输的,还应当提交驾驶员、装卸管理员、押运员的上岗资格证等。

已取得国际道路运输经营许可,申请新增定期国际旅客运输班线的,应当向所在地省级道路运输管理机构提出申请,提交下列材料:

(1)道路运输经营许可证及复印件;

(2)拟新增定期国际道路旅客班线运输的线路、站点、班次方案;

(3)拟投入国际道路旅客运输营运的车辆的道路运输证和拟购置车辆承诺书;

(4)拟聘用驾驶员的机动车驾驶证、从业资格证,驾驶员近3年内无重大以上道路交通责任事故证明。

2)审批

省级道路运输管理机构收到申请后,应当按照《交通行政许可实施程序规定》要求的程序、期限,对申请材料进行审查,作出许可或者不予许可的决定。决定予以许可的,应当向被许可人颁发"道路运输经营许可证"或者"道路旅客运输班线经营许可证明"。不能直接颁发经营证件的，应当向被许可人出具“国际道路运输经营许可决定书”或者“国际道路旅客运输班线经营许可决定书”。在出具许可决定之日起10日内，向被许可人颁发“道路运输经营许可证”或者“道路旅客运输班线经营许可证明”。“道路运输经营许可证”应当注明经营范围；“道路旅客运输班线经营许可证明”应当注明班线起讫地、线路、停靠站点以及班次。省级道路运输管理机构予以许可的，应当由省级交通运输主管部门向交通运输部备案。对国际道路运输经营申请决定不予许可的，应当在受理之日起20日内向申请人送达“不予交通行政许可决定书”，并说明理由，告知申请人享有依法申请行政复议或者提起行政诉讼的权利。

非边境省、自治区、直辖市的申请人拟从事国际道路运输经营的，应当向所在地省级道路运输管理机构提出申请。受理该申请的省级道路运输管理机构在作出许可决定前，应当与运输线路拟通过口岸所在地的省级道路运输管理机构协商；协商不成的，由省级交通主管部门报交通运输部决定。交通运输部按照有关规定的程序作出许可或者不予许可的决定，通知所在地省级交通主管部门，并由所在地省级道路运输管理机构按规定颁发许可证件或者“不予交通行政许可决定书”。

被许可人应当按照承诺书的要求购置运输车辆。购置的车辆和已有的车辆经道路运输管理机构核实符合条件的，道路运输管理机构向拟投入运输的车辆配发“道路运输证”。从事国际道路运输经营的申请人凭“道路运输经营许可证”及许可文件到外事、海关、检验检疫、边防检查等部门办理有关运输车辆、人员的出入境手续。国际道路运输经营者变更许可事项、扩大经营范围的，应按规定办理许可申请。国际道路运输经营者变更名称、地址等，应当向省级道路运输管理机构备案。

国际道路旅客运输经营者在取得经营许可后，应当在180日内履行被许可的事项。有正当理由在180日内未经营或者停业时间超过180日的，应当告知省级道路运输管理机构。国际道路运输经营者需要终止经营的，应当在终止经营之日30日前告知省级道路运输管理机构，办理有关注销手续。

外国道路运输企业在我国境内设立国际道路运输常驻代表机构，应当向交通运输部提出申请，并提供以下材料：

(1)企业的董事长或总经理签署的申请书。内容包括常驻代表机构的名称、负责人、业务范围、驻在期限、驻在地点等；

(2)企业所在国家或地区有关商业登记当局出具的开业合法证明或营业注册副本；

(3)由所在国金融机构出具的资本信用证明书；

(4)企业委任常驻代表机构人员的授权书和常驻人员的简历及照片。

提交的外文资料需同时附中文翻译件。

交通运输部应当按照“交通行政许可实施程序规定”要求的程序、期限，对申请材料进行审查，作出许可或者不予许可的决定。予以许可的，向外国道路运输企业出具并送达“外国

（境外）运输企业在中国设立常驻代表机构许可决定书”，同时通知外国（境外）运输企业在中国常驻代表机构所在地的省级交通主管部门；不予许可的，应当出具并送达“不予交通行政许可决定书”，并说明理由。

13.1.4 国际道路运输运营管理

国际道路运输线路由起讫地、途经地国家交通主管部门协商确定。交通运输部及时向社会公布中国政府与有关国家政府确定的国际道路运输线路。

从事国际道路运输的车辆应当按照规定的口岸通过，进入对方国家境内后，应当按照规定的线路运行。从事定期国际道路旅客运输的车辆，应当按照规定的行车路线、班次及停靠站点运行。从事国际道路运输的车辆应当标明本国的国际道路运输国籍识别标志。省级道路运输管理机构按照交通运输部规定的“国际道路运输国籍识别标志”式样，负责“国际道路运输国籍识别标志”的印制、发放、管理和监督使用。

进入我国境内从事国际道路运输的外国运输车辆，应当符合我国有关运输车辆外廓尺寸、轴荷以及载质量的规定。我国与外国签署有关运输车辆外廓尺寸、轴荷以及载质量具体协议的，按协议执行。外国国际道路运输经营者的车辆在中国境内运输，应当具有本国的车辆登记牌照、登记证件。驾驶人员应当持有与其驾驶的车辆类别相符的本国或国际驾驶证件。

我国从事国际道路旅客运输的经营者，应当使用“国际道路旅客运输行车路单”。我国从事国际道路货物运输的经营者，应当使用“国际道路货物运单”。

进入我国境内运载不可解体大型物件的外国国际道路运输经营者，车辆超限的，应当遵守我国超限运输车辆行驶公路的相关规定，办理相关手续后，方可运输。进入我国境内运输危险货物的外国国际道路运输经营者，应当遵守我国危险货物运输有关法律、法规和规章的规定。

禁止外国国际道路运输经营者从事我国国内道路旅客和货物运输经营。外国国际道路运输经营者在我国境内应当在批准的站点上下旅客或者按照运输合同商定的地点装卸货物。运输车辆，要按照我国道路运输管理机构指定的停靠站（场）停放。禁止外国国际道路运输经营者在我国境内自行承揽货物或者招揽旅客。

国际道路运输经营者应当使用符合国家规定标准的车辆从事国际道路运输经营，并定期进行运输车辆维护和检测。国际道路运输经营者应当制定境外突发事件的道路运输应急预案。应急预案应当包括报告程序、应急指挥、应急车辆和设备的储备以及处置措施等内容。

国际道路旅客运输的价格，按边境口岸地省级交通主管部门与相关国家政府交通主管部门签订的协议执行。没有协议的，按边境口岸所在地省级物价部门核定的运价执行。国际道路货物运输的价格，由国际道路货物运输的经营者自行确定。

对进出我国境内从事国际道路运输的外国运输车辆的费收，应当按照我国与相关国家政府签署的有关协定执行。

13.1.5 国际道路运输行车许可证管理

国际道路运输实行行车许可证制度。行车许可证是国际道路运输经营者在相关国家境内从事国际道路运输经营时行驶的通行凭证。我国从事国际道路运输的车辆进出相关国家,应当持有相关国家的国际汽车运输行车许可证。外国从事国际道路运输的车辆进出我国,应当持有我国国际汽车运输行车许可证。

我国国际汽车运输行车许可证分为"国际汽车运输行车许可证"和"国际汽车运输特别行车许可证"。在我国境内从事国际道路旅客运输经营和一般货物运输经营的外国经营者,使用"国际汽车运输行车许可证"。在我国境内从事国际道路危险货物运输经营的外国经营者,应当向拟通过口岸所在地的省级道路运输管理机构提出申请,由省级道路运输管理机构商有关部门批准后,向外国经营者的运输车辆发放"国际汽车运输特别行车许可证"。"国际汽车运输行车许可证"、"国际汽车运输特别行车许可证"的式样,由国家交通运输主管部门与相关国家政府交通主管部门商定。边境省级道路运输管理机构按照商定的式样,负责行车许可证的统一印制,并负责与相关国家交换。交换过来的相关国家"国际汽车运输行车许可证",由边境省级道路运输管理机构负责发放和管理。我国从事国际道路运输的经营者,向拟通过边境口岸所在地的省级道路运输管理机构申领"国际汽车运输行车许可证"。"国际汽车运输行车许可证"、"国际汽车运输特别行车许可证"实行一车一证,应当在有效期内使用。运输车辆为半挂汽车列车、全挂汽车列车时,仅向牵引车发放行车许可证。禁止伪造、变造、倒卖、转让、出租"国际汽车运输行车许可证"、"国际汽车运输特别行车许可证"。

13.2 国际道路运输发展措施

13.2.1 国际道路运输发展的意义

国际道路运输,在国际多式联运中发挥着主力军和桥梁、纽带的双重作用,尤其是对高速公路的建设和集装箱运输的发展,更为国际道路运输提供了发展的契机,在出入境运输、集疏港运输中扮演着越来越重要的角色。由于我国地理特点和发展边境地区经济的要求,近年来我国的口岸公路和国际道路运输通道的建设发展迅速,汽车运输进一步打开了我国东北、西北和西南与周边国家的陆上运输通道,符合我国"西部大开发"、"振兴东北"、"建立西南出海口"的宏观战略发展布局。经过十几年的发展,国际道路运输不仅已经成为我国沿边地区对外贸易和人员往来的重要运输方式,同时对巩固我国同周边国家的睦邻友好关系,发展区域经济,繁荣稳定边疆地区具有重大意义。

13.2.2 国际道路运输发展的措施

1)设立国家便利运输委员会

国际道路运输涉及人员签证、货物及车辆海关手续和检疫手续、交通安全和运输管理等诸多方面,除交通运输部门外,还涉及外交、海关、边防检查、检验检疫等部门职责,需要建立一个有效的机制以协调这些部门的工作。目前,多数边境省区都建立了地方政府牵头,由各有关部门参加的部门间协调机制,协调解决本地区国际道路运输中出现的问题,取得了一定的成效。然而,由于地方政府各部门的权力有限,有些问题还需要中央政府一级协调解决。因此,迫切需要在中央政府一级设立部际协调机制,共同研究国际道路运输的便利措施,多个部门共同配合,形成合力,才能切实促进便利运输目标的实现。

2003 年,为配合大湄公河次区域便利运输合作,由交通部牵头,经请示国务院成立了国家便利运输委员会,委员会由外交部、发改委、财政部、公安部、交通部、海关总署、质检总局等有关部门参加,为协调解决便利国际道路运输问题提供了机制保障。同时,也要将协调成果推广到其他区域的便利运输合作中去。

2)制定双边、多边运输协定的长远战略

从上个世纪 90 年代初开始我国已同周边国家签署了 10 个政府间双边汽车运输协定和 3 个区域性的多边汽车运输协定,与上海合作组织五国签订《上合组织政府间多边运输协定》与蒙古、俄罗斯签订《中蒙俄三国跨境运输协定》。以上这些双边汽车运输协定和区域性的多边汽车运输协定初步奠定了我国对外道路运输的基本格局,成为我国对外国际道路运输的基础。

随着我国参与国际道路运输范围的扩大和深入,在双边运输协定谈判中关于行车许可证数量、运输线路延伸、通关税收等问题上分歧逐渐增多,而由于多边运输协定本身的复杂性和不稳定性,在多边运输协定谈判过程中更是步履维艰,即使已达成的协定,在理解上差异比较大,具体实施中问题层出不穷。旧协定中的遗留问题和新协定中面临的新情况交织在一起,双边协定的规定与多边协定的内容发生冲突,所有这些问题使得国际道路运输的发展遇到前所未有的阻力,而导致这些问题的一个重要原因是各国社会政治制度、经济结构、科技发展水平等国情差异很大,不一而同。

我国与有关国家签署的双边汽车运输协定均仅适用两国间的运输,而不适用缔约一方运输车辆通过第三国到达缔约另一方以及缔约一方运输车辆通过缔约另一方到达第三国的过境运输。多边运输协定是在已存在双边运输协定基础上,某一个区域的有关国家希望进一步扩大运输合作,实现更加便利的运输这种愿望下通过谈判达成。应该说,多边运输协定是双边运输协定发展的高级阶段,是国际道路运输发展的必然要求。当然,这需要许多成熟的条件,如多边协定涉及国家的政治、经济、法律制度等方面要易于相互接轨。

签订双边运输协定是开展国际道路运输的基础,主要目的是从国家层面上建立相互认可机制,因此协定的内容应比较原则性,侧重于对外国承运者车辆进入本国的许可。签订区域多边运输协定主要考虑的是利用多边运输协定的灵活性,应该侧重于解决运输中的便利问题。一般来讲,能够签订多边运输协定的国家主要是在地域、文化或者政治、经济制度方面具有一定联系,比如我国签订的《大湄公河次区域便利跨境运输协定》是我国云南省与东南亚大湄公河次区域六国开展跨境运输合作,而上海合作组织政府间便利运输协定是我国新疆地区与上合组织成员国开展国际道路运输合作。在开展国际道路运输时,通过签订区域多边运输协定,开展在税费征收、车辆标准、通关程序等多方面比双边运输协定更为便利。将双边运输协定的原则性和多边运输协定的灵活性作为我国国际道路运输的一个基本策略既能扩大对外合作的力度,与更多国家签订双边运输协定,又能通过双边谈判促进多边谈判,解决了在多边谈判的诸多困难。

3)建立许可证制度

许可证是一国允许另一国运输车辆进入本国的凭证,即给予国外车辆在本国公路行驶的交通权,其目的在于控制外国承运者的车辆进入本国的频次。通常,缔约双方每年交换一定数量的许可证,缔约一方的承运者持另一方颁发的许可证从事国际运输。实行许可证制度的本质,一是合理分配不同国家的承运者的承运份额,实现承运者运输利益的合理分配;二是控制进入本国的国外车辆的数量,减少环境污染,保障交通安全。然而,国际道路运输市场的需求是波动的,政府部门很难对需求作出及时的反应;由于法律制度、经济发展水平等原因,不同国家的承运者的运输成本存在差异,市场竞争原则决定了市场只会选择有竞争力的承运者。许可证制度往往会引发政府干预与市场机制间的矛盾,市场需求的波动性、客户对低成本运输的追求都会对许可证制度造成很大压力。因此,许可证数量问题也就成为有关国家运输合作谈判磋商的一个焦点问题。

采用开放国际道路运输市场方式,由市场自由选择承运者和运输频次一直是研究和争论的热点。采用这种方式需要一些前提条件:一是不同国家的承运人处于一个竞争起点,比如说税费负担相当,对其管制的内容相当(例如对驾驶员工作时间要求等);二是将运输外部效果内部化,避免因大量国外运输车辆的进入造成环境污染、交通堵塞。然而,要满足这些前提条件,实践证明非常困难。政府要综合平衡运输利益、经贸利益及安全和环境保护等因素,本着相互信任、平等互利、共同发展的原则,通过友好协商开展运输合作。

4)加入国际便利运输公约

国际上在处理便利国际道路运输问题方面,除了采用双边协议外,主要还是通过加入与国际道路运输有关的国际公约,减少烦琐的双边谈判,同时,也有利于国际道路运输一体化的发展。在欧洲,由于地理上的原因,大多数国家间的国际交通和过境交通量很大,货物运输超过400公里几乎意味着国际运输。因此,政府之间的便利运输合作显得尤为重要。在这种背景下,与便利运输有关的公约在欧洲逐步发展、完善。这些公约的主要目的是便利国际陆上运输,使国际经济贸易和运输活动规范化,防止经济贸易和运输活动中的欺诈行为,保护公共利益和国家利益。这些公约几经修改、完善,实践证明有利于提高经济贸易和运输效率。随着世界经济一体化的发展以及道路运输在综合运输体系中地位的日益加强,源于欧洲的与国际道路运输有关的国际公约逐步为世界其他地区接受和采用。

安全、高效的国际道路运输离不开国际间便利运输公约。1992 年 4 月,在北京召开的亚太经社会第 48 次会议上,通过了与便利道路和铁路运输有关的第 48/11 号决议,决议建议各国考虑加入 7 个与便利运输有关的国际公约的可能性。这 7 个公约分别是:道路标志和信号公约、道路交通公约、国际道路运输海关公约、临时进口商用车辆海关公约、集装箱关务公约、国际道路货物运输合同公约、关于统一边境货物控制的国际公约。这 7 个公约是开展国际道路运输业务的基础,也是 50 多个国际现行公约的基础。到目前为止,我国仅加入了其中一项国际公约,即集装箱关务公约。

为运输提供便利的条件,是为了使复杂的运输过程合理化,提高运输效率,满足经济、贸易发展的需要。然而,便利运输并不意味着抛开各国政府关于海关、检疫等方面必要的要求,盲目简化手续。便利运输是在简化手续、降低成本、提高效率与政府部门必要的控制间找到一个平衡。

TIR 公约系统能够缩短货物通关时间,提高运输效率,并最大限度降低海关的行政干预,消除货物跨境时的传统障碍。目前,该系统已经覆盖了整个欧洲、大部分美洲、中东及北非,在我国周边,俄罗斯、哈萨克斯坦、蒙古、韩国都已经成为 TIR 公约缔约国,而我国还未加入该公约,这需要海关口岸管理部门、公安出入境管理部门、质监总局检验检疫部门等诸多部门在管理模式上向国际标准转变。通过调整自己内部管理制度加入相关国际组织,一方面可以促进国际道路运输便利化,更重要的是有机会参与世界经济新规则的制定,在以后国际道路运输谈判中乃至经济贸易争端中获得公平和公正的对待。

5)建立完善的法律法规体系

每个国家有其独立的法律法规体系,道路运输在这些法律法规约束下进行。为促进国际道路运输的发展,一些国际组织制定了国际道路间人员、货物运输的有关公约、规则,如《关于在国际公路手册担保下进行国际货物运输的海关公约》。这就存在两个问题,一是国家法律法规与国际公约、规则的一致性问题,在两者不一致时,国家法律处于主导地位;二是国际公约、规则有其特定的适用范围,超出这个范围,公约、规则就不适用。两个方面都有可能制约国际道路运输的发展。因此,需要进行国家间的协商,广泛地进行交流,达成互谅互让的协议。

《中华人民共和国道路运输条例》和《国际道路运输管理规定》奠定了我国开展国际道路运输的法律框架,连同各边境省区结合自身特点制定的与国际道路有关规定、办法,共同形成了国内在国际道路运输管理方面比较完善的法律体系。

在国际道路运输中,有代表国家的监管部门、贸易企业、运输企业等,这些部门都应在法律法规的约束下行事。一些不协调现象产生的原因是参与者行为不自律,影响了国际道路运输发展的环境。因此,国际道路运输参与者应行为自律,自觉遵守国家、国际的法律法规。完善的法律体系,无疑会使我国国际道路运输走向良好地发展轨道。

6)积极开展多方运输合作

在我国边境省、自治区与周边国家开通国际道路运输初期,由于运输需求、道路状况等原因,进出口货物多数在双方口岸地换装中转,运输距离最长仅为数十公里。近年来,随着我国同周边国家经贸合作的发展,由汽车承运的进出口货物越来越多,货物的起运地及目的地逐步向内地延伸,无论是我方还是外方,都希望进一步扩大运输合作,发展货物直达对方目的地汽车运输,缩短运输时间,降低运输成本。

我国参与起草并加入的《亚洲公路网政府间协定》宣布生效。中国政府始终以积极务实的态度推动亚洲公路网的建设,协定的生效必将为本区域各国交通运输领域合作、人员和货物以及车辆过境跨境便利运输提供基础条件,将极大促进区域经济一体化进程和各国经贸往来、社会进步。

加入亚洲公路网是我国公路对外开放的第一步,今后还需要国内有关部门协调,落实,促进公路对外开放,为国家经济发展服务。

13.3 外商投资道路运输业管理

13.3.1 外商投资道路运输业的范围和形式

1)外商投资道路运输业的范围

根据《中华人民共和国中外合资经营企业法》、《中华人民共和国中外合作经营企业法》、《中华人民共和国外资企业法》以及有关法律、行政法规的规定,允许外商在我国境内投资道路运输业,道路运输业包括道路旅客运输、道路货物运输、道路货物搬运装卸、道路货物仓储和其他与道路运输相关的辅助性服务及车辆维修。

2)外商投资道路运输业的形式

允许外商采用以下形式投资经营道路运输业:

(1)采用中外合资形式投资经营道路旅客运输;

(2)采用中外合资、中外合作形式投资经营道路货物运输、道路货物搬运装卸、道路货物仓储和其他与道路运输相关的辅助性服务及车辆维修;

(3)采用独资形式投资经营道路货物运输、道路货物搬运装卸、道路货物仓储和其他与道路运输相关的辅助性服务及车辆维修。

13.3.2 外商投资道路运输业许可管理

外商投资道路运输业的立项及相关事项应当经国务院交通主管部门批准。外商投资设立道路运输企业的合同和章程应当经国务院对外贸易经济主管部门批准。

外商投资道路运输业应当符合国务院交通主管部门制定的道路运输发展政策和企业资质条件,并符合拟设立外商投资道路运输企业所在地的交通主管部门制定的道路运输业发展规划的要求。投资各方应当以自有资产投资并具有良好的信誉。

外商投资从事道路旅客运输业务,还应当符合以下条件:

(1)主要投资者中至少一方必须是在中国境内从事5年以上道路旅客运输业务的企业;

(2)外资股份比例不得多于49%;

(3)企业注册资本的50%用于客运基础设施的建设与改造;

(4)投放的车辆应当是中级及以上的客车。

设立外商投资道路运输企业,应当向拟设企业所在地的市(设区的市,下同)级交通主管部门提出立项申请,并提交以下材料:

(1)申请书,内容包括投资总额、注册资本和经营范围、规模、期限等;

(2)项目建议书;

(3)投资者的法律证明文件;

(4)投资者资信证明;

(5)投资者以土地使用权、设施和设备等投资的,应提供有效的资产评估证明;

(6)审批机关要求的其他材料。

拟设立中外合资、中外合作企业,除应当提交上述材料以外,还应当提交合作意向书提交的外文资料须同时附中文翻译件。

外商投资企业扩大经营范围从事道路运输业,外商投资道路运输企业扩大经营范围或者扩大经营规模超出原核定标准的,外商投资道路运输企业拟合并、分立、迁移和变更投资主体、注册资本、投资股比,应由该企业向其所在地的市级交通主管部门提出变更申请并提交以下材料:

(1)申请书;

(2)企业法人营业执照复印件;

(3)外商投资企业批准证书复印件;

(4)外商投资企业立项批件复印件;

(5)资信证明。

13.3.3　外商投资道路运输业的审核和审批

交通主管部门按下列程序对外商投资道路运输业立项和变更申请进行审核和审批：

(1)市级交通主管部门自收到申请材料之日起 15 个工作日内，依据本规定提出初审意见，并将初审意见和申请材料报省级交通主管部门；

(2)省级交通主管部门自收到上报材料之日起 15 个工作日内，依据本规定提出审核意见，并将审核意见和申请材料报国务院交通主管部门审批；

(3)国务院交通主管部门自收到前项材料之日起 30 个工作日内，对申请材料进行审核。符合规定的，颁发立项批件或者变更批件；不符合规定的，退回申请，书面通知申请人并说明理由。

申请人收到批件后，应当在 30 日内持批件和以下材料向省级对外贸易经济主管部门申请颁发或者变更外商投资企业批准证书：

(1)申请书；

(2)可行性研究报告；

(3)合同、章程(外商独资道路运输企业只需提供章程)；

(4)董事会成员及主要管理人员名单及简历；

(5)工商行政管理部门出具的企业名称预核准通知书；

(6)投资者所在国或地区的法律证明文件及资信证明文件；

(7)审批机关要求的其他材料。

省级对外贸易经济主管部门对上述材料初审后，将申请材料和初审意见报国务院对外贸易经济主管部门或者其授权部门。国务院对外贸易经济主管部门或者其授权部门收到申请材料后，在 45 日内作出是否批准的书面决定，符合规定的，颁发或者变更外商投资企业批准证书；不符合规定的，退回申请，书面通知申请人并说明理由。

申请人在收到外商投资企业批准证书后，应当在 30 日内持立项批件和批准证书向拟设立企业所在地省级交通主管部门申请领取道路运输经营许可证，并依法办理工商登记后，方可按核定的经营范围从事道路运输经营活动。

申请人收到变更的外商投资企业批准证书后，应当在 30 日内持变更批件、变更的外商投资企业批准证书和其他相关的申请材料向省级交通主管部门和工商行政管理部门办理相应的变更手续。

申请人在办理完有关手续后，应将企业法人营业执照、外商投资企业批准证书以及道路运输经营许可证影印件报国务院交通主管部门备案。

取得外商投资道路运输业立项批件后 18 个月内未完成工商注册登记手续的，立项批件自行失效。

外商投资道路运输企业的经营期限一般不超过12年。但投资额中有50%以上的资金用于客货运输站场基础设施建设的,经营期限可为20年。经营业务符合道路运输产业政策和发展规划,并且经营资质(质量信誉)考核合格的外商投资道路运输企业,经原审批机关批准,可以申请延长经营期限,每次延长的经营期限不超过20年。

申请延长经营期限的外商投资道路运输企业,应当在经营期满6个月前向企业所在地的省级交通主管部门提出申请,并上报企业经营资质(质量信誉)考核记录等有关材料,由省级交通主管部门审核后,报国务院交通主管部门,由国务院交通主管部门商对外贸易经济主管部门后批复。

外商投资道路运输企业停业、歇业或终止,应当及时到国务院交通主管部门、对外贸易经济主管部门或其授权部门和工商行政管理部门办理相关手续。

复习思考题

1. 国际道路运输的含义及国际道路运输管理的范围分别是什么?
2. 国际道路运输经营的条件有哪些?
3. 如何做好国际道路运输经营许可管理?
4. 国际道路运输运营管理的内容有哪些?
5. 如何做好国际道路运输行车许可证管理?
6. 加快国际道路运输发展的措施有哪些?
7. 允许外商投资经营道路运输业形式有哪些?
8. 外商投资道路运输业许可管理的内容是什么?
9. 如何做好外商投资道路运输业的审核和审批工作?
10. 国际道路运输发展的意义是什么?
11. 国际道路运输发展的措施主要有哪些?

第 14 章 道路运输车辆管理

营运车辆是道路运输企业的主要生产工具,加强道路运输营运车辆管理,保持营运车辆技术状况良好,对促进道路运输车辆节能减排、保障车辆运行安全和提高运输质量,将发挥重要作用。

14.1 道路运输营运车辆管理

道路运输营运车辆是指按照有关法律、法规的规定,取得营业性道路运输资格,进入道路运输市场从事道路旅客运输、货物运输经营活动的车辆。分为道路运输客运车辆、道路运输货运车辆。

14.1.1 道路运输客运车辆管理

1)客运车辆维护管理

道路运输客运经营者应当依据国家有关技术规范对客运车辆进行定期维护,确保客运车辆技术状况良好。客运车辆的维护作业项目和程序应当按照国家标准《汽车维护、检测、诊断技术规范》(GB 18344—2001)等有关技术标准的规定执行。

2)客运车辆检测管理

客运经营者应当定期进行客运车辆检测,车辆检测结合车辆定期审验的频率一并进行。客运经营者在规定时间内,到符合国家相关标准的机动车综合性能检测机构进行检测。机动车综合性能检测机构按照国家标准《营运车辆综合性能要求和检验方法》(GB 18565—2001)和《道路车辆外廓尺寸、轴荷及质量限值》(GB 1589—2004)的规定进行检测,出具全国统一式样的检测报告,并依据检测结果,对照行业标准《营运车辆技术等级划分和评定要求》(JT/T 198—2004)进行车辆技术等级评定。客运车辆技术等级分为一级、二级和三级。车籍所在地县级以上道路运输管理机构应当将车辆技术等级在“道路运输证”上标明。

机动车综合性能检测机构应当使用符合国家和行业标准的设施、设备,严格按照国家和行业有关营运车辆技术检测标准对客运车辆进行检测,如实出具车辆检测报告,并建立车辆检测档案。

3)客运车辆审验管理

县级以上道路运输管理机构应当定期对客运车辆进行审验,且每年审验一次。审验内容包括:车辆违章记录;车辆技术档案;车辆结构、尺寸变动情况;按规定安装、使用符合国家标准的行车记录仪情况;客运经营者为客运车辆投保承运人责任险情况。

审验符合要求的,道路运输管理机构在“道路运输证”审验记录栏中注明;不符合要求的,应当责令限期改正或者办理变更手续。

鼓励使用配置下置行李舱的客车从事道路客运。没有下置行李舱或者行李舱容积不能满足需求的客运车辆,可在客车车厢内设立专门的行李堆放区,但行李堆放区和乘客区必须隔离,并采取相应的安全措施。严禁行李堆放区内载客。

4)营运客车类型等级评定

营运客车类型等级评定由县级以上道路运输管理机构依据行业标准《营运客车类型划分及等级评定》(JT/T 325—2010)和交通运输部颁布的《营运客车类型划分及等级评定规则》的要求实施。禁止使用报废的、擅自改装的、拼装的、检测不合格的客车以及其他不符合国家规定的车辆从事道路客运经营。

5)客运车辆档案管理

客运经营者和县级以上道路运输管理机构应当分别建立客运车辆技术档案和管理档案,并妥善保管。对相关内容的记载应当及时、完整和准确,不得随意更改。客运经营者车辆技术档案主要内容应当包括:车辆基本情况、主要部件更换情况、修理和二级维护记录(含出厂合格证)、技术等级评定记录、类型及等级评定记录、车辆变更记录、行驶里程记录、交通事故记录等。道路运输管理机构车辆管理档案主要内容应当包括:车辆基本情况、二级维护和检测记录、技术等级评定记录、类型及等级评定记录、车辆变更记录、交通事故记录等。

客运车辆办理过户变更手续时,客运经营者应当将车辆技术档案完整移交。县级以上道路运输管理机构应当对经营者车辆技术档案的建立情况实施监督管理。客运经营者对达到国家规定的报废标准或者经检测不符合国家强制性标准要求的客运车辆,应当及时交回《道路运输证》,不得继续从事客运经营。

14.1.2 道路运输货运车辆管理

1)货运车辆技术管理

道路货物运输经营者应当建立车辆技术管理制度,按照国家规定的技术规范对货运车辆进行定期维护,确保货运车辆技术状况良好。货运车辆的维护作业项目和程序应当按照国家标准《汽车维护、检测、诊断技术规范》(GB 18344—2001)等有关技术标准的规定执行。

2)货运车辆检测与分级

道路货物运输经营者应当定期进行货运车辆检测,车辆检测结合车辆定期审验的频率一并进行。道路货物运输经营者在规定时间内,到符合国家相关标准的机动车综合性能检测机构进行检测。机动车综合性能检测机构按照国家标准《营运车辆综合性能要求和检验方法》

(GB 18565—2001)和《道路车辆外廓尺寸、轴荷及质量限值》(GB 1589—2004)的规定进行检测,出具全国统一式样的检测报告。并依据检测结果,对照行业标准《营运车辆技术等级划分和评定要求》(JT/T 198—2004)评定车辆技术等级。货运车辆技术等级分为一级、二级和三级。车籍所在地县级以上道路运输管理机构应当将车辆技术等级在"道路运输证"上标明。

3)货运车辆审验

县级以上道路运输管理机构应当定期对货运车辆进行审验,每年审验一次。审验内容包括车辆技术档案、车辆结构及尺寸变动情况和违章记录等。审验符合要求的,道路运输管理机构在"道路运输证"审验记录中注明;不符合要求的,应当责令限期改正或者办理变更手续。

机动车综合性能检测机构应当使用符合标准的设施、设备,严格按照国家有关营运车辆技术检测标准对货运车辆进行检测,对出具的车辆检测报告负责,并对已检测车辆建立检测档案。

禁止使用报废的、擅自改装的、拼装的、检测不合格的和其他不符合国家规定的车辆从事道路货物运输经营。

4)货运车辆档案管理

道路货物运输经营者和县级以上道路运输管理机构应当分别建立货运车辆技术档案和管理档案,并妥善保管。对相关内容的记载应当及时、完整和准确,不得随意更改。道路货物运输经营者车辆技术档案主要内容为:车辆基本情况、主要部件更换情况、修理和二级维护记录(含出厂合格证)、技术等级评定记录、车辆变更记录、行驶里程记录、交通事故记录等。道路运输管理机构管理档案主要内容为:车辆基本情况、二级维护和检测情况、技术等级记录、车辆变更记录、交通事故记录等。道路货物运输车辆办理过户变更手续时,道路货物运输经营者应当将货运车辆技术档案完整移交。县级以上道路运输管理机构对经营者车辆技术档案建立情况实施监督管理。

道路货物运输经营者对达到国家规定的报废标准或者经检测不符合国家强制性标准要求的货运车辆,应当及时交回"道路运输证",不得继续从事道路货物运输经营。

14.2 营运车辆技术等级管理

14.2.1 营运车辆技术等级评定的内容

营运车辆技术等级评定的内容包括:营运车辆整车装备及外观检查、动力性、燃料经济性、制动性、转向操纵性、前照灯发光强度和光束照射位置、排放污染物限值、车速表示值误差等。

14.2.2 营运车辆技术等级的评定项目和技术要求

营运车辆技术等级的评定项目和技术要求,见表14-1。

14.2.3 营运车辆技术等级划分

营运车辆技术等级划分为一级、二级和三级。

一级：表 14-1 中分级的项目应达到规定的一级技术要求；没分级的项目应为合格。

二级：表 14-1 中 1.1.2、1.1.9 和 1.4.2 应达到规定的技术要求；1.1.1、1.1.3、1.2.1、1.3.1、1.4.4、1.5.2、1.7 和 1.10 八个项目中至少有三项应达到规定的一级技术要求；没分级的项目应为合格。

三级：表 14-1 中分级的项目应达到三级技术要求；没分级的项目应为合格。

营运车辆技术等级的评定项目和技术要求　　表 14-1

<table>
<tr><th rowspan="2">序号</th><th rowspan="2">项　目</th><th colspan="3">技 术 要 求</th></tr>
<tr><th>一　级</th><th>二　级</th><th>三　级</th></tr>
<tr><td>1.1</td><td>整车装备与外观</td><td></td><td></td><td></td></tr>
<tr><td>1.1.1</td><td>整车装备与标志</td><td>(1)整车装备应齐全、完好、有效，各连接部件紧固完好，车体应周正；车体外缘左右对称部位（在离地高 1.5m 以内测量）高度差不大于轴距的 1.2/1 000
(2)GB 18565—2001 的 11.1.2 和 11.1.3</td><td colspan="2">GB 18565—2001 的 11.1</td></tr>
<tr><td>1.1.2</td><td>车架、车身、驾驶室</td><td colspan="2">GB 18565—2001 的 11.8.1、11.8.2、11.8.4、11.8.5 和 11.8.7 表面无锈迹、无脱掉漆</td><td>GB 18565—2001 的 11.8.1、11.8.2、11.8.4、11.8.5 和 11.8.7</td></tr>
<tr><td>1.1.3</td><td>车门、车窗</td><td>(1)GB 18565—2001 的11.8.6.1
(2)玻璃应完好无损</td><td colspan="2">(1)GB 18565—2001 的 11.8.6.1
(2)玻璃不得缺损</td></tr>
<tr><td>1.1.4</td><td>驾乘座椅</td><td colspan="3">GB 18565—2001 的 11.8.3 和 11.8.10</td></tr>
<tr><td>1.1.5</td><td>卧铺</td><td colspan="3">GB 18565—2001 的 11.8.12</td></tr>
<tr><td>1.1.6</td><td>行李架(舱)</td><td colspan="3">GB 18565—2001 的 11.8.11</td></tr>
<tr><td>1.1.7</td><td>安全出口、安全带</td><td colspan="3">GB 18565—2001 的 11.8.9 和 11.11.1</td></tr>
<tr><td>1.1.8</td><td>车厢、地板、护轮板（挡泥板）</td><td colspan="3">GB 18565—2001 的 11.8.3 和 11.8.15</td></tr>
<tr><td>1.1.9</td><td>车轮、轮胎</td><td colspan="2">微型车辆胎冠花纹深度不小于 3.2mm，其他车辆转向轮的胎冠花纹深度不小于 3.5mm，其余轮胎花纹深度不小于 2.5mm</td><td>GB 18565—2001 的 11.9.1</td></tr>
<tr><td>1.1.10</td><td>悬架装置</td><td colspan="3">GB 18565—2001 的 11.9.2、11.9.3 和 11.9.5</td></tr>
<tr><td>1.1.11</td><td>传动系、车桥</td><td colspan="3">GB 18565—2001 的 11.10 和 11.8.4</td></tr>
<tr><td>1.1.12</td><td>转向节及臂，横、直拉杆及球销</td><td colspan="3">GB 18565—2001 的 7.11</td></tr>
</table>

续上表

序号	项目	技术要求		
		一级	二级	三级
1.1.13	制动装置（行车、应急、驻车）	GB 18565—2001 的6.1、6.2、6.9和6.13.2.2		
1.1.14	螺栓、螺母紧固	GB 18565—2001 的11.9.1.8和11.9.2		
1.1.15	灯光数量、光色、位置	GB 18565—2001 的8.4~8.13		
1.1.16	信号装置与仪表	GB 18565—2001 的8.14~8.20		
1.1.17	漏气、漏油、漏水、漏电	GB 18565—2001 的10.2和8.21		
1.1.18	底盘异响	GB 18565—2001 的11.6.2		
1.1.19	发动机异响	GB 18565—2001 的11.6.1		
1.1.20	润滑	GB 18565—2001 的11.7.1和11.7.3		
1.1.21	灭火器	GB 18565—2001 的11.11.12		
1.1.22	车内外后视镜、前下视镜	GB 18565—2001 的11.11.2		
1.1.23	侧面、后下部防护装置	GB 18565—2001 的11.11.9		
1.2	动力性			
1.2.1	驱动轮输出功率	GB/T 18276—2000 表1中额定值的要求	GB/T 18276—2000 表1中允许值的要求	
1.2.2	滑行性能	GB 18565—2001 的11.5		
1.3	燃料经济性			
1.3.1	等速百公里油耗	不大于该车型制造厂规定的相应车速等速百公里油耗的103%	GB/T 18566—2011	
1.4	制动性			
1.4.1	制动力	GB 18565—2001 的6.13.1.1和6.13.1.2		
1.4.2	制动力平衡	在制动力增长全过程中同时测得的左右轮制动力差的最大值，与全过程中测得的该轴左右轮最大制动力中大者之比；对前轴不得大于16%，对后轴不得大于20%；当后轴制动力小于后轴轴荷的60%时，在制动力增长全过程中，同时测得的左右轮制动力之差的最大值不得大于后轴轴荷的5%		GB 18565—2001 的6.13.1.3
1.4.3	制动协调时间	GB 18565—2001 的6.13.1.4		
1.4.4	车轮阻滞力	各轴的阻滞力均不得大于该轴轴荷的2.5%	GB 18565—2001 的6.13.1.5	
1.4.5	驻车制动	GB 18565—2001 的6.13.3		
1.5	转向操纵性			
1.5.1	转向轮横向侧滑量	GB 18565—2001 的7.3		

续上表

序号	项　目	技术要求		
		一　级	二　级	三　级
1.5.2	转向盘最大自由转动量	最大设计车速大于或等于100km/h的汽车为15°，最大设计车速小于100km/h的汽车为20°		GB 18565—2001 的 7.1
1.5.3	悬架特性	GB 18565—2001 的 7.6		
1.6	前照灯			
1.6.1	发光强度	GB 18565—2001 的 8.2		
1.6.2	光速照射位置	GB 18565—2001 的 8.1.1 ~ 8.1.3		
1.7	排放污染物控制			
1.7.1	汽油车怠速污染物排放	轻型 CO≤3.5% HC≤700 $\times 10^{-6}$ 重型 CO≤4.0% HC≤1000 $\times 10^{-6}$	GB 18565—2001 的 9.1.1.2	
1.7.2	汽油车双怠速污染物排放	M1 类怠速： CO≤0.7% HC≤135 $\times 10^{-6}$ 高怠速： CO≤0.25% HC≤90 $\times 10^{-6}$ NI 类怠速： CO≤0.85% HC≤180 $\times 10^{-6}$ 高怠速： CO≤0.45% HC≤130 $\times 10^{-6}$	GB 18565—2001 的 9.1.1.1 表 4	
1.7.3	柴油车自由加速烟度	R_b≤3.6	GB 18565—2001 的 9.1.2.2 表 8	
1.7.4	柴油车排气可见污染物	光吸收系数(m－1)；2.2	GB 18565—2001 的 9.1.2.1 表 7	
1.8	喇叭声级	GB 18565—2001 的 9.2.4		
1.9	车辆防雨密封性	QC/T 476—2007		
1.10	车速表示值误差	车速表示值误差 0% ~ +15%	GB 18565—2001 的 11.4	

a. 载客汽车。

b. 载货汽车。

c. 用于对最大设计车速大于或等于 100km/h、轴载质量小于或等于 1 500kg 的载客汽车。

d. 按 GB 18352—2005 通过型式认证装配点燃式发动机的轻型汽车，应进行双怠速试验；其他装配点燃式发动机的车辆应进行怠速试验。

e. 按 GB 18352—2005 通过型式认证装配压燃式发动机的轻型汽车，应进行排气可见污染物试验；其他装配压燃式发动机的车辆应进行自由加速烟度试验

14.3 道路运输车辆燃料消耗管理

为加强道路运输车辆节能降耗管理,以汽油或者柴油为单一燃料的国产和进口车辆,总质量超过 3 500 千克的道路旅客运输车辆和货物运输车辆的燃料消耗量应当分别满足交通行业标准《营运客车燃料消耗量限值及测量方法》(JT 711—2008,以下简称 JT 711)和《营运货车燃料消耗量限值及测量方法》(JT 719—2008,以下简称 JT 719)的要求。不符合道路运输车辆燃料消耗量限值标准的车辆,不得用于营运。

14.3.1 道路运输车辆燃料消耗检测管理

1)燃料消耗检测机构的条件

(1)取得相应的实验室资质认定(计量认证)和实验室认可证书,并且认可的技术能力范围涵盖本办法规定的相关技术标准;

(2)具有实施道路运输车辆燃料消耗量检测工作的检验员、试验车辆驾驶员和技术负责人等专业人员,以及仪器设备管理员、质量负责人等管理人员;

(3)具有符合道路运输车辆燃料消耗量检测规范要求的燃油流量计、速度分析仪、车辆称重设备。相关设备应当通过计量检定或者校准;

(4)具有符合道路运输车辆燃料消耗量检测规范要求的试验道路。试验道路应当为平直路,用沥青或者混凝土铺装,长度不小于 2 公里,宽度不小于 8 米,纵向坡度在 0.1% 以内,且路面应当清洁、平坦。租用试验道路的,还应当持有书面租赁合同和出租方使用证明,租赁期限不得少于 3 年;

(5)具有健全的道路运输车辆燃料消耗量检测工作管理制度,包括检测质量控制制度、文件资料管理制度、检测人员管理制度、仪器设备管理制度等。

2)燃料消耗检测管理

车辆生产企业可以自愿选择经交通运输部公布的检测机构进行车辆燃料消耗量检测。检测机构应当严格按照规定程序和相关技术标准的要求开展车辆燃料消耗量检测工作,提供科学、公正、及时、有效的检测服务。不得将道路运输车辆燃料消耗量检测业务委托至第三方。检测机构应当如实记录检测结果和车辆核查结果,据实出具统一要求的道路运输车辆燃料消耗量检测报告。应当将道路运输车辆燃料消耗量检测过程的原始记录和检测报告存档,档案保存期不少于 4 年。应当对所出具的道路运输车辆燃料消耗量检测报告的真实性和准确性负责,并承担相应的法律责任。

14.3.2 燃料消耗量达标车型管理

1)燃料消耗量达标车型申请

拟列入《燃料消耗量达标车型表》的车型,由车辆生产企业向节能中心提交下列材料:

(1)道路运输车辆燃料消耗量达标车型申请表一式两份;

(2)《公告》技术参数表或者国家强制性产品认证的车辆一致性证书复印件一份;

(3)检测机构出具的道路运输车辆燃料消耗量检测报告原件一份。

已经列入《燃料消耗量达标车型表》的车型发生产品扩展、变更后,存在下列情况之一的,车辆生产企业应当按规定程序重新申请:

(1)车长、车宽或者车高超过原参数值1%的;

(2)整车整备质量超过原参数值3%的;

(3)换装发动机的;

(4)变速器最高挡或者次高挡速比,主减速器速比发生变化的;

(5)子午线轮胎变为斜交轮胎、轮胎横断面增加或者轮胎尺寸变小的。

已经列入《燃料消耗量达标车型表》的车型发生其他扩展、变更的,车辆生产企业应当将相关信息及时告知节能中心,并提交发生扩展、变更后的车辆仍能满足道路运输车辆燃料消耗量限值要求的承诺书。

对于同一车辆生产企业生产的不同型号的车型,同时满足下列条件的,在申报《燃料消耗量达标车型表》时,可以只提交其中一个车型的燃料消耗量检测报告,相关车型一并审查发布:

(1)底盘相同;

(2)整车整备质量相差不超过3%;

(3)车身外形无明显差异;

(4)车长、车宽、车高相差不超过1%。

车辆生产企业对已经列入《燃料消耗量达标车型表》的车辆,应当在随车文件中明示其车辆燃料消耗量参数。

2)燃料消耗量达标车型管理

国家对道路运输车辆施行燃料消耗量达标车型管理制度。经车辆生产企业自愿申请,并且经节能中心技术审查通过的车型以《道路运输车辆燃料消耗量达标车型表》的形式向社会公布。燃料消耗量检测合格的车型,方可进入道路运输市场。

《燃料消耗量达标车型表》所列车型应当符合下列条件:

(1)已经列入《车辆生产企业及产品公告》的国产车辆或者已经获得国家强制性产品认证的进口车辆;

(2)各项技术参数和主要配置与《车辆生产企业及产品公告》或者国家强制性产品认证的车辆一致性证书保持一致；

(3)经检测机构检测，符合道路运输车辆燃料消耗量限值标准的要求。

14.3.3　道路运输节能减排措施

1)强化节能减排制度建设，加大行业监管力度

(1)加强车辆燃料消耗和排放的技术管理。严格执行《道路运输车辆燃料消耗量检测和监督管理办法》，建立健全燃料消耗量检测、车型动态管理、车辆配置及相关参数核查等配套监管制度，完善准入和退出机制，建立"道路运输证"配发与车辆燃油消耗量监测紧密结合的工作机制。

(2)建立健全节能减排监测考核体系。加快建立道路运输行业能源消耗和排放统计及分析制度，将节能减排统计指标纳入交通运输部门统计体系。研究建立道路运输行业节能减排评价体系，制订监督考核和奖励办法。建立重点耗能单位联系点制度，加大能源消耗监控力度。研究建立针对运输企业的节能降耗考核制度，并将其纳入企业年度质量信誉考核。

2)加强节能减排政策引导，加快应对气候变化能力建设

(1)加大节能减排政策引导力度。开展形式多样的节能降耗宣传活动，增强节能减排意识。鼓励运输企业加快淘汰老旧、高耗能、高排放车辆，推广应用先进成熟的节油型车辆。鼓励道路旅客运使用新能源环保型车辆，加快推广使用新能源和混合动力出租汽车。鼓励有利于节能减排的新设备、新技术的开发应用。

(2)加强道路运输行业应对气候变化综合能力建设。贯彻落实国家有关"全面加强应对气候变化能力建设"的要求，在强化节能减排基础上，积极探索道路运输行业从能源结构、发展模式上走清洁化、绿色化的道路，系统提升交通运输行业应对气候变化的综合能力。整合节能减排的各项技术、政策、制度，加快开展道路运输行业温室气体排放研究，积极参与国家应对气候变化的各项工作。

3)优化运输生产组织管理，推广节能管理经验

(1)优化运输组织方式，提高运输效率。全面推动甩挂运输、网络化运输等高效运输组织模式的发展，提高运输组织化程度。组织开展甩挂运输试点工程，以点带面，重点突破。

(2)推广绿色驾驶和绿色维修经验。在驾驶员培训中增加节能操作技术内容，在从业人员资格考试中加强节能相关知识的考核。广泛组织运营车辆节能操作竞赛，推广节能减排经验。鼓励企业加强节能驾驶和节能操作管理。推广应用驾驶员培训模拟器和多媒体教学，有效降低驾培能耗。加强机动车维修企业废气、废水、废油的循环利用。

14.4 机动车维修管理

14.4.1 机动车维修的含义及管理的原则

机动车维修，是指以维持或者恢复机动车技术状况和正常功能，延长机动车使用寿命为作业任务所进行的维护、修理以及维修救援等相关活动。

机动车维修经营者应当依法经营，诚实信用，公平竞争，优质服务。机动车维修管理，应当公平、公正、公开和便民。任何单位和个人不得封锁或者垄断机动车维修市场。鼓励机动车维修企业实行集约化、专业化、连锁经营，促进机动车维修业的合理分工和协调发展。鼓励推广应用机动车维修环保、节能、不解体检测和故障诊断技术，推进行业信息化建设和救援、维修服务网络化建设，提高机动车维修行业整体素质，满足社会需要。

14.4.2 机动车维修经营分类许可

1)机动车维修经营的分类

机动车维修经营业务根据维修对象分为汽车维修经营业务、危险货物运输车辆维修经营业务、摩托车维修经营业务和其他机动车维修经营业务四类。

汽车维修经营业务、其他机动车维修经营业务根据经营项目和服务能力分为一类维修经营业务、二类维修经营业务和三类维修经营业务。

摩托车维修经营业务根据经营项目和服务能力分为一类维修经营业务和二类维修经营业务。

2)机动车维修经营的许可

机动车维修经营依据维修车型种类、服务能力和经营项目实行分类许可。

获得一类汽车维修经营业务、一类其他机动车维修经营业务许可的，可以从事相应车型的整车修理、总成修理、整车维护、小修、维修救援、专项修理和维修竣工检验工作；获得二类汽车维修经营业务、二类其他机动车维修经营业务许可的，可以从事相应车型的整车修理、总成修理、整车维护、小修、维修救援和专项修理工作；获得三类汽车维修经营业务、三类其他机动车维修经营业务许可的，可以分别从事发动机、车身、电气系统、自动变速器维修及车身清洁维护、涂漆、轮胎动平衡和修补、四轮定位检测调整、供油系统维护和油品更换、喷油泵和喷油器维修、曲轴修磨、气缸镗磨、散热器(水箱)、空调维修、车辆装潢(蓬布、坐垫及内装饰)、车辆玻璃安装等专项工作。

获得一类摩托车维修经营业务许可的，可以从事摩托车整车修理、总成修理、整车维护、小修、专项修理和竣工检验工作；获得二类摩托车维修经营业务许可的，可以从事摩托车维护、小修和专项修理工作。

获得危险货物运输车辆维修经营业务许可的，除可以从事危险货物运输车辆维修经营业务外，还可以从事一类汽车维修经营业务。

3)机动车维修经营的条件

申请从事汽车维修经营业务或者其他机动车维修经营业务的，应当符合下列条件：

(1)有与其经营业务相适应的维修车辆停车场和生产厂房。租用的场地应当有书面的租赁合同，且租赁期限不得少于1年。停车场和生产厂房面积按照国家标准《汽车维修业开业条件》(GB/T 16739—2004)相关条款的规定执行。

(2)有与其经营业务相适应的设备、设施。所配备的计量设备应当符合国家有关技术标准要求，并经法定检定机构检定合格。从事汽车维修经营业务的设备、设施的具体要求按照国家标准《汽车维修业开业条件》(GB/T 16739—2004)相关条款的规定执行；从事其他机动车维修经营业务的设备、设施的具体要求，参照国家标准《汽车维修业开业条件》(GB/T 16739—2004)执行，但所配备设施、设备应与其维修车型相适应。

(3)有必要的技术人员：

①从事一类和二类维修业务的应当各配备至少1名技术负责人员和质量检验人员。技术负责人员应当熟悉汽车或者其他机动车维修业务，并掌握汽车或者其他机动车维修及相关政策法规和技术规范；质量检验人员应当熟悉各类汽车或者其他机动车维修检测作业规范，掌握汽车或者其他机动车维修故障诊断和质量检验的相关技术，熟悉汽车或者其他机动车维修服务收费标准及相关政策法规和技术规范。技术负责人员和质量检验人员总数的60%应当经全国统一考试合格。

②从事一类和二类维修业务的应当各配备至少1名从事机修、电器、钣金、涂漆的维修技术人员；从事机修、电器、钣金、涂漆的维修技术人员应当熟悉所从事工种的维修技术和操作规范，并了解汽车或者其他机动车维修及相关政策法规。机修、电器、钣金、涂漆维修技术人员总数的40%应当经全国统一考试合格。

③从事三类维修业务的，按照其经营项目分别配备相应的机修、电器、钣金、涂漆的维修技术人员；从事发动机维修、车身维修、电气系统维修、自动变速器维修的，还应当配备技术负责人员和质量检验人员。技术负责人员、质量检验人员及机修、电器、钣金、涂漆维修技术人员总数的40%应当经全国统一考试合格。

(4)有健全的维修管理制度。包括质量管理制度、安全生产管理制度、车辆维修档案管理制度、人员培训制度、设备管理制度及配件管理制度。具体要求按照国家标准《汽车维修业开业条件》(GB/T 16739—2004)相关条款的规定执行。

(5)有必要的环境保护措施。具体要求按照国家标准《汽车维修业开业条件》(GB/T 16739—2004)相关条款的规定执行。

4)危险货物运输车辆维修的条件

危险货物运输车辆维修,是指对运输易燃、易爆、腐蚀、放射性、剧毒等性质货物的机动车维修,不包含对危险货物运输车辆罐体的维修。

从事危险货物运输车辆维修的汽车维修经营者,除具备汽车维修经营一类维修经营业务的开业条件外,还应当具备下列条件:

(1)有与其作业内容相适应的专用维修车间和设备、设施,并设置明显的指示性标志;

(2)有完善的突发事件应急预案,应急预案包括报告程序、应急指挥以及处置措施等内容;

(3)有相应的安全管理人员;

(4)有齐全的安全操作规程。

5)摩托车维修经营的,应当符合下列条件:

申请从事摩托车维修经营的,应当符合下列条件:

(1)有与其经营业务相适应的摩托车维修停车场和生产厂房。租用的场地应有书面的租赁合同,且租赁期限不得少于1年。停车场和生产厂房的面积按照国家标准《摩托车维修业开业条件》(GB/T 18189—2008)相关条款的规定执行。

(2)有与其经营业务相适应的设备、设施。所配备的计量设备应符合国家有关技术标准要求,并经法定检定机构检定合格。具体要求按照国家标准《摩托车维修业开业条件》(GB/T 18189—2008)相关条款的规定执行。

(3)有必要的技术人员:

①从事一类维修业务的应当至少有1名质量检验人员。质量检验人员应当熟悉各类摩托车维修检测作业规范,掌握摩托车维修故障诊断和质量检验的相关技术,熟悉摩托车维修服务收费标准及相关政策法规和技术规范。质量检验人员总数的60%应当经全国统一考试合格。

②按照其经营业务分别配备相应的机修、电器、钣金、涂漆的维修技术人员。机修、电器、钣金、涂漆的维修技术人员应当熟悉所从事工种的维修技术和操作规范,并了解摩托车维修及相关政策法规。机修、电器、钣金、涂漆维修技术人员总数的30%应当经全国统一考试合格。

(4)有健全的维修管理制度。包括质量管理制度、安全生产管理制度、摩托车维修档案管理制度、人员培训制度、设备管理制度及配件管理制度。具体要求按照国家标准《摩托车维修业开业条件》(GB/T 18189—2008)相关条款的规定执行。

(5)有必要的环境保护措施。具体要求按照国家标准《摩托车维修业开业条件》(GB/T 18189—2008)相关条款的规定执行。

6)机动车维修经营许可管理

道路运输管理机构按照《中华人民共和国道路运输条例》和《交通行政许可实施程序规定》规范的程序实施机动车维修经营的行政许可。

道路运输管理机构对机动车维修经营申请予以受理的，应当自受理申请之日起15日内作出许可或者不予许可的决定。符合法定条件的，道路运输管理机构作出准予行政许可的决定，向申请人出具“交通行政许可决定书”，在10日内向被许可人颁发机动车维修经营许可证件，明确许可事项；不符合法定条件的，道路运输管理机构作出不予许可的决定，向申请人出具“不予交通行政许可决定书”，说明理由，并告知申请人享有依法申请行政复议或者提起行政诉讼的权利。

机动车维修经营者应当持机动车维修经营许可证件依法向工商行政管理机关办理有关登记手续。

申请机动车维修连锁经营服务网点的，可由机动车维修连锁经营企业总部向连锁经营服务网点所在地县级道路运输管理机构提出申请，提交下列材料，并对材料真实性承担相应的法律责任：

(1)机动车维修连锁经营企业总部机动车维修经营许可证件复印件；

(2)连锁经营协议书副本；

(3)连锁经营的作业标准和管理手册；

(4)连锁经营服务网点符合机动车维修经营相应开业条件的承诺书。

道路运输管理机构在查验申请资料齐全有效后，应当场或在5日内予以许可，并发给相应许可证件。连锁经营服务网点的经营许可项目应当在机动车维修连锁经营企业总部许可项目的范围内。

机动车维修经营许可证件实行有效期制。从事一、二类汽车维修业务和一类摩托车维修业务的证件有效期为6年；从事三类汽车维修业务、二类摩托车维修业务及其他机动车维修业务的证件有效期为3年。机动车维修经营许可证件由各省、自治区、直辖市道路运输管理机构统一印制并编号，县级道路运输管理机构按照规定发放和管理。

机动车维修经营者应当在许可证件有效期届满前30日到作出原许可决定的道路运输管理机构办理换证手续。变更许可事项的，应当按照本章有关规定办理行政许可事宜。机动车维修经营者变更名称、法定代表人、地址等事项的，应当向作出原许可决定的道路运输管理机构备案。机动车维修经营者需要终止经营的，应当在终止经营前30日告知作出原许可决定的道路运输管理机构办理注销手续。

14.4.3 机动车维修经营行为管理

机动车维修经营者应当按照经批准的行政许可事项开展维修服务。将机动车维修经营许可证件和“机动车维修标志牌”悬挂在经营场所的醒目位置。“机动车维修标志牌”由机动车维修经营者按照统一式样和要求自行制作。

机动车维修经营者不得擅自改装机动车，不得承修已报废的机动车，不得利用配件拼装机动车。托修方要改变机动车车身颜色,更换发动机、车身和车架的,应当按照有关法律、法规的规定办理相关手续,机动车维修经营者在查看相关手续后方可承修。

机动车维修经营者应当加强对从业人员的安全教育和职业道德教育,确保安全生产。机动车维修从业人员应当执行机动车维修安全生产操作规程,不得违章作业。

机动车维修产生的废弃物,应当按照国家的有关规定进行处理。

机动车维修经营者应当公布机动车维修工时定额和收费标准,合理收取费用。机动车维修工时定额可按各省机动车维修协会等行业中介组织统一制定的标准执行,也可按机动车维修经营者报所在地道路运输管理机构备案后的标准执行,也可按机动车生产厂家公布的标准执行。当上述标准不一致时,应优先适用机动车维修经营者备案的标准。机动车维修经营者应当将其执行的机动车维修工时单价标准报所在地道路运输管理机构备案。机动车生产厂家在新车型投放市场后一个月内,有义务向社会公布其维修技术资料和工时定额。

机动车维修经营者应当使用规定的结算票据,并向托修方交付维修结算清单。维修结算清单中,工时费与材料费应分项计算。维修结算清单格式和内容由省级道路运输管理机构制定。机动车维修经营者不出具规定的结算票据和结算清单的,托修方有权拒绝支付费用。

机动车维修经营者应当按照规定,向道路运输管理机构报送统计资料。道路运输管理机构应当为机动车维修经营者保守商业秘密。

机动车维修连锁经营企业总部应当按照统一采购、统一配送、统一标志、统一经营方针、统一服务规范和价格的要求,建立连锁经营的作业标准和管理手册,加强对连锁经营服务网点经营行为的监管和约束,杜绝不规范的商业行为。

14.4.4 机动车维修质量管理

机动车维修经营者应当按照国家、行业或者地方的维修标准和规范进行维修。尚无标准或规范的,可参照机动车生产企业提供的维修手册、使用说明书和有关技术资料进行维修。

机动车维修经营者不得使用假冒伪劣配件维修机动车。机动车维修经营者应当建立采购配件登记制度,记录购买日期、供应商名称、地址、产品名称及规格型号等,并查验产品合格证等相关证明。机动车维修经营者对于换下的配件、总成,应当交托修方自行处理。机动车维修经营者应当将原厂配件、副厂配件和修复配件分别标志,明码标价,供用户选择。

机动车维修经营者对机动车进行二级维护、总成修理、整车修理的,应当实行维修前诊断检验、维修过程检验和竣工质量检验制度。承担机动车维修竣工质量检验的机动车维修企业或机动车综合性能检测机构应当使用符合有关标准并在检定有效期内的设备,按照有关标准进行检测,如实提供检测结果证明,并对检测结果承担法律责任。机动车维修竣工质量检验合格的,维修质量检验人员应当签发“机动车维修竣工出厂合格证”;未签发机动车维修竣工出厂合格证的机动车,不得交付使用,车主可以拒绝交费或接车。机动车维修竣工出厂合格证由省级道路运输管理机构统一印制和编号，县级道路运输管理机构按照规定发放和管理。禁止伪造、倒卖、转借机动车维修竣工出厂合格证。

机动车维修经营者对机动车进行二级维护、总成修理、整车修理的，应当建立机动车维修档案。机动车维修档案主要内容包括：维修合同、维修项目、具体维修人员及质量检验人员、检验单、竣工出厂合格证（副本）及结算清单等。机动车维修档案保存期为两年。

道路运输管理机构应当加强对机动车维修专业技术人员的管理，严格执行专业技术人员考试和管理制度。加强对机动车维修经营的质量监督和管理工作，可委托具有法定资格的机动车维修质量监督检验中心，对机动车维修质量进行监督检验。

机动车维修实行竣工出厂质量保证期制度。汽车和危险货物运输车辆整车修理或总成修理质量保证期为车辆行驶20 000公里或者100日；二级维护质量保证期为车辆行驶5 000公里或者30日；一级维护、小修及专项修理质量保证期为车辆行驶2 000公里或者10日。摩托车整车修理或者总成修理质量保证期为摩托车行驶7 000公里或者80日；维护、小修及专项修理质量保证期为摩托车行驶800公里或者10日。其他机动车整车修理或者总成修理质量保证期为机动车行驶6 000公里或者60日；维护、小修及专项修理质量保证期为机动车行驶700公里或者7日。质量保证期中行驶里程和日期指标，以先达到者为准。机动车维修质量保证期，从维修竣工出厂之日起计算。在质量保证期和承诺的质量保证期内，因维修质量原因造成机动车无法正常使用，且承修方在3日内不能或者无法提供因非维修原因而造成机动车无法使用的相关证据的，机动车维修经营者应当及时无偿返修，不得故意拖延或者无理拒绝。在质量保证期内，机动车因同一故障或维修项目经两次修理仍不能正常使用的，机动车维修经营者应当负责联系其他机动车维修经营者，并承担相应修理费用。机动车维修经营者应当公示承诺的机动车维修质量保证期。

道路运输管理机构应当受理机动车维修质量投诉，积极按照维修合同约定和相关规定调解维修质量纠纷。机动车维修质量纠纷双方当事人均有保护当事车辆原始状态的义务。必要时可拆检车辆有关部位，但前提是双方当事人同时在场，共同认可拆检情况。对机动车维修质量的责任认定需要进行技术分析和鉴定，且承修方和托修方共同要求道路运输管理机构出面协调的，道路运输管理机构应当组织专家组或委托具有法定检测资格的检测机构作出技术分析和鉴定。鉴定费用由责任方承担。对机动车维修经营者实行质量信誉考核制度。机动车维修质量信誉考核内容应当包括经营者基本情况、经营业绩（含奖励情况）、不良记录等。

道路运输管理机构应当建立机动车维修企业诚信档案。机动车维修质量信誉考核结果是机动车维修诚信档案的重要组成部分。建立的机动车维修企业诚信信息，除涉及国家秘密、商业秘密外，应当依法公开，供公众查阅。

14.4.5 机动车维修连锁经营

1)鼓励机动车维修连锁经营

大力倡导机动车维修企业的加盟连锁经营,树立维修品牌,统一服务质量标准,开展服务质量达标活动,提高服务水平。鼓励企业依托品牌优势积极拓展电话咨询、维修、检测、救援等全方位服务。

2)建立机动车维修质量动态监管体系

建立机动车维修配件质量保证和追溯体系,对配件经销企业经销配件、维修企业使用配件进行全程跟踪管理,建立机动车维修质量动态监管体系,确保机动车维修质量。

3)推进机动车维修救援网络建设

规划建设全国机动车维修救援网络,完善区域性救援服务网络,加快建设机动车维修救援信息服务系统,提高救援响应速度。

复习思考题

1. 道路运输营运车辆的含义是什么?

2. 道路运输客运车辆管理的内容主要有哪些?

3. 道路运输货运车辆管理的内容主要有哪些?

4. 营运车辆技术等级评定的内容是什么?技术等级是如何划分的?

5. 营运车辆技术等级的评定项目和技术要求分别是什么?

6. 道路运输车辆燃料消耗管理的内容有哪些?

7. 机动车维修的含义及管理的原则分别是什么?

8. 机动车维修经营是如何分类的?

9. 机动车维修经营分类许可的内容是什么?

10. 机动车维修经营的条件分别是什么?

11. 如何进行机动车维修经营许可管理?

12. 机动车维修经营行为管理的内容有哪些?

13. 机动车维修质量管理的内容有哪些?

第 15 章　道路运输从业人员管理

加强道路运输从业人员管理,对推进道路运输从业队伍建设,全面提升道路运输从业人员综合素质,特别是对提高道路运输服务水平、服务质量,保障道路运输安全生产,培育安全和谐文明的道路运输市场,实现道路运输业又好又快发展,具有重要意义。是道路运输市场管理的一项重要内容。

15.1　道路运输从业人员管理

15.1.1　道路运输从业人员的含义

道路运输从业人员是指经营性道路客货运输驾驶员、道路危险货物运输从业人员、机动车维修技术人员、机动车驾驶培训教练员、道路运输经理人和其他道路运输从业人员。

经营性道路客货运输驾驶员包括经营性道路旅客运输驾驶员和经营性道路货物运输驾驶员。

道路危险货物运输从业人员包括道路危险货物运输驾驶员、装卸管理人员和押运人员。

机动车维修技术人员包括机动车维修技术负责人员、质量检验人员以及从事机修、电器、钣金、涂漆、车辆技术评估(含检测)作业的技术人员。

机动车驾驶培训教练员包括理论教练员、驾驶操作教练员、道路客货运输驾驶员从业资格培训教练员和危险货物运输驾驶员从业资格培训教练员。

道路运输经理人包括道路客货运输企业、道路客货运输站(场)、机动车驾驶员培训机构、机动车维修企业的管理人员。

其他道路运输从业人员是指除上述人员以外的道路运输从业人员,包括道路客运乘务员、机动车驾驶员培训机构教学负责人及结业考核人员、机动车维修企业价格结算员及业务接待员。

道路运输从业人员应当依法经营,诚实信用,规范操作,文明从业。道路运输从业人员管理工作应当公平、公正、公开和便民。

15.1.2　道路运输从业人员从业资格管理

1)道路运输从业人员从业资格考试管理

国家对道路运输从业人员实行从业资格考试制度。从业资格是对道路运输从业人员所从事的特定岗位职业素质的基本评价。经营性道路客货运输驾驶员和道路危险货物运输从业人员必须取得相应从业资格,方可从事相应的道路运输活动。机动车维修技术人员、机动车驾驶培训教练员取得从业资格的比例分别是相关经营者依法获取机动车维修和机动车驾驶员培训经营许可的必要条件之一。

道路运输从业人员从业资格考试应当按照国家交通运输主管部门编制的考试大纲、考试题库、考核标准、考试工作规范和程序组织实施。

经营性道路客货运输驾驶员从业资格考试由设区的市级道路运输管理机构组织实施,每月组织一次考试。道路危险货物运输从业人员从业资格考试由设区的市级人民政府交通主管部门组织实施,每季度组织一次考试。机动车维修技术人员从业资格考试由设区的市级道路运输管理机构组织实施,每季度组织一次考试。道路运输经理人和机动车驾驶培训教练员从业资格考试由省级道路运输管理机构组织实施,每年组织两次考试。其他道路运输从业人员从业资格考试管理权限由省级道路运输管理机构确定。

2)道路运输从业人员从业资格考试的申请

(1)申请参加经营性道路客货运输驾驶员从业资格考试的人员,应当向其户籍地或者暂住地设区的市级道路运输管理机构提出申请,填写"经营性道路客货运输驾驶员从业资格考试申请表",并提供下列材料:

①身份证明及复印件;

②机动车驾驶证及复印件;

③申请参加道路旅客运输驾驶员从业资格考试的,还应当提供道路交通安全主管部门出具的3年内无重大以上交通责任事故记录证明。

(2)申请参加道路危险货物运输驾驶员从业资格考试的,应当向其户籍地或者暂住地设区的市级交通主管部门提出申请,填写"道路危险货物运输从业人员从业资格考试申请表",并提供下列材料:

①身份证明及复印件;

②机动车驾驶证及复印件;

③道路旅客运输驾驶员从业资格证件或者道路货物运输驾驶员从业资格证件及复印件;

④相关培训证明及复印件;

⑤道路交通安全主管部门出具的3年内无重大以上交通责任事故记录证明。

(3)申请参加道路危险货物运输装卸管理人员和押运人员从业资格考试的,应当向其户籍地或者暂住地设区的市级交通主管部门提出申请,填写"道路危险货物运输从业人员从业资格考试申请表",并提供下列材料:

①身份证明及复印件;

②学历证明及复印件;

③相关培训证明及复印件。

(4)申请参加机动车维修技术人员从业资格考试的,应当向其户籍地或者暂住地设区的市级道路运输管理机构提出申请,填写“机动车维修技术人员从业资格考试申请表”,并提供下列材料:

①身份证明及复印件;

②学历证明及复印件,申请参加技术负责人员从业资格考试的,也可以提供技术职称证明及复印件。

申请质量检验人员从业资格考试的,还应当同时提供机动车驾驶证及复印件和维修技术工作经历证明。

(5)申请参加机动车驾驶培训教练员从业资格考试的,应当向其户籍地或者暂住地省级道路运输管理机构提出申请,填写“机动车驾驶培训教练员从业资格考试申请表”,并提供下列材料:

①身份证明及复印件;

②机动车驾驶证及复印件;

③学历证明或者技术职称证明及复印件;

④道路交通安全主管部门出具的安全驾驶经历证明;

⑤相应车型驾驶经历证明;

⑥申请参加道路客货运输驾驶员从业资格培训教练员和危险货物运输驾驶员从业资格培训教练员从业资格考试的,还应当提供相应的教学经历证明。

交通主管部门和道路运输管理机构对符合申请条件的申请人应当安排考试。交通主管部门和道路运输管理机构应当在考试结束10日内公布考试成绩。对考试合格人员,应当自公布考试成绩之日起10日内颁发相应的道路运输从业人员从业资格证件。道路运输从业人员从业资格考试成绩有效期为1年,考试成绩逾期作废。申请人在从业资格考试中有舞弊行为的,取消当次考试资格,考试成绩无效。

交通主管部门或者道路运输管理机构应当建立道路运输从业人员从业资格管理档案。道路运输从业人员从业资格管理档案包括:从业资格考试申请材料,从业资格考试及从业资格证件记录,从业资格证件换发、补发、变更记录,违章、事故及诚信考核、继续教育记录等。

交通主管部门和道路运输管理机构应当向社会提供道路运输从业人员相关从业信息的查询服务。

3)道路运输从业人员的条件

(1)经营性道路旅客运输驾驶员应当符合下列条件:

①取得相应的机动车驾驶证1年以上;

②年龄不超过60周岁;

③3 年内无重大以上交通责任事故；

④掌握相关道路旅客运输法规、机动车维修和旅客急救基本知识；

⑤经考试合格，取得相应的从业资格证件。

(2)经营性道路货物运输驾驶员应当符合下列条件：

①取得相应的机动车驾驶证；

②年龄不超过 60 周岁；

③掌握相关道路货物运输法规、机动车维修和货物装载保管基本知识；

④经考试合格，取得相应的从业资格证件。

(3)道路危险货物运输驾驶员应当符合下列条件：

①取得相应的机动车驾驶证；

②年龄不超过 60 周岁；

③3 年内无重大以上交通责任事故；

④取得经营性道路旅客运输或者货物运输驾驶员从业资格 2 年以上；

⑤接受相关法规、安全知识、专业技术、职业卫生防护和应急救援知识的培训，了解危险货物性质、危害特征、包装容器的使用特性和发生意外时的应急措施；

⑥经考试合格，取得相应的从业资格证件。

(4)道路危险货物运输装卸管理人员和押运人员应当符合下列条件：

①年龄不超过 60 周岁；

②初中以上学历；

③接受相关法规、安全知识、专业技术、职业卫生防护和应急救援知识的培训，了解危险货物性质、危害特征、包装容器的使用特性和发生意外时的应急措施；

④经考试合格，取得相应的从业资格证件。

(5)机动车维修技术人员应当符合下列条件：

①技术负责人员：

a. 具有机动车维修或者相关专业大专以上学历，或者具有机动车维修或相关专业中级以上专业技术职称；

b. 熟悉机动车维修业务，掌握机动车维修及相关政策法规和技术规范。

②质量检验人员：

a. 具有高中以上学历；

b. 熟悉机动车维修检测作业规范，掌握机动车维修故障诊断和质量检验的相关技术，熟悉机动车维修服务收费标准及相关政策法规和技术规范。

③从事机修、电器、钣金、涂漆、车辆技术评估(含检测)作业的技术人员：

a. 具有初中以上学历；

b. 熟悉所从事工种的维修技术和操作规范,并了解机动车维修及相关政策法规。

(6)机动车驾驶培训教练员应当符合下列条件:

①理论教练员:

a. 取得相应的机动车驾驶证,具有2年以上安全驾驶经历;

b. 年龄不超过60周岁;

c. 具有汽车及相关专业中专以上学历或者汽车及相关专业中级以上技术职称;

d. 掌握道路交通安全法规、驾驶理论、机动车构造、交通安全心理学、常用伤员急救等安全驾驶知识,了解车辆环保和节约能源的有关知识,了解教育学、教育心理学的基本教学知识,具备编写教案、规范讲解的授课能力。

②驾驶操作教练员:

a. 取得相应的机动车驾驶证,符合安全驾驶经历和相应车型驾驶经历的要求;

b. 年龄不超过60周岁;

c. 具有汽车及相关专业中专或者高中以上学历;

d. 掌握道路交通安全法规、驾驶理论、机动车构造、交通安全心理学和应急驾驶的基本知识,熟悉车辆维护和常见故障诊断、车辆环保和节约能源的有关知识,具备驾驶要领讲解、驾驶动作示范、指导驾驶的教学能力。

③道路客货运输驾驶员从业资格培训教练员:

a. 具有汽车及相关专业大专以上学历或者汽车及相关专业高级以上技术职称;

b. 掌握道路旅客运输法规、货物运输法规以及机动车维修、货物装卸保管和旅客急救等相关知识,具备相应的授课能力;

c. 具有2年以上从事普通机动车驾驶员培训的教学经历,且近2年无不良的教学记录。

④危险货物运输驾驶员从业资格培训教练员:

a. 具有化工及相关专业大专以上学历或者化工及相关专业高级以上技术职称;

b. 掌握危险货物运输法规、危险化学品特性、包装容器使用方法、职业安全防护和应急救援等知识,具备相应的授课能力;

c. 具有2年以上化工及相关专业的教学经历,且近2年无不良的教学记录。

15.1.3　道路运输从业人员从业资格证件管理

机动车驾驶培训教练员经考试合格后,取得"中华人民共和国机动车驾驶培训教练员证",证件式样按照《机动车驾驶员培训管理规定》(交通部2006年第2号令)的规定执行;经营性道路客货运输驾驶员、道路危险货物运输从业人员、机动车维修技术人员、道路运输经理人和其他道路运输从业人员经考试合格后,取得"中华人民共和国道路运输从业人员从业资格证"。"中华人民共和国道路运输从业人员从业资格证"和"中华人民共和国机动车驾驶培训教练员证”统称道路运输从业人员从业资格证件。

道路运输从业人员从业资格证件全国通用。已获得从业资格证件的人员需要增加相应从业资格类别的,应当向原发证机关提出申请,并按照规定参加相应培训和考试。

道路运输从业人员从业资格证件由交通运输部统一印制并编号。具体工作委托交通专业人员资格评价中心负责。机动车驾驶培训教练员和道路运输经理人从业资格证件由省级道路运输管理机构发放和管理。道路危险货物运输从业人员从业资格证件由设区的市级交通主管部门发放和管理。经营性道路客货运输驾驶员从业资格证件、机动车维修技术人员从业资格证件由设区的市级道路运输管理机构发放和管理。其他道路运输从业人员从业资格证件发放和管理权限由省级道路运输管理机构确定。

交通主管部门和道路运输管理机构应当建立道路运输从业人员从业资格证件管理数据库,使用全国统一的管理软件核发从业资格证件,并逐步采用电子存取和防伪技术,确保有关信息实时输入、输出和存储。交通主管部门和道路运输管理机构应当结合道路运输从业人员从业资格证件的管理工作,建立道路运输从业人员管理信息系统,并逐步实现异地稽查信息共享和动态资格管理。

道路运输从业人员从业资格证件有效期为 6 年。道路运输从业人员应当在从业资格证件有效期届满 30 日前到原发证机关办理换证手续。道路运输从业人员从业资格证件遗失、毁损的,应当到原发证机关办理证件补发手续。道路运输从业人员服务单位变更的,应当到交通主管部门或者道路运输管理机构办理从业资格证件变更手续。道路运输从业人员从业资格档案应当由原发证机关在变更手续办结后 30 日内移交户籍迁入地或者现居住地的交通主管部门或者道路运输管理机构。

道路运输从业人员办理换证、补证和变更手续,应当填写《道路运输从业人员从业资格证件换发、补发、变更登记表》。交通主管部门和道路运输管理机构应当对符合要求的从业资格证件换发、补发、变更申请予以办理。申请人违反相关从业资格管理规定且尚未接受处罚的,受理机关应当在其接受处罚后换发、补发、变更相应的从业资格证件。经营性道路客货运输驾驶员、道路危险货物运输从业人员在发证机关所在地以外从业,且从业时间超过 3 个月的,应当到服务地管理部门备案。

道路运输从业人员有下列情形之一的,由发证机关注销其从业资格证件:

(1)持证人死亡的;

(2)持证人申请注销的;

(3)经营性道路客货运输驾驶员、道路危险货物运输从业人员、机动车驾驶培训教练员年龄超过 60 周岁的;

(4)经营性道路客货运输驾驶员、道路危险货物运输驾驶员、机动车维修质量检验人员、机动车驾驶培训教练员的机动车驾驶证被注销或者被吊销的;

(5)超过从业资格证件有效期180日未申请换证的。

凡被注销的从业资格证件,应当由发证机关予以收回,公告作废并登记归档;无法收回的,从业资格证件自行作废。

交通主管部门和道路运输管理机构应当将道路运输从业人员的违章行为记录在"中华人民共和国道路运输从业人员从业资格证"的违章记录栏内,并通报发证机关。发证机关应当将该记录作为道路运输从业人员诚信考核和计分考核的依据,并存入管理档案。机动车驾驶培训教练员违章记录直接记入教练员档案,并作为诚信考核的重要内容。

道路运输从业人员诚信考核和计分考核周期为12个月,从初次领取从业资格证件之日起计算。诚信考核等级分为优良、合格、基本合格和不合格,分别用AAA级、AA级、A级和B级表示。在考核周期内,累计计分超过规定的,诚信考核等级为B级。省级交通主管部门和道路运输管理机构应当将道路运输从业人员每年的诚信考核和计分考核结果向社会公布,供公众查阅。

15.1.4 道路运输从业人员从业行为管理

经营性道路客货运输驾驶员以及道路危险货物运输从业人员应当在从业资格证件许可的范围内从事道路运输活动。道路危险货物运输驾驶员除可以驾驶道路危险货物运输车辆外,还可以驾驶原从业资格证件许可的道路旅客运输车辆或者道路货物运输车辆。道路运输从业人员在从事道路运输活动时,应当携带相应的从业资格证件,并应当遵守国家相关法规和道路运输安全操作规程,不得违法经营、违章作业。道路运输从业人员应当按照规定参加国家相关法规、职业道德及业务知识培训。

经营性道路客货运输驾驶员和道路危险货物运输驾驶员不得超限、超载运输,连续驾驶时间不得超过4个小时。经营性道路旅客运输驾驶员和道路危险货物运输驾驶员应当按照规定填写行车日志。行车日志式样由省级道路运输管理机构统一制定。

经营性道路旅客运输驾驶员应当采取必要措施保证旅客的人身和财产安全,发生紧急情况时,应当积极进行救护。经营性道路货物运输驾驶员应当采取必要措施防止货物脱落、扬撒等。严禁驾驶道路货物运输车辆从事经营性道路旅客运输活动。

道路危险货物运输驾驶员应当按照道路交通安全主管部门指定的行车时间和路线运输危险货物。道路危险货物运输装卸管理人员应当按照安全作业规程对道路危险货物装卸作业进行现场监督,确保装卸安全。道路危险货物运输押运人员应当对道路危险货物运输进行全程监管。道路危险货物运输从业人员应当严格按照《汽车运输危险货物规则》(JT 617—2004)、《汽车运输、装卸危险货物作业规程》(JT 618—2004)操作,不得违章作业。在道路危险货物运输过程中发生燃烧、爆炸、污染、中毒或者被盗、丢失、流散、泄漏等事故,道路危险货物运输驾驶员、押运人员应当立即向当地公安部门和所在运输企业或者单位报告,说明事故情况、危险货物品名和特性,并采取一切可能的警示措施和应急措施,积极配合有关部门进行处置。

机动车维修技术人员应当按照维修规范和程序作业,不得擅自扩大维修项目,不得使用假冒伪劣配件,不得擅自改装机动车,不得承修已报废的机动车,不得利用配件拼装机动车。

机动车驾驶培训教练员应当按照全国统一的教学大纲实施教学,规范填写教学日志和培训记录,不得擅自减少学时和培训内容。

15.2 出租汽车驾驶员从业资格管理

15.2.1 从业资格制度

国家对从事出租汽车客运服务的驾驶员实行从业资格制度。从业资格制度包括考试、注册、继续教育和从业资格证件管理制度。

出租汽车驾驶员从业资格管理工作应当公平、公正、公开和便民。出租汽车驾驶员应当依法经营、诚实守信、文明服务、保障安全。

15.2.2 考试管理

出租汽车驾驶员从业资格考试包括全国公共科目和区域科目考试。全国公共科目考试是对国家出租汽车法律法规、职业道德、服务规范、安全运营等具有普遍规范要求的知识测试;区域科目考试是对地方出租汽车政策法规、经营区域人文地理和交通路线等具有区域服务特征的知识测试。

出租汽车驾驶员从业资格考试实行全国统一考试大纲,按照国家交通运输主管部门编制的考试工作规范和程序组织实施。交通运输主管部门应当建立相应的考试题库。全国公共科目考试题库由交通运输部负责编制;区域科目考试题库由设区的市级道路运输管理机构在省级道路运输管理机构指导下编制,直辖市所属区域科目考试题库由直辖市所属省级道路运输管理机构负责编制。

拟从事出租汽车客运服务的驾驶员,应当填写"出租汽车驾驶员从业资格证申请表",向所在地设区的市级道路运输管理机构申请参加出租汽车驾驶员从业资格考试。

申请参加出租汽车驾驶员从业资格考试的,应当符合下列条件:

(1)取得相应的机动车驾驶证 3 年以上;

(2)近 3 年内无重大以上且负同等以上责任的交通事故。

申请参加出租汽车驾驶员从业资格考试的,应当提供以下证明材料:

(1)机动车驾驶证及复印件;

(2)有关部门或者单位出具的近 3 年内无重大以上且负同等以上责任的交通事故记录

证明；

(3)身份证明及复印件。

设区的市级道路运输管理机构对符合申请条件的申请人，应当按照出租汽车驾驶员从业资格考试工作规范及时安排考试。首次参加出租汽车驾驶员从业资格考试的申请人，全国公共科目和区域科目考试应当在首次申请考试的区域完成。

设区的市级道路运输管理机构应当在考试结束10日内公布考试成绩。考试合格成绩有效期为3年。全国公共科目考试成绩在全国范围内有效，区域科目考试成绩在所在地行政区域内有效。

出租汽车驾驶员从业资格考试全国公共科目和区域科目考试均合格的，设区的市级道路运输管理机构应当自公布考试成绩之日起10日内核发“中华人民共和国道路运输从业人员从业资格证”。

出租汽车驾驶员到从业资格证发证机关核定的范围外从事出租汽车客运服务的，应当参加当地的区域科目考试。区域科目考试合格的，由当地设区的市级道路运输管理机构核发从业资格证。

15.2.3 注册管理

取得从业资格证的出租汽车驾驶员，应当经道路运输管理机构从业资格注册后，方可从事出租汽车客运服务。出租汽车驾驶员从业资格注册有效期为3年。出租汽车经营者应当聘用取得从业资格证的出租汽车驾驶员，并在出租汽车驾驶员办理从业资格注册后再安排上岗。

申请从业资格注册或者延续注册的出租汽车驾驶员，应当填写“出租汽车驾驶员从业资格注册登记表”，持其从业资格证及与出租汽车经营者签订的劳动合同或者聘用协议或者经营合同，到发证机关所在地的市、县级道路运输管理机构申请注册。个体出租汽车经营者自己驾驶出租汽车从事经营活动的，持其从业资格证及车辆运营证申请注册。

受理注册申请的道路运输管理机构应当在5日内办理完结注册手续，并在从业资格证中加盖注册章。出租汽车驾驶员注册有效期届满需继续从事出租汽车客运服务的，应当在有效期届满30日前，向所在地市、县级道路运输管理机构申请延续注册。出租汽车驾驶员不具有完全民事行为能力，或者受到刑事处罚且刑事处罚尚未执行完毕的，不予延续注册。出租汽车驾驶员在从业资格注册有效期内，与出租汽车经营者解除劳动合同、聘用协议或者经营合同的，应当在20日内向原注册机构报告，并申请注销注册。出租汽车驾驶员变更服务单位的，应当重新申请注册。

15.2.4 继续教育管理

出租汽车驾驶员在注册期内应当按规定完成继续教育。继续教育周期自出租汽车驾驶员从业资格注册之日起计算。出租汽车驾驶员继续教育周期为3年。出租汽车驾驶员在每个连续计算的继续教育周期内,应当接受不少于54学时的继续教育。出租汽车驾驶员累计注册时间满3年的,也应当接受不少于54学时的继续教育。取得从业资格证超过3年未申请注册的,注册后应当在1年内完成不少于27学时的继续教育。

国家交通运输主管部门统一制定出租汽车驾驶员继续教育大纲并向社会公布。继续教育大纲内容包括出租汽车相关政策法规、社会责任和职业道德、服务规范、安全运营和节能减排知识等。出租汽车驾驶员继续教育以出租汽车企业为主组织实施。具备条件的出租汽车企业经市、县级道路运输管理机构备案后,组织开展出租汽车驾驶员继续教育工作。不具备条件的出租汽车企业和个体出租汽车驾驶员的继续教育工作,由其他继续教育机构承担,具体包括以下形式:

(1)国家交通运输主管部门或者省级交通运输主管部门备案的网络远程继续教育;

(2)在县级以上道路运输管理机构备案的其他继续教育形式。

出租汽车驾驶员完成继续教育后,应当由出租汽车经营者向所在地市、县级道路运输管理机构报备,道路运输管理机构在出租汽车驾驶员从业资格证中予以记录。

道路运输管理机构应当加强对出租汽车企业和继续教育机构组织继续教育情况的监督检查。出租汽车企业和继续教育机构应当建立学员培训档案,将继续教育计划、继续教育师资情况、参培学员登记表等纳入档案管理,并接受道路运输管理机构的监督检查。

15.2.5　从业资格证件管理

出租汽车驾驶员从业资格证由国家交通运输主管部门统一制发并制定编号规则。设区的市级道路运输管理机构负责从业资格证的发放和管理工作。出租汽车驾驶员从业资格证遗失、毁损的,应当到原发证机关办理证件补(换)发手续。出租汽车驾驶员办理从业资格证补(换)发手续,应当填写"出租汽车驾驶员从业资格证补(换)发登记表"。道路运输管理机构应当对符合要求的从业资格证补(换)发申请予以办理。

出租汽车驾驶员在从事出租汽车客运服务时,应当携带从业资格证。出租汽车驾驶员从业资格证不得转借、出租、涂改、伪造或者变造。

出租汽车经营者应当维护出租汽车驾驶员的合法权益,为出租汽车驾驶员从业资格注册、继续教育等提供便利。

市、县级道路运输管理机构应当加强对出租汽车驾驶员的从业管理,将其违法行为记录作为服务质量信誉考核的依据。应当建立出租汽车驾驶员从业资格管理档案。出租汽车驾驶员从业资格管理档案包括:从业资格考试申请材料、从业资格证申请、注册及补(换)发记录、违法行为记录、交通责任事故情况、继续教育记录和服务质量信誉考核结果等。

出租汽车驾驶员有下列情形之一的,由发证机关注销其从业资格证。从业资格证被注销的，应当及时收回；无法收回的，由发证机关公告作废。

(1)持证人死亡的；

(2)持证人申请注销的；

(3)持证人达到法定退休年龄的；

(4)持证人机动车驾驶证被注销或者被吊销的；

(5)因身体健康等其他原因不宜继续从事出租汽车客运服务的。

出租汽车驾驶员有下列不具备安全运营条件情形之一的，由发证机关撤销其从业资格证，并公告作废：

(1)持证人身体健康状况不再符合从业要求且没有主动申请注销从业资格证的；

(2)发生重大以上且负同等以上责任的交通事故的。

出租汽车驾驶员在运营过程中，应当遵纪守法、文明行车、优质服务。出租汽车驾驶员不得有下列行为：

(1)拒载；

(2)议价；

(3)途中甩客；

(4)故意绕道行驶。

出租汽车驾驶员有以上违法行为的，应当加强继续教育；情节严重的，道路运输管理机构应当对其延期注册。

15.3 机动车驾驶员培训管理

15.3.1 机动车驾驶员培训的含义

机动车驾驶员培训业务是指以培训学员的机动车驾驶能力或者以培训道路运输驾驶人员的从业能力为教学任务，为社会公众有偿提供驾驶培训服务的活动。包括对初学机动车驾驶人员、增加准驾车型的驾驶人员和道路运输驾驶人员所进行的驾驶培训、继续教育以及机动车驾驶员培训教练场经营等业务。

机动车驾驶员培训实行社会化，从事机动车驾驶员培训业务应当依法经营，诚实信用，公平竞争。机动车驾驶员培训管理应当公平、公正、公开和便民。

15.3.2 机动车驾驶员培训经营许可管理

1)机动车驾驶员培训许可的分类

机动车驾驶员培训依据经营项目、培训能力和培训内容实行分类许可。

机动车驾驶员培训业务根据经营项目分为普通机动车驾驶员培训、道路运输驾驶员从业资格培训、机动车驾驶员培训教练场经营三类。普通机动车驾驶员培训根据培训能力分为一级普通机动车驾驶员培训、二级普通机动车驾驶员培训和三级普通机动车驾驶员培训三类。道路运输驾驶员从业资格培训根据培训内容分为道路客货运输驾驶员从业资格培训和危险货物运输驾驶员从业资格培训两类。

获得一级普通机动车驾驶员培训许可的,可以从事三种(含三种)以上相应车型的普通机动车驾驶员培训业务;获得二级普通机动车驾驶员培训许可的,可以从事两种相应车型的普通机动车驾驶员培训业务;获得三级普通机动车驾驶员培训许可的,只能从事一种相应车型的普通机动车驾驶员培训业务。

获得道路客货运输驾驶员从业资格培训许可的,可以从事经营性道路旅客运输驾驶员、经营性道路货物运输驾驶员的从业资格培训业务;获得危险货物运输驾驶员从业资格培训许可的,可以从事道路危险货物运输驾驶员的从业资格培训业务。获得道路运输驾驶员从业资格培训许可的,还可以从事相应车型的普通机动车驾驶员培训业务。

获得机动车驾驶员培训教练场经营许可的,可以从事机动车驾驶员培训教练场经营业务。

2)机动车驾驶员培训应具备的条件

(1)申请从事普通机动车驾驶员培训业务应具备的条件

①有健全的培训机构:

包括教学、教练员、学员、质量、安全、结业考试和设施设备管理等组织机构,并明确负责人、管理人员、教练员和其他人员的岗位职责。具体要求按照行业标准《机动车驾驶培训机构资格条件》(JT/T 433—2004)相关条款的规定执行。

②有健全的管理制度:

包括安全管理制度、教练员管理制度、学员管理制度、培训质量管理制度、结业考试制度、教学车辆管理制度、教学设施设备管理制度、教练场地管理制度、档案管理制度等。具体要求按照行业标准《机动车驾驶培训机构资格条件》(JT/T 433—2004)相关条款的规定执行。

③有与培训业务相适应的教学人员:

a.有与培训业务相适应的理论教练员。理论教练员应当持有机动车驾驶证,年龄不超过60周岁,具有汽车及相关专业中专以上学历或者汽车及相关专业中级以上技术职称,具有两年以上安全驾驶经历,熟练掌握道路交通安全法规、驾驶理论、机动车构造、交通安全心理学、常用伤员急救等安全驾驶知识,了解教育学、教育心理学的基本教学知识,具备编写教案、规范讲解的授课能力。理论教练员总数的80%应当经全国统一考试合格,持有"中华人民共和国机动车驾驶培训教练员证"(以下简称"教练员证")。

b.有与培训业务相适应的驾驶操作教练员。驾驶操作教练员应当持有相应的机动车驾驶证,年龄不超过60周岁,具有汽车及相关专业中专或者高中以上学历,符合一定的安全驾驶经历和相应车型驾驶经历，熟练掌握道路交通安全法规、驾驶理论、机动车构造、交通安全心理学和应急驾驶的基本知识，熟悉车辆维护和常见故障诊断、车辆环保和节约能源的有关知识，具备驾驶要领讲解、驾驶动作示范、指导驾驶的教学能力。具体要求按照行业标准《机动车驾驶培训机构资格条件》(JT/T 433—2004)相关条款的规定执行。驾驶操作教练员总数的90%应当经全国统一考试合格，持有“教练员证”。

c.所配备的理论教练员数量应当不少于教学车辆总数的10%；每种车型所配备的相应驾驶操作教练员应当不少于该种车型车辆总数的110%。

④有与培训业务相适应的管理人员：

管理人员包括理论教学负责人、驾驶操作训练负责人、教学车辆管理人员、结业考核人员和计算机管理人员。具体要求按照行业标准《机动车驾驶培训机构资格条件》(JT/T 433—2004)相关条款的规定执行。

⑤有必要的教学车辆：

a.所配备的教学车辆应当符合国家有关技术标准要求，并装有副后视镜、副制动踏板、灭火器及其他安全防护装置。具体要求按照行业标准《机动车驾驶培训机构资格条件》(JT/T 433—2004)相关条款的规定执行。

b.从事一级普通机动车驾驶员培训的，应当配备大型客车、通用货车半挂车(牵引车)、城市公交车、中型客车、大型货车、小型汽车(含小型自动挡汽车)、低速汽车(含低速载货汽车、三轮汽车)、摩托车(含普通三轮摩托车、普通二轮摩托车、轻便摩托车)、其他车型(含轮式自行机械车、无轨电车、有轨电车)等九类车型中三种(含三种)以上的车型，所配备的教学车辆不少于50辆，且每种车型的教学车辆不少于5辆；从事二级普通机动车驾驶员培训的，应当配备上述九类车型中的两种车型，所配备的教学车辆不少于20辆，且每种车型的教学车辆不少于5辆；从事三级普通机动车驾驶员培训的，应当配备上述九类车型中的一种车型，且所配备的教学车辆不少于10辆。

⑥有必要的教学设施、设备和场地：

具体要求按照行业标准《机动车驾驶培训机构资格条件》(JT/T 433—2004)相关条款的规定执行。租用教练场地的，还应当持有书面租赁合同和出租方土地使用证明，租赁期限不得少于3年。

(2)申请从事道路运输驾驶员从业资格培训业务应具备的条件

①具备相应车型的普通机动车驾驶员培训资格：

a.从事道路客货运输驾驶员从业资格培训业务的，应当同时具备大型客车、城市公交车、中型客车、小型汽车(含小型自动挡汽车)等四种车型中至少一种车型的普通机动车驾驶员培训资格和通用货车半挂车(牵引车)、大型货车等两种车型中至少一种车型的普通机动车驾驶员培训资格。

b. 从事危险货物运输驾驶员从业资格培训业务的，应当具备通用货车半挂车（牵引车）、大型货车等两种车型中至少一种车型的普通机动车驾驶员培训资格。

②有与培训业务相适应的教学人员：

a. 从事道路客货运输驾驶员从业资格培训业务的，应当配备2名以上教练员。教练员应当具有汽车及相关专业大专以上学历或者汽车及相关专业高级以上技术职称，熟悉道路旅客运输法规、货物运输法规以及机动车维修、货物装卸保管和旅客急救等相关知识，具备相应的授课能力，具有2年以上从事普通机动车驾驶员培训的教学经历，且近2年无不良的教学记录。教练员总数的90%应当经全国统一考试合格，持有"教练员证"。

b. 从事危险货物运输驾驶员从业资格培训业务的，应当配备2名以上教练员。教练员应当具有化工及相关专业大专以上学历或者化工及相关专业高级以上技术职称，熟悉危险货物运输法规、危险化学品特性、包装容器使用方法、职业安全防护和应急救援等知识，具备相应的授课能力，具有2年以上化工及相关专业的教学经历，且近2年无不良的教学记录。教练员总数的90%应当经全国统一考试合格，持有"教练员证"。

③有必要的教学设施、设备和场地：

a. 从事道路客货运输驾驶员从业资格培训业务的，应当配备相应的机动车构造、机动车维护、常见故障诊断和排除、货物装卸保管、医学救护、消防器材等教学设施、设备和专用场地。

b. 从事危险货物运输驾驶员从业资格培训业务的，还应当同时配备常见危险化学品样本、包装容器、教学挂图、危险化学品实验室等设施、设备和专用场地。

（3）申请从事机动车驾驶员培训教练场经营业务应具备的条件

①有与经营业务相适应的教练场地。具体要求按照行业标准《机动车教练场技术要求》（JT/T 434—2000）相关条款的规定执行。

②有与经营业务相适应的场地设施、设备，办公、教学、生活设施以及维护服务设施。具体要求按照行业标准《机动车教练场技术要求》（JT/T 434—2000）相关条款的规定执行。

③具备相应的安全条件。包括场地封闭设施、训练区隔离设施、安全通道以及消防设施、设备等。具体要求按照行业标准《机动车教练场技术要求》（JT/T 434—2000）相关条款的规定执行。

④有相应的管理人员。包括教练场安全负责人、档案管理人员以及场地设施、设备管理人员。

⑤有健全的安全管理制度。包括安全检查制度、安全责任制度、教学车辆安全管理制度以及突发事件应急预案等。

3）机动车驾驶员培训许可的管理

申请从事机动车驾驶员培训业务的，应当向所在地县级道路运输管理机构提出申请，并提交下列材料：

(1)交通行政许可申请书;

(2)申请人身份证明及复印件;

(3)经营场所使用权证明或产权证明及复印件;

(4)教练场地使用权证明或产权证明及复印件;

(5)教练场地技术条件说明;

(6)教学车辆技术条件、车型及数量证明(申请从事机动车驾驶员培训教练场经营的无需提交);

(7)教学车辆购置证明(申请从事机动车驾驶员培训教练场经营的无需提交);

(8)各类设施、设备清单;

(9)拟聘用人员名册及资格、职称证明;

(10)根据本规定需要提供的其他相关材料。

申请从事普通机动车驾驶员培训业务的,在递交申请材料时,应当同时提供由公安交警部门出具的相关人员安全驾驶经历证明,安全驾驶经历的起算时间自申请材料递交之日起倒计。

道路运输管理机构应当按照《中华人民共和国道路运输条例》和《交通行政许可实施程序规定》规范的程序实施机动车驾驶员培训业务的行政许可。道路运输管理机构应当对申请材料中关于教练场地、教学车辆以及各种设施、设备的实质内容进行核实。

道路运输管理机构对机动车驾驶员培训业务申请予以受理的,应当自受理申请之日起15日内审查完毕,作出许可或者不予许可的决定。对符合法定条件的,道路运输管理机构作出准予行政许可的决定,向申请人出具“交通行政许可决定书”,并在10日内向被许可人颁发机动车驾驶员培训许可证件,明确许可事项;对不符合法定条件的,道路运输管理机构作出不予许可的决定,向申请人出具“不予交通行政许可决定书”,说明理由,并告知申请人享有依法申请行政复议或者提起行政诉讼的权利。机动车驾驶员培训机构应当持机动车驾驶员培训许可证件依法向工商行政管理机关办理有关登记手续。

机动车驾驶员培训许可证件实行有效期制。从事普通机动车驾驶员培训业务和机动车驾驶员培训教练场经营业务的证件有效期为6年;从事道路运输驾驶员从业资格培训业务的证件有效期为4年。机动车驾驶员培训许可证件由省级道路运输管理机构统一印制并编号,县级道路运输管理机构按照规定发放和管理。机动车驾驶员培训机构应当在许可证件有效期届满前30日到作出原许可决定的道路运输管理机构办理换证手续。

机动车驾驶员培训机构变更许可事项的,应当向原作出许可决定的道路运输管理机构提出申请;符合法定条件、标准的,实施机关应当依法办理变更手续。机动车驾驶员培训机构变更名称、法定代表人等事项的,应当向原作出许可决定的道路运输管理机构备案。机动车驾驶员培训机构需要终止经营的,应当在终止经营前30日到原作出许可决定的道路运输管理机构办理行政许可注销手续。

15.3.3 机动车驾驶员培训教练员管理

机动车驾驶培训教练员资格实行全国统一考试制度。考试每年举行两次。机动车驾驶培训教练员资格全国统一考试由省级道路运输管理机构按照交通运输部制定的考试大纲、考试题库、考核标准、考试工作规范和程序组织实施。省级道路运输管理机构应当向考试合格人员核发“教练员证”。“教练员证”由省级道路运输管理机构统一印制并编号。“教练员证”的有效期为6年。机动车驾驶培训教练员应当在“教练员证”有效期届满前30日到原发证机关办理换证手续。鼓励教练员同时具备理论教练员和驾驶操作教练员资格。

机动车驾驶培训教练员应当按照统一的教学大纲规范施教,并如实填写“教学日志”和“中华人民共和国机动车驾驶员培训记录”简称“培训记录”。教练员从事教学活动时,应当随身携带“教练员证”,不得转让、转借“教练员证”。在道路上学习驾驶时,随车指导的教练员应当持有相应的“教练员证”。

机动车驾驶员培训机构应当加强对教练员的职业道德教育和驾驶新知识、新技术的再教育,对教练员每年进行至少一周的脱岗培训,提高教练员的职业素质。机动车驾驶员培训机构应当加强对教练员教学情况的监督检查,定期对教练员的教学水平和职业道德进行评议,公布教练员的教学质量排行情况,督促教练员提高教学质量。

省级道路运输管理机构应当制定机动车驾驶培训教练员教学质量信誉考核办法,对机动车驾驶培训教练员实行教学质量信誉考核制度。机动车驾驶培训教练员教学质量信誉考核内容应当包括教练员的基本情况、教学业绩、教学质量排行情况、参加再教育情况、不良记录等。应当建立教练员档案,使用统一的数据库和管理软件,实行计算机联网管理,并依法向社会公开教练员信息。机动车驾驶培训教练员教学质量信誉考核结果是教练员档案的重要组成部分。

教练员具有下列情形之一的,应当到原发证机关办理有关注销手续:

(1)提出注销申请的;

(2)年龄超过60周岁的;

(3)机动车驾驶证被注销的;

(4)发生重大以上交通责任事故的。

原发证机关发现有上述情形之一未办理注销手续的,应当公告“教练员证”作废。

15.3.4 机动车驾驶员培训经营行为管理

机动车驾驶员培训机构应当按照经批准的行政许可事项开展培训业务。应当将机动车驾驶员培训许可证件悬挂在经营场所的醒目位置,公示其经营类别、培训范围、收费项目、收费标准、教练员、教学场地等情况。机动车驾驶员培训机构应当在注册地开展培训业务,不得采取异地培训、恶意压价、欺骗学员等不正当手段开展经营活动，不得允许社会车辆以其名义开展机动车驾驶员培训经营活动。

机动车驾驶员培训实行学时制，按照学时合理收取费用。机动车驾驶员培训机构应当将学时收费标准报所在地道路运输管理机构备案。对每个学员理论培训时间每天不得超过6个学时，实际操作培训时间每天不得超过4个学时。

机动车驾驶员培训机构应当建立学时预约制度，并向社会公布联系电话和预约方式。参加机动车驾驶员培训的人员，在报名时应当填写"机动车驾驶员培训学员登记表"（以下简称"学员登记表"），并提供身份证明及复印件。参加道路运输驾驶员从业资格培训的人员，还应当同时提供驾驶证及复印件。报名人员应当对所提供材料的真实性负责。机动车驾驶员培训机构应当按照全国统一的教学大纲进行培训。培训结束时，应当向结业人员颁发"机动车驾驶员培训结业证书"（以下简称"结业证书"）。"结业证书"由省级道路运输管理机构按照全国统一式样印制并编号。机动车驾驶员培训机构应当建立学员档案。学员档案主要包括："学员登记表"、"教学日志"、"培训记录"、"结业证书"复印件等。学员档案保存期不少于4年。

机动车驾驶员培训机构应当使用符合标准并取得牌证、具有统一标志的教学车辆。教学车辆的统一标志由省级道路运输管理机构负责制定，并组织实施。机动车驾驶员培训机构应当按照国家的有关规定对教学车辆进行定期维护和检测，保持教学车辆性能完好，满足教学和安全行车的要求，并按照国家有关规定及时更新。禁止使用报废的、检测不合格的和其他不符合国家规定的车辆从事机动车驾驶员培训业务。不得随意改变教学车辆的用途。机动车驾驶员培训机构应当建立教学车辆档案。教学车辆档案主要内容包括：车辆基本情况、维护和检测情况、技术等级记录、行驶里程记录等。教学车辆档案应当保存至车辆报废后1年。

机动车驾驶员培训机构在道路上进行培训活动，应当遵守公安交通管理部门指定的路线和时间，并在教练员随车指导下进行，与教学无关的人员不得乘坐教学车辆。机动车驾驶员培训机构应当保持教学设施、设备的完好，充分利用先进的科技手段，提高培训质量。

机动车驾驶员培训机构应当按照有关规定向县级以上道路运输管理机构报送"培训记录"以及有关统计资料。"培训记录"应当经获得相应"教练员证"的教练员审核签字。道路运输管理机构应当根据机动车驾驶员培训机构执行教学大纲、颁发"结业证书"等情况，对"培训记录"及统计资料进行严格审查。

省级道路运输管理机构应当建立机动车驾驶员培训机构质量信誉考评体系，制定机动车驾驶员培训监督管理的量化考核标准，并定期向社会公布对机动车驾驶员培训机构的考核结果。机动车驾驶员培训机构质量信誉考评应当包括培训机构的基本情况、教学大纲执行情况、"结业证书"发放情况、"培训记录"填写情况、教练员的质量信誉考核结果、培训业绩、考试情况、不良记录等内容。

复习思考题

1. 道路运输从业人员的含义是什么?
2. 道路运输从业人员的条件分别有哪些?
3. 道路运输从业人员从业资格证件管理的内容是什么?
4. 道路运输从业人员从业行为管理内容是什么?
5. 出租汽车驾驶员从业资格制度的含义是什么?
6. 出租汽车驾驶员从业资格考试管理的主要内容是什么?
7. 出租汽车驾驶员从业资格注册管理的主要内容是什么?
8. 出租汽车驾驶员从业资格继续教育管理的内容是什么?
9. 出租汽车驾驶员从业资格证件管理的内容是什么?
10. 机动车驾驶员培训的含义是什么?
11. 机动车驾驶员培训是如何分类的?
12. 机动车驾驶员培训应具备的条件分别有哪些?
13. 如何加强机动车驾驶员培训教练员管理?
14. 机动车驾驶员培训经营行为管理的内容是什么?

第16章 道路运输市场诚信体系建设

道路运输市场诚信体系建设是规范道路运输市场秩序,促进道路运输企业守法经营、诚信服务,保护消费者正当权益,推动道路运输行业全面、协调、可持续发展前提和基础,是道路运输市场管理的一项重要任务。

16.1 市场诚信体系建设概述

16.1.1 市场诚信体系建设的意义

信用是现代市场经济的基石。信用缺失会使交易成本提高,甚至会导致交易链的中断,影响经济发展的大局,给整个社会带来灾难性的后果。建立和完善社会主义市场经济体制,推进市场诚信体系建设,是建设现代市场体系的必要条件,也是规范市场经济秩序的治本之策,意义重大。推进市场诚信体系建设有利于营造公平竞争的市场环境,维护正常的社会经济秩序;有利于改善行政管理,促进政府更好地履行经济调节、市场监管、社会管理和公共服务的职能;有利于加大对失信行为的惩戒力度,保护人民群众的切身利益。有利于推动科学发展,促进社会和谐。

16.1.2 市场诚信体系的内涵

市场诚信体系作为复杂的社会系统,至少包括以下三个主要层面和关键要素。

1)基础保障层

基础保障层包括物质基础和政策保障两个关键要素:

(1)物质基础

“仓廪实则知礼节,衣食足则知荣辱”,从这一视角看,坚持以经济建设为中心,推动社会生产力总量的持续发展,乃是诚信建设的根本前提。

(2)政策保障

平等公正地调整不同利益主体间的相互关系,是诚信的基本功能,而这一功能在社会生活中的实现,则有赖于相关政策的保障。首先,在对不同主体的利益关系调整中,政策应体现平等公正的道义精神。要在保证效率优先的同时,运用多种调节手段,通过利益补偿和对弱势群体的援助,维持公平与效率的动态平衡;要在保护各利益主体合法权益的同时,统筹兼顾,抓住各方利益的契合点,扩展共同利益,推动社会利益整合。其次,在对信用活动双方的权益保障和责任追究上,政策同样应体现"一碗水端平"的平等公正精神。要加强政策导向力度,遏制信用关系中强势方侵害弱势方合法权益的非诚信行为;要确保信用关系的诚信互动性质,避免信用行为因主体间权利义务分配显失公平而蜕变为各方以非诚信手段相互报复的尔虞我诈。政策愈能体现平等公正的价值取向,便愈能为社会诚信体系的建设提供有力保障。

2)他律控制层

他律控制层包括法制约束和道德约束两个关键要素:

(1)法制约束

建立健全稳定的信用制度和诚信管理制度,形成针对信用活动的约束监控机制、防患纠错机制、评估奖惩机制和导向模塑机制,借助国家机器的强制性力量,以法律法规形式赋予上述要求以权威性的普遍效力,是现代社会诚信体系的鲜明特征。

(2)道德约束

评判主体(群体,"熟人世界")、控制范围(覆盖社会生活的广阔领域)、力量向度(扬善抑恶,引力和压力)和作用方式(借助社会舆论,述诸被评判对象归属感、认同感及个人价值实现等精神需求)方面的特点,赋予了道德与法律互补的社会控制力量。社会诚信的确立,有赖于道德控制作用的充分发挥。为此,我们应从这样一些方面强化道德约束:一是,在多样统一的基础上,确立全社会在现阶段的道德体系,为社会成员提供具有普遍认同性的道德律令,和评判社会行为的共同参照系。二是,为社会良知提供讲坛,形成与上述律令和参照系互为表里的强势社会舆论评价场。三是,反对偏袒某些特殊群体和特殊人物,坚持道德面前人人平等。四是,将机关单位、生产经营服务团体及其他集团的行为,列入道德评判范围。五是,提高"道德允许"的下限。单靠法律制裁,不足以确立社会诚信(事实上,围绕法律规定的行为下限,"擦边"与"反擦边"的游戏会不断花样翻新);要加强道德与法律的互补,扩大控制范围,就须校正把"道德允许"与"不违法"等量齐观的偏差,将前者的下限复归到应有的高度,赋予道德评价对钻法律空子的非诚信行为出示红牌的权威。

3)自律屏障层

自律屏障层包括公民人格和团体文化两个关键要素:

(1)与社会诚信准则同构的公民人格

无论多么详尽细密,外在的社会规范仍摆脱不了其先天的局限。只有通过"个体社会化"对公民人格的模塑,将外在的诚信准则内化为一个具体心理结构中的认知、意志和情感尺度,将运用这些尺度进行自我评判、自我监控、自我激励和自我惩罚转化为个体的人格定势,诚信精神才能作为公民人格的自律屏障,才能时时事事处处对个体行为、动机发挥实实在在的控制作用。为了模塑这种人格,必须在官德、民德和职业道德建设中有针对性地加强诚信教育,尤其要首先抓好两类人的诚信人格模塑,一类是具有强势示范效应的社会成员,树立有感召力的样板,才能带动全体社会成员道德人格素质的提高;另一类是青少年,“养其习于童蒙”,从娃娃抓起,才能抓住未来。

(2)与社会诚信准则同构的团体文化

只有经过团体文化的积淀,将社会诚信准则内化为支配团体生活的道德价值取向、舆论评价尺度和行为、动机定势,诚信精神才能作为团体文化的自律屏障,对团体的控制方面发挥作用。为了模塑这种文化,我们必须加强以团体为本位的道德建设,下大气力首先把重点团体的诚信文化模塑抓好,为社会树立团体诚信自律的先进典型。

16.2 道路运输市场诚信体系建设

16.2.1 道路运输市场诚信体系建设的意义

道路运输业是服务国民经济和社会发展的基础产业,与人民群众生产生活息息相关。依法经营、诚信服务、履行承诺、承担社会责任是道路运输企业的基本行为准则,也是市场经济的重要基础。建立完善道路运输市场诚信体系是规范市场秩序、维护消费者利益的迫切需要,是转变道路运输发展方式、提升行业文明水平的重要措施,是道路运输管理的一项重要任务。

16.2.2 道路运输市场诚信体系建设的基本原则

1)坚持企业自律与政府监管相结合

引导企业增强诚信意识,加强自律,落实主体责任,强化企业职工管理。要将诚信管理作为道路运输行政管理的重要内容,形成企业自律、政府监管的工作机制。

2)坚持诚信褒奖与失信惩戒相结合

加大政策扶持力度,鼓励和支持诚信企业的发展;发挥惩戒约束作用,警示和惩治失信企业与从业人员,形成优胜劣汰的竞争机制。

3)坚持制度约束与教育培训相结合

发挥法规制度对道路运输市场诚信建设工作的指导、规范、考核、评价和约束作用;加大对从业人员的诚信教育,树立以诚信为荣、失信为耻的价值观,使诚信经营真正成为广大从业人员的自觉行为。

4)坚持依靠科技与加强协调配合相结合

加快道路运输信息平台建设,增强道路运输行业管理科技手段支撑;加强地区和部门之间的协调配合,实现诚信信息资源互通共享,建立完善的诚信信息体系。

16.2.3 道路运输市场诚信体系建设的主要任务

1)加快建立完善道路运输市场诚信体系建设法规制度

要加快研究制定道路运输市场诚信体系建设的法规制度。各省级交通运输主管部门要将诚信体系建设有关内容纳入地方道路运输法规,将诚信考核和管理工作纳入法制轨道。

2)完善诚信考核指标体系,建立诚信评价机制

(1)建立全国统一的诚信考核指标体系。针对道路运输市场不同经营门类分别制定考核指标。各地可根据本地区实际情况进一步细化,以便全面、准确、客观、公正地反映企业诚信状况。

(2)实施分类考核评价。建立完善道路运输诚信考核评价制度,根据考核指标体系,科学制定诚信评价内容、评价等级、评价标准、评价方法和评价周期等,建立完善道路运输行业分类考核评价机制。

(3)加强诚信考核评价监督管理。各级交通运输主管部门负责诚信考核评价的监督工作,县级以上道路运输管理机构负责道路运输市场诚信考核评价的具体工作。要积极引导行业协会等第三方机构参与诚信考核评价,逐步建立道路运输管理机构与社会信用评价机构相结合,具有监督、申诉和复核机制的综合考核评价体系,保证考核评价结果的公正性、合法性和权威性。

3)加快诚信信息征集和披露体系建设

(1)建立道路运输市场诚信信息系统。依托道路运政管理信息系统,按"部省共建、逐步推进"的方式,建立部、省、市、县四级联网应用的诚信信息系统;研究制定统一的诚信信息分类及编码、信息格式、诚信报告文本和数据库建设规范以及信息采集、使用、保护、监督等工作规范等,实现道路运输企业和从业人员基本信息及诚信信息共享。

(2)切实做好信息征集和披露工作。各级交通运输主管部门和道路运输管理机构要进一步规范道路运政管理,结合市场准入管理和日常监督检查,建立道路运输企业、从业人员诚信信息收集和整理制度,并通过信息系统自动记录企业、从业人员的各种信用信息;要建立与有关部门考核信息的共享机制,逐步将公安、工商、安监、质监、劳动保障、税务等部门掌握的道路运输企业有关诚信信息纳入诚信考核。要依法建立和完善诚信信息披露和查询系统,及时向社会提供道路运输企业和从业人员诚信信息服务,充分体现诚信信息的重要价值。

4)建立诚信奖惩机制,营造诚信经营环境

(1)建立诚信激励机制。各级交通运输主管部门要争取政府支持,充分依靠和发挥政府政策引导、宣传教育、组织协调、诚信示范等作用,在政府采购、招投标管理、投资补助等环节对诚信企业给予重点支持和优先安排。对诚信考核良好的企业和从业人员,在扩大经营范围和经营规模审批、客运线路招投标以及评比表彰等方面优先考虑,在站场建设投资补助、技改资

金补助等国家和地方政府优惠政策上给予重点倾斜。鼓励和支持各单位在采购道路运输服务、招投标、人员招聘等方面优先选择诚信考核等级高的道路运输企业和从业人员。

(2)落实失信惩戒措施。对失信企业和从业人员,要加强监管和制约,严格实施惩处措施。违法的要追究法律责任,对于存在严重诚信经营问题的企业,要按照法律法规限制其业务发展。逐步建立跨地区、跨行业诚信奖惩联动机制,使失信企业和从业人员一处失信,处处受制。

5)落实责任,形成合力

(1)落实道路运输管理机构监管责任。将诚信监管纳入道路运输行政管理日常工作,明确诚信监管职能,建立诚信档案,确定专人负责。结合日常业务和专项检查等工作,定期或不定期对道路运输企业和从业人员守法诚信情况进行检查,及时发现、制止和惩戒各类违法失信行为。

(2)落实企业主体责任。道路运输企业主要负责人是企业诚信建设第一责任人,道路运输从业人员是诚信建设直接责任人。企业应当建立内部诚信管理制度,包括诚信教育制度、诚信信息采集制度、自查自纠制度和失信惩戒公示制度以及诚信档案管理制度等。大力加强诚信文化建设,加强对从业人员诚信教育培训,全面提高从业人员素质。

(3)充分发挥社会监督和各类社团组织的参与作用。通过聘请社会监督员、新闻舆论监督、公布举报投诉电话等方法,建立畅通的社会监督网络。发挥各类社团组织在宣传倡导诚信理念、加强诚信文化建设、提供诚信建设咨询服务、促进行业自律等方面的作用,建立和完善诚信自律的制度规范和行规行约,组织会员签订诚信自律公约,强化会员守信意识,对会员的失信行为进行评议和失信惩戒;建立信用风险管理制度,提供诚信信息服务,促进行业诚信建设。

16.2.4　道路运输市场诚信体系建设的保障措施

1)加强组织领导

道路运输市场诚信体系建设既是一项当前亟待加强的重要工作,又是一项长期而复杂的系统工程。各级交通运输主管部门要高度重视,切实加强组织领导。各级道路运输管理机构要落实工作责任,将道路运输市场诚信体系建设作为道路运输行政管理的重要内容,切实抓紧抓好。

2)加大资金投入

鼓励各地加快道路运输市场诚信信息系统建设。省级交通运输主管部门要加强与财政部门的沟通协调,将诚信信息系统建设经费以及诚信考核评价工作经费纳入年度财政预算,确保道路运输市场诚信体系建设工作的正常运转。

3)发挥信息平台作用

各地交通运输主管部门和道路运输管理机构要充分利用诚信信息管理系统,保障信息资源共享,不断提高诚信信息的完整性、准确性和有效性,实现诚信信息管理的常态化,及时更新,并积极为社会提供诚信信息服务,充分发挥信息平台在企业自律、行业管理和社会监督中的作用。

4)推进道路运政管理规范化

要严格贯彻落实部发布的《道路运政管理工作规范》,加强队伍素质建设,推进管理内容法定化、管理行为规范化、管理手段信息化、管理结果透明化,不断提升道路运政管理的效能和质量。

5)加大宣传力度

采取多种行之有效的方式,加强道路运输企业诚信文化宣传教育,弘扬诚信美德,增强企业法制意识、责任意识、诚信意识和品牌意识,逐步形成以守法、履责、诚信为核心的企业诚信文化。

16.3 道路运输企业质量信誉考核

16.3.1 道路运输企业质量信誉考核的含义

道路运输企业质量信誉考核是指在考核年度内对道路运输企业的安全生产、经营行为、服务质量、管理水平和履行社会责任等方面进行的综合评价。道路运输企业包括道路旅客运输企业、道路货物运输企业。道路客运企业,是指从事班车客运、包车客运或旅游客运业务的企业;道路货运企业是指从事营业性道路货。

考核的目的是为加强道路运输市场管理,加快道路运输市场诚信体系建设,建立和完善优胜劣汰的竞争机制和市场退出机制,引导和促进道路运输企业加强管理、保障安全、诚信经营、优质服务。道路运输企业质量信誉考核工作应当遵循公开、公平、公正的原则。道路运输企业应当自觉遵守国家有关法律、法规及规章,加强管理,诚信经营,履行社会责任,为社会提供安全、优质的运输服务。各级交通主管部门和道路运输管理机构应当鼓励和支持质量信誉良好的道路运输企业发展。

16.3.2 道路运输企业质量信誉等级及评定

1)等级划分

道路运输企业质量信誉等级分为优良、合格、基本合格和不合格,分别用 AAA 级、AA 级、A 级和 B 级表示。

2)道路运输企业质量信誉考核指标

道路运输企业质量信誉考核指标包括:

（1）运输安全指标：交通责任事故率、交通责任事故死亡率、交通责任事故伤人率；

（2）经营行为指标：经营违章率；

（3）服务质量指标：社会投诉率；

（4）社会责任指标：国家规费缴纳情况、按法律法规要求投保承运人责任险情况、政府指令性运输任务完成情况；

（5）企业管理指标：质量信誉档案建立情况、企业稳定情况、企业形象、科技设备应用情况、获得省部级以上荣誉称号情况。

3）道路运输企业质量信誉考核记分办法

道路运输企业质量信誉考核实行计分制，考核总分为1 000分，加分为100分。在考核总分中运输安全指标为300分、经营行为指标为200分、服务质量指标为200分、社会责任指标为150分、企业管理指标为150分。企业管理指标中的企业形象、科技设备应用情况、获得省部级以上荣誉称号情况以及社会责任指标中的政府指令性运输任务完成情况为加分项目。具体考核记分标准见表16-1。

道路运输企业质量信誉考核记分标准　　表16-1

考核项目			考核分数	记分标准
运输安全（300分）	交通责任事故率	客运企业	50	每增0.01次/车，扣5分
		货运企业	50	每增0.01次/车，扣5分
	交通责任事故死亡率	客运企业	150	每增0.01人/车，扣25分
		货运企业	150	每增0.005人/车，扣25分
	交通责任事故伤人率	客运企业	100	每增0.01人/车，扣10分
		货运企业	100	每增0.005人/车，扣10分
经营行为（200分）	经营违章率	客运企业	200	每增0.01次/车，扣10分
		货运企业	200	每增0.01次/车，扣10分
服务质量（200）	社会投诉率	客运企业	200	每增0.01次/车，扣10分
		货运企业	200	每增0.005次/车，扣10分
社会责任（150）	规费缴纳		80	不按规定为营运车辆缴纳各种费用的，每台次扣10分
	投保承运人责任险		70	不按法律法规要求为营运车辆投保承运人责任险的，每台次扣10分
企业管理（150）	质量信誉档案		50	质量信誉档案不健全的，每缺一项，扣10分；不按要求上报质量信誉情况但能及时纠正的，扣30分

续上表

考核项目		考核分数	记分标准
企业管理（150）	企业稳定	100	由于企业管理原因，导致发生违反《信访条例》规定、出现过激行为、严重扰乱社会秩序、造成恶劣社会影响的群体性事件的，不得分；情节不严重，或经批评教育后及时改正的，每次扣50分
加分项目（100分）	企业形象	20	营运车辆统一标志和外观的，加10分；服务人员统一服装的，加10分
	科技设备应用	30	50%以上营运车辆安装GPS或行车记录仪并有效应用的，加20分；全部营运车辆安装并有效应用的，加30分
	省部级以上荣誉称号	20	获得省、部级以上荣誉称号的，加20分
	完成政府指令性运输任务	30	圆满完成县级以上人民政府、交通主管部门或道路运输管理机构指令性应急运输任务的，加30分；未按要求完成的，不加分，并发生一次从考核总分中扣30分

注：1. 所有项目的考核分，不计负分，扣完本项目规定考核分数为止。

2. 交通责任事故限于考核周期内道路运输企业承担同责及同责以上、有人员伤亡的交通事故。

交通责任事故率＝企业发生交通责任事故的次数/营运客车数（或营运货车数）

交通责任事故死亡率＝企业发生交通责任事故导致的死亡人数/营运客车数（或营运货车数）

交通责任事故伤人率＝企业发生交通责任事故导致的受伤人数/营运客车数（或营运货车数）

3. 经营违章限于企业及其从业人员违反交通行业管理行政法规、规章和规定，受到各级交通主管部门、道路运输管理机构行政处罚的违章行为。

经营违章率＝企业被查处的违章行为的次数/营运客车数（或营运货车数）

4. 服务质量的社会投诉是指道路运输企业及其从业人员违反有关规定，损害他人正当权益，旅客、货主、其他相关人向道路运输管理机构进行投诉，或新闻媒体对企业的服务质量事件曝光，经查属实的。

社会投诉率＝服务质量投诉次数/营运客车数（或营运货车数）

5. 省、部级以上荣誉称号指道路运输企业在考核周期内获得的国家部委、省级党政机关以上单位（不含下设机构）授予的在评优创先、安全生产、文明服务、精神文明建设方面的集体荣誉称号。

6. 各项考核指标的有效数据按四舍五入的原则保留到小数点后2或3位，具体要求见每项的记分标准。

7. 上述计算公式中营运客车数系指企业上年度末企业在册的营运客车总数，包括客运班车、客运包车、旅游客车，但不包括出租汽车和城市公共汽车；营运货车数系指企业上年度末企业在册的营运货车总数，包括非经营性道路危险货物运输车辆。

4）道路运输企业质量信誉等级的评定

道路运输企业质量信誉等级，由道路运输管理机构按照下列标准进行评定：

（1）考核期内未发生一次死亡3人以上的重特大交通责任事故或特大恶性污染责任事故，也未发生一次特大恶性服务质量事件，且考核总分和加分合计不低于850分的，质量信誉等级为AAA级；

（2）考核期内未发生一次死亡10人以上的特大交通责任事故或特大恶性污染责任事故，也未发生一次特大恶性服务质量事件，且考核总分和加分合计在700分至849分之间的，质量信誉等级为 AA 级；

(3)考核期内未发生一次死亡 10 人以上的特大交通责任事故或特大恶性污染责任事故，也未发生一次特大恶性服务质量事件，且考核总分和加分合计在 600 分至 699 分之间的，质量信誉等级为 A 级；

(4)考核期内有下列情形之一的，质量信誉等级为 B 级：

①发生一次死亡 10 人以上的特大交通责任事故的；

②发生一次特大恶性污染责任事故的；

③发生一次特大恶性服务质量事件的；

④考核总分和加分合计低于 600 分的。

特大恶性污染责任事故是指由于企业原因，造成所承运的货物泄露、丢失、燃烧、爆炸等，对社会环境造成严重污染、造成国家和社会公众财产重大损失的运输责任事故。特大恶性服务质量事件是指由于企业原因，对旅客或货主造成严重人身伤害或重大财产损失，或在社会造成恶劣影响，而受到省级以上交通主管部门或道路运输管理机构通报批评的服务质量事件。

16.3.3　道路运输企业质量信誉考核

1)质量信誉档案管理

道路运输企业、企业所在地县级或设区的市级道路运输管理机构应当分别建立道路运输企业质量信誉档案。质量信誉档案应当包括下列内容：

(1)企业基本情况，包括企业名称、法人代表姓名、道路运输经营许可证、工商执照、分公司名称及所在地、从业人员数、营运客车或货车数量、所经营的客运班线。

(2)交通责任事故情况，包括每次交通责任事故的时间、地点、肇事车辆、肇事原因、驾驶人员、死伤人数及后果、事故责任认定书。

(3)违章经营情况，包括每次违章经营的时间、地点、车辆、责任人、违章事实、查处机关及行政处罚决定书。

(4)服务质量情况，包括每次服务质量投诉的投诉人、投诉内容、投诉方式、营运车辆车牌号、责任人、受理机关、曝光媒体名称、社会影响及核查处理情况。

(5)国家规费缴纳情况，包括企业应缴运管费、养路费、客货运附加费的金额和实际缴纳的情况。

(6)企业按法律、法规要求投保承运人责任险情况，包括应投保承运人责任险的车辆数量、应缴保险费用、应投保金额及实际投保的情况、承运人保险单等。

(7)完成政府指令性运输任务的情况，包括下达任务的部门、完成任务的时间、投入运力数量、完成运量及是否符合要求等情况。

(8)企业稳定情况，包括每次影响社会稳定事件的时间、主要原因、事件经过、参加人数、上访部门、社会影响和处理情况。

(9)企业管理情况,包括使用GPS、行车记录仪等科技设备的营运车辆数量和车牌号,车辆喷涂统一标志和外观、企业服务人员统一服装以及获得省部级以上荣誉称号的情况。

道路运输企业应当加强对质量信誉档案的管理,按要求及时将相关内容和材料记入质量信誉档案,并按照所在地县级或设区的市级道路运输管理机构的要求定期报送相关材料。

道路运输管理机构应当加强对道路运输市场的监督和检查,认真受理社会投诉举报,加强与相关部门的信息沟通,及时、全面、准确了解掌握道路运输企业质量信誉的情况,经核实后及时记入道路运输管理机构的质量信誉档案。道路运输管理机构在监督检查中发现外地营运车辆违章经营时,应将违章情况和处理结果抄告车籍所在地县级以上道路运输管理机构。车籍所在地县级或设区的市级道路运输管理机构接到抄告后,应及时将违章情况记入本机构的质量信誉档案,并定期通报营运车辆所属企业。道路运输管理机构应当加强信息化建设,逐步建立道路运输企业质量信誉公共信息平台,实现信息共享。

2)质量信誉考核管理

道路运输企业质量信誉考核工作每年进行一次。考核周期为每年的1月1日至12月31日。考核工作应当在考核周期次年的3月至6月进行。

道路运输企业应在每年的3月底前,根据本企业的质量信誉考核档案对上年度的质量信誉情况进行总结,向所在地的县级或设区的市级道路运输管理机构申请考核,并如实报送质量信誉情况总结及有关材料。道路运输管理机构在日常工作中已经掌握被考核道路运输企业质量信誉考核指标情况的,可不再要求道路运输企业报送此项指标的相关材料。在异地设有分公司的道路运输企业,按上述要求提供材料时,应当包括分公司的营运车辆及质量信誉情况。分公司所在地县级或设区的市级道路运输管理机构应对分公司的质量信誉情况进行核实,出具书面证明,并对确认结果负责。

道路运输企业所在地县级道路运输管理机构应当根据本机构的道路运输企业质量信誉档案,对道路运输企业报送的质量信誉情况进行核实。发现不一致的,应要求企业进行说明或组织调查。核实结束后,应根据各项考核指标的初步结果进行打分,对道路运输企业质量信誉等级进行初评,并将各项考核指标数据和所得分数、初评结果上报地市级道路运输管理机构。道路运输企业所在地为设区市的,由所在地设区的市级道路运输管理机构负责对道路运输企业质量信誉情况进行核实,并对企业质量信誉等级进行初评。

设区的市级道路运输管理机构应将道路运输企业的各项考核指标数据和所得分数、初评结果书面通知被考核道路运输企业,并在当地主要新闻媒体或本机构网站上进行为期15天的公示。被考核企业或者其他单位、个人对公示结果有异议的,可在公示期内向设区的市级道路运输管理机构书面申诉或者举报。公示结束后,设区的市级道路运输管理机构应当对企业的申诉和社会反映的情况进行调查核实,根据各项指标的最终考核结果对企业的质量信誉等级进行评定，并将评定结果上报省级道路运输管理机构。向道路运输管理机构举报道路运输企业质量信誉有关情况的单位或个人，应加盖单位公章或如实签署姓名，并附联系方式，否则不予受理。道路运输管理机构应当为举报人保密，不得向其他单位或个人泄漏举报人的单位名称、姓名及有关情况。

省级道路运输管理机构应于6月30日前在本机构网站或本级交通主管部门网站上公布上一年度道路运输企业质量信誉考核结果，并在网站上建立专项查询系统，方便社会各界查询道路运输企业历年的质量信誉等级。

道路运输企业同时经营道路旅客运输业务和道路货物运输业务的，应分别根据企业营运客车、营运货车的质量信誉情况来计算客运业务和货运业务的各项考核指标，并以此为依据分别评定企业的道路客运、道路货运质量信誉等级。道路运输企业下设的分公司与总公司一起进行质量信誉考核，子公司的质量信誉等级由其所在地道路运输管理机构单独评定。

16.3.4 道路运输企业质量信誉考核奖惩措施

道路运输管理机构在实施道路客运班线经营权许可时，在下列情况下，应参考企业的客运质量信誉考核结果。

(1)两个以上道路客运企业同时申请同一新增道路客运班线经营权，在都符合许可条件的前提下，许可机关应当将经营权许可给上一年度客运质量信誉等级高的企业。上一年度客运质量信誉等级相同的，应逐年比较上一年度之前的企业客运质量信誉等级，择优许可。

(2)采取服务质量招投标的方式来实施新增道路客运班线经营权许可的，企业的客运质量信誉等级作为评标时重要的评价内容。

(3)道路客运企业原经营的道路客运班线经营期限届满，继续申请经营的，其客运质量信誉等级在该班线经营期限内每年都不低于AA级，且其中两年以上达到AAA级的，在符合《道路旅客运输及客运站管理规定》有关规定的情况下，许可机关应当予以许可，并按照有关规定重新办理手续。

(4)道路客运企业原经营的道路客运班线经营期限届满，企业客运质量信誉等级达不到上述要求的，许可机关应当收回其10%以上的到期的道路客运班线经营权；如果企业客运质量信誉等级在班线经营期限内有两年以上为B级或三年以上为A级的，许可机关应当收回其30%以上的到期的道路客运班线经营权。应收回道路客运班线经营权不足一条的，收回一条。在经营期限到期的道路客运班线中，如果有发生重特大安全事故、特大服务质量事故或长期不规范经营的，必须收回。需要重新分配的，按照《道路旅客运输及客运站管理规定》及有关规定办理。

鼓励货源单位在选定货物承运单位时优先选择货运质量信誉等级高的道路货运企业。

道路运输企业上一年度质量信誉等级为B级或上两年度连续考核为A级的，道路运输管理机构应当责令其进行整改。整改结束后,道路运输管理机构应当对整改情况进行验收。整改不合格且存在重大安全隐患的,由原许可机关按照相关规定吊销其相应的道路运输经营许可。

道路运输企业有下列情形之一的,其年度质量信誉考核为B级:

(1)不按要求参加年度质量信誉考核或不按要求报送质量信誉材料,拒不改正的;

(2)在质量信誉考核过程中故意弄虚作假、隐瞒情况或提供虚假情况,情节严重的;

(3)未按要求建立质量信誉考核档案,导致质量信誉考核工作无法进行的。

16.4 机动车维修企业质量信誉考核

16.4.1 机动车维修企业质量信誉考核的含义

机动车维修企业质量信誉考核,是指在考核周期内对机动车维修企业的从业人员素质、安全生产、维修质量、服务质量、环境保护、遵章守纪和企业管理等方面进行的综合评价。

机动车维修企业质量信誉考核,遵循公平、公正、公开和便民的原则。机动车维修企业应当自觉遵守国家有关法律、法规及规章,加强管理,诚信经营,履行社会责任,为社会提供安全、优质、方便的维修服务。各级交通主管部门和道路运输管理机构应当鼓励和支持质量信誉等级高的机动车维修企业发展。

16.4.2 机动车维修企业质量信誉等级

1)等级划分

机动车维修企业质量信誉等级分为优良、合格、基本合格和不合格,分别用AAA级、AA级、A级和B级表示。

2)考核指标

机动车维修企业质量信誉考核指标包括:

(1)从业人员素质指标:维修技术人员获取从业资格证件情况;

(2)安全生产指标:安全生产制度实施情况及安全生产状况;

(3)维修质量指标:质量保证体系建设和实施情况;

(4)服务质量指标:服务公示情况、有责投诉次数、服务质量事件和用户满意度;

(5)遵章守纪指标:守法经营和违章情况;

(6)环境保护指标:环保设施设备技术状况和运用情况,废气、废水、废油以及空调制冷剂等维修废物回收处理情况;

(7)企业管理指标:质量信誉档案建立情况、企业形象、获奖情况、连锁经营情况。

3)考核计分

机动车维修企业质量信誉考核实行计分制,考核总分为1 000分,加分为100分。在考核总分中从业人员素质考核占100分、安全生产考核占150分,维修质量考核占200分,服务质量考核占200分,遵章守纪考核占150分,环境保护考核占150分,企业管理考核占50分。

企业管理指标中企业形象、获奖情况、连锁经营情况为加分项目。

一、二类汽车维修企业质量信誉考核记分标准(见表16-2),三类汽车维修企业及一、二类摩托车维修企业和其他机动车维修企业的质量信誉考核记分标准由省级道路运输管理机构参照一、二类汽车维修企业质量信誉考核记分标准统一制定。

一、二类汽车维修企业质量信誉考核记分标准　表16-2

考核项目		分值(分)	评分标准
一、从业人员素质		100	
从业人员获取从业资格证件比例	(1)技术负责人员和质量检验人员	50	经全国统一考试合格人数占总人数比例100%起,每降低5%,扣4分
	(2)其他维修技术人员	50	经全国统一考试合格人数占总人数比例100%起,每降低5%,扣3分
二、安全生产		150	
1.安全生产制度		60	无安全生产责任制或安全应急预案的,不得分,制度不健全或执行不到位的,扣10分/项
2.安全保护措施和消防设施		30	不符合要求的,扣10分/项
3.安全事故		60	发生生产安全责任事故,造成人员住院的,扣30分/起;造成人员死亡的,扣60分
三、维修质量		200	
1.质量保证体系		40	质量保证体系建设不完善或执行不到位的,扣10分/项
2.维修配件	(1)采购登记	20	采购的维修配件未按要求进行登记的,扣5分/件
	(2)旧件处理	20	换下的配件、总成未交托修方自行处理的,扣5分/件
	(3)配件明示	20	未将原厂件、副厂件、修复件分别明码标价的,扣5分/件
3.质量保证		50	未按规定执行机动车维修质量保证制度的,扣10分/辆次
4.出厂合格证		50	未按规定签发出厂合格证的,扣10分/辆次
四、服务质量		200	
1.服务公示		20	未公示服务机构、流程、监督台(包括服务人员照片、工号、监督电话)以及投诉程序的,扣5分/项
2.维修透明度		40	维修项目未与车主沟通的,扣10分/辆次;修车现场不可视的,扣10分
3.用户满意度		30	用户满意度100%起,每降低5%,扣3分
4.有责投诉		60	扣30分/次,被媒体曝光,经查实存在严重损害维修行业信誉行为的,扣60分/次

续上表

考核项目	分值(分)	评分标准
5. 服务质量事件	50	发生重大服务质量事件的,扣50分/起
五、遵章守纪	150	
1. 未将机动车维修经营许可证件和《机动车维修标志牌》悬挂在经营场所的醒目位置的	10	扣10分
2. 变更名称、法定代表人、地址等事项,未按规定备案的	10	扣10分
3. 未按规定公布机动车维修工时定额和收费标准的	15	扣15分
4. 机动车维修工时单价未按规定备案的	10	扣10分
5. 只收费不维修或者虚列维修作业项目的	20	扣10分/辆次
6. 未使用规定的结算清单格式的	10	扣5分/辆次
7. 未按规定报送统计资料的	10	扣10分/次
8. 伪造、倒卖或转借机动车维修合格证的	25	扣5分/张
9. 未按照有关技术规范进行维修作业的	15	扣5分/辆次
10. 非法转让、出租机动车维修经营许可证件的	25	扣25分
六、环境保护	150	
1. 环保设施设备	30	环保设施设备技术状况不能满足要求的,扣10分/台(套)
2. 维修废物	80	废气、废水、废油、空调制冷剂、废蓄电池、废轮胎及垃圾等有害维修废物回收处理不符合要求的,扣20分/项
3. 厂区环保	40	通风、吸尘、净化、消声效果不符合要求的,扣10分/项
七、企业管理	50	
质量信誉档案建立	50	未建立,扣50分,建立不完善,扣30分
八、加分项目	100	
1. 企业形象	30	员工统一标志并示证上岗的,加30分
2. 连锁经营	20	连锁经营超过3个网点的,加20分
3. 市厅级以上集体荣誉称号	50	获得市、厅级的,加20分,获得省、部级以上的,加50分

注:1. 所有项目的考核分,不计负分,扣完本项目规定分数为止。

2. 连锁经营是指企业总部按照统一采购、统一配送、统一标志、统一经营方针、统一服务规范和价格的要求,建立连锁经营的作业标准和管理手册,并由企业总部对连锁经营服务网点经营行为实施监管和约束。

机动车维修企业质量信誉等级,由道路运输管理机构按照下列条件进行考核:

(1) AAA级企业:

①考核期内未发生一次死亡1人及以上的安全生产责任事故和重大、特大恶性服务质量事件;

②考核期内未出现超越许可事项或使用无效、伪造、变造机动车维修经营许可证件，非法从事机动车维修经营的违法违章行为；

③考核期内未出现使用假冒伪劣配件维修机动车、承修已报废的机动车、擅自改装机动车或利用配件拼装机动车的违法违章行为；

④考核总分和加分合计不低于 850 分，且企业从业人员素质、安全生产等考核分数在该项总分的 80% 以上。

（2）AA 级企业：

①未达到 AAA 级企业的考核条件；

②考核期内未发生一次死亡 1 人及以上的安全生产责任事故和重大、特大恶性服务质量事件；

③考核期内未出现超越许可事项或使用无效、伪造、变造机动车维修经营许可证件，非法从事机动车维修经营的违法违章行为；

④考核期内未出现使用假冒伪劣配件维修机动车、承修已报废的机动车、擅自改装机动车或利用配件拼装机动车的违法违章行为；

⑤考核总分和加分合计不低于 700 分，且企业从业人员素质、安全生产等考核分数在该项总分的 65% 以上。

（3）A 级企业：

①未达到 AA 级企业的考核条件；

②考核期内未发生一次死亡 1 人及以上的安全生产责任事故和特大恶性服务质量事件；

③考核期内未出现超越许可事项或使用无效、伪造、变造机动车维修经营许可证件，非法从事机动车维修经营的违法违章行为；

④考核期内未出现使用假冒伪劣配件维修机动车、承修已报废的机动车、擅自改装机动车或利用配件拼装机动车的违法违章行为；

⑤考核总分和加分合计不低于 600 分，且企业从业人员素质、安全生产等考核分数在该项总分的 60% 以上。

（4）B 级企业：

考核期内有下列情形之一的，质量信誉等级为 B 级：

①发生一次死亡 1 人及以上的安全生产责任事故或特大恶性服务质量事件；

②出现超越许可事项或使用无效、伪造、变造机动车维修经营许可证件，非法从事机动车维修经营的违法违章行为；

③出现使用假冒伪劣配件维修机动车、承修已报废的机动车、擅自改装机动车或利用配件拼装机动车的违法违章行为；

④考核总分和加分合计低于 600 分或者企业从业人员素质、安全生产等考核分数在该项

总分的60%以下的。

重大恶性服务质量事件是指由于企业原因,对社会造成不良影响,而受到市级交通主管部门或者道路运输管理机构通报批评的服务质量事件;特大恶性服务质量事件是指由于企业原因,对社会造成恶劣影响,而受到省级以上交通主管部门或者道路运输管理机构通报批评的服务质量事件。

16.4.3 机动车维修企业质量信誉考核

1)质量信誉档案管理

机动车维修企业应当建立质量信誉档案,并及时将相关内容和材料记入质量信誉档案。主要内容包括:

(1)企业基本情况,包括企业名称、法人代表名称、机动车维修经营许可证件、工商执照、分公司名称及所在地、从业人员情况等。

(2)安全生产事故记录,包括每次事故的时间、地点、事故原因、死伤人数、经济损失及处理情况。

(3)服务质量事件记录,包括每次事件的时间、原因、社会影响、通报部门或机构。

(4)违章经营情况,包括每次违章经营的时间、责任人、违章事实、查处机关、行政处罚和通报情况。

(5)投诉情况,包括每次投诉的投诉人、投诉内容、受理部门、投诉方式、曝光媒体名称、社会影响及处理等情况。

(6)企业管理情况,包括质量信誉档案建立情况、连锁经营情况、服务人员统一标志及示证上岗情况,以及获得市厅级以上集体荣誉称号的情况。

机动车维修企业所在地县级或者设区的市级道路运输管理机构应当通过企业上报、行政执法、纠纷调解、受理投诉和社会举报等多种渠道,收集并汇总有关信息,建立包含机动车维修企业各年度质量信誉考核表及考核结果为主要内容的机动车维修企业诚信档案,并将相关信息存入机动车维修企业管理信息系统。

2)质量信誉考核材料

机动车维修企业质量信誉考核工作每年进行一次。考核周期为每年的1月1日至12月31日。考核工作应当在考核周期次年3月至6月进行。

机动车维修企业应在每年的3月底前,根据本企业的质量信誉档案对上年度的质量信誉情况进行总结,向所在地县级或设区的市级道路运输管理机构申请考核,并提交质量信誉考核申请表、本企业上年度的质量信誉情况总结及与质量信誉考核指标相对应的相关材料。道路运输管理机构在日常工作中已经掌握被考核机动车维修企业质量信息考核指标情况的,可不再要求机动车维修企业报送此项指标的相关材料。在异地设有分公司的机动车维修企业,按上述要求提供材料时,应当提供分公司的质量信誉情况。分公司所在地县级或设区的市级道路运输管理机构应当对分公司的质量信誉情况进行核实,出具书面证明,并对确认结果负责。连锁经营机动车维修企业可直接由总部向所在地县级或设区的市级道路运输管理机构提出申请,按上述要求提供材料时,应当提供连锁经营网点的质量信誉情况。连锁经营网点的质量信誉情况由连锁经营总部进行核实,出具书面保证,并承担由此引发的法律责任。道路运输管理机构对连锁网点的相关情况不再进行实质考核。

3)质量信誉考核程序

对机动车维修企业进行质量信誉考核,应当依照下列程序进行:

(1)机动车维修企业所在地的县级道路运输管理机构应当根据本机构的机动车维修企业质量信誉管理档案,对机动车维修企业报送的质量信誉材料进行核实。发现不一致的,应当要求机动车维修企业进行说明或者组织调查。核实结束后,应当根据各项考核指标的初步结果进行打分,对机动车维修企业质量信誉等级进行初评,并将各项考核指标数据和所得分数、初评结果上报设区的市级道路运输管理机构。机动车维修企业所在地为设区市的,由所在地设区的市级道路运输管理机构负责对机动车维修企业质量信誉情况进行核实,并对企业质量信誉等级进行初评。

(2)设区的市级道路运输管理机构应当将机动车维修企业的考核数据、所得分数和初步考核结果书面通知被考核机动车维修企业。

(3)设区的市级道路运输管理机构将辖区机动车维修企业的各项考核指标数据、所得分数和初步考核结果,在当地主要新闻媒体、本机构网站或本级交通主管部门网站上进行为期15 天的公示。

(4)被考核企业或其他单位、个人对公示结果有异议的,可在公示期间向设区的级道路运输管理机构书面申诉或举报。举报人应如实签署姓名或单位名称,并附联系方式,否则不予受理。道路运输管理机构应当为举报人保密,不得向其他单位或个人泄漏举报人的姓名及有关情况。

(5)公示结束后,设区的市级道路运输管理机构应当对企业的申诉和社会反映的情况进行调查核实,根据调查核实结果对企业的质量信誉等级进行评定,并将考核结果上报省级道路运输管理机构。

省级和设区的市级道路运输管理机构应于6 月30 日前在当地主要新闻媒体、本机构网站或本级交通主管部门网站上公布上一年度机动车维修企业质量信誉考核结果,并在网站上建立专项查询系统,方便社会各界查询机动车维修企业历年的质量信誉等级。AAA 级机动车维修企业可由省级道路运输管理机构向社会发布,AA 级及以下的机动车维修企业可由设区的市级道路运输管理机构向社会发布。具体发布权限由省级道路运输管理机构确定。

机动车维修企业下设的分公司与总公司一起进行质量信誉考核;子公司的质量信誉等级

由其所在地道路运输管理机构单独考核。具备质量信誉等级的机动车维修企业需要分立或合并,应当按照本办法规定重新进行质量信誉考核,原质量信誉等级自动失效。

4)机动车维修企业质量信誉考核管理

机动车维修企业质量信誉等级标注在机动车维修经营许可证件(副本)的备注栏内。对新办机动车维修企业,在经营满一个日历年度后,依照本办法规定进行质量信誉考核,首次考核周期为经营许可之日至考核年度的 12 月 31 日,并在质量信誉等级后注明"新办企业",自第二个考核年度开始直接标注质量信誉等级。机动车维修企业发生名称、法定代表人等事项变更,应当在办理经营许可证变更手续时,一并办理质量信誉管理相关手续,原质量信誉等级不变。

道路运输管理机构可以根据机动车维修企业质量信誉等级的高低,对企业采取推荐参加政府采购招投标、重大事故车维修、加入全国机动车维修救援网络等激励措施。连续三年考核为 AAA 级的机动车维修企业,在许可证件有效期届满时,申请继续经营的,可由作出原许可决定的道路运输管理机构直接办理换证手续。鼓励 AAA 级的机动车维修企业投资参股(股比超过 50%)或以特许经营、品牌连锁等形式扩大维修网点,维修网点可享用原企业的质量信誉等级。道路运输管理机构应当加强对机动车维修企业质量信誉的宣传工作,引导托修车辆的单位和个人优先选择质量信誉等级高的机动车维修企业,运用市场机制鼓励机动车维修企业注重质量、维护信誉。机动车维修企业可以使用其质量信誉等级进行新闻宣传或者从事相关的商业活动。

机动车维修企业质量信誉等级为 B 级的,道路运输管理机构应当责令其进行整改,实施重点监管,整改不合格且存在重大安全隐患或者因维修质量问题造成一次死亡 3 人以上道路交通事故的,由作出原许可决定的道路运输管理机构予以通报。

机动车维修企业有下列情形之一的,其年度质量信誉等级为 B 级。

(1)不按要求参加年度质量信誉考核或不按要求提供质量信誉考核材料,且不按要求补正的;

(2)在质量信誉考核过程中弄虚作假,隐瞒情况或提供虚假材料的;

(3)未按要求建立质量信誉档案,或在质量信誉考核过程中不配合,导致质量信誉考核工作无法进行的。

复习思考题

1. 市场诚信体系建设的意义是什么?

2. 市场诚信体系建设的内涵是什么?

3. 道路运输市场诚信体系建设的意义是什么?

4. 道路运输市场诚信体系建设的基本原则是什么?

5. 道路运输市场诚信体系建设的主要任务有哪些?

6. 道路运输企业质量信誉考核的含义及目的分别是什么?

7. 道路运输企业质量信誉等级的划分及考核指标分别是什么?

8. 道路运输企业质量信誉考核管理的主要内容是什么?

9. 道路运输企业质量信誉考核档案管理的主要内容是什么?

10. 道路运输企业质量信誉考核奖惩措施有哪些?

11. 机动车维修企业质量信誉考核的含义是什么?

12. 机动车维修企业质量信誉等级的划分及考核指标分别是什么?

13. 机动车维修企业质量信誉档案管理的内容是什么?

14. 机动车维修企业质量信誉考核管理内容是什么?

参考文献

[1] 交通运输部道路运输司. 城市公共交通管理概论. 北京:人民交通出版社,2011.

[2] 交通运输部《中国交通运输 60 年》编委会. 中国交通运输 60 年. 北京:人民交通出版社,2009.

[3] 贾顺平. 交通运输经济学. 北京:人民交通出版社,2011.

[4] 王庆云. 交通运输发展理论与实践(上、下册). 北京:中国科学技术出版社,2006.

[5] 郭洪太,刘雅杰. 交通运输管理. 北京:人民交通出版社,2005.

[6] 斯蒂芬 · P. 罗宾斯(Stephen P. robbins). 管理学. 9 版. 北京:中国人民大学出版社,2008.

[7] 张志俊,袁长伟. 道路运输统计. 北京:北京交通大学出版社,2010.

[8] 张永杰. 交通运输法规. 2 版. 北京:人民交通出版社,2004.

[9] 王成钢. 交通运输市场概论. 北京:人民交通出版社,2004.

[10] 吴健. 现代物流学. 北京:北京大学出版社,2010.

[11] 陈周钦. 道路运输经营学. 北京:机械工业出版社,2004.

[12] 本书编委会. 现代交通运输概论. 北京:中国铁道出版社,2007.

[13] 徐新玉. 城市轨道交通运营管理规章. 北京:人民交通出版社,2011.

[14] 李卫平. 道路交通管理实用基础教程. 北京:人民交通出版社,2004.

[15] 徐大振,陈道军. 交通运输管理概论. 北京:人民交通出版社,2003.

[16] 张穹,冯正霖. 道路运输条例释义. 北京:人民交通出版社,2004.

[17] 黄振东. 领导干部交通知识读本. 北京:人民交通出版社,2002.

[18] 唐好. 道路运输行政管理学. 北京:机械工业出版社,2004.

[19] 交通部公路司. 道路运政管理知识读本. 北京:人民交通出版社,2003.

[20] 桑恒康. 中国的交通运输问题. 北京:北京航空航天大学出版社,1991.